肖复兴读写系列

肖复兴/著

我的父亲手记

WO DE FUQIN SHOUJI

SPM 南方出版传媒

全国优秀出版社　全国百佳图书出版单位　广东教育出版社

· 广州 ·

图书在版编目（CIP）数据

我的父亲手记/肖复兴著. —广州：广东教育出版社，2014.9（2020.10重印）
（肖复兴读写系列）
ISBN 978-7-5548-0187-1

Ⅰ.①我… Ⅱ.①肖… Ⅲ.①家庭教育 Ⅳ.①G78

中国版本图书馆CIP数据核字（2014）第168786号

责任编辑：唐娓娓　邱　方
责任技编：杨启承
装帧设计：陈宇丹　刘敏妮
版式插图：BoBo

广东教育出版社出版发行
（广州市环市东路472号12-15楼）
邮政编码：510075
网址：http://www.gjs.cn
广东新华发行集团股份有限公司经销
天津创先河普业印刷有限公司印刷
（天津宝坻经济开发区宝中道北侧5号5号厂房）
787毫米×1092毫米　16开本　25印张　500 000字
2014年9月第1版　2020年10月第4次印刷
ISBN 978-7-5548-0187-1
定价：39.00元

质量监督电话：020-87613102　邮箱：gjs-quality@nfcb.com.cn
购书咨询电话：020-87615809

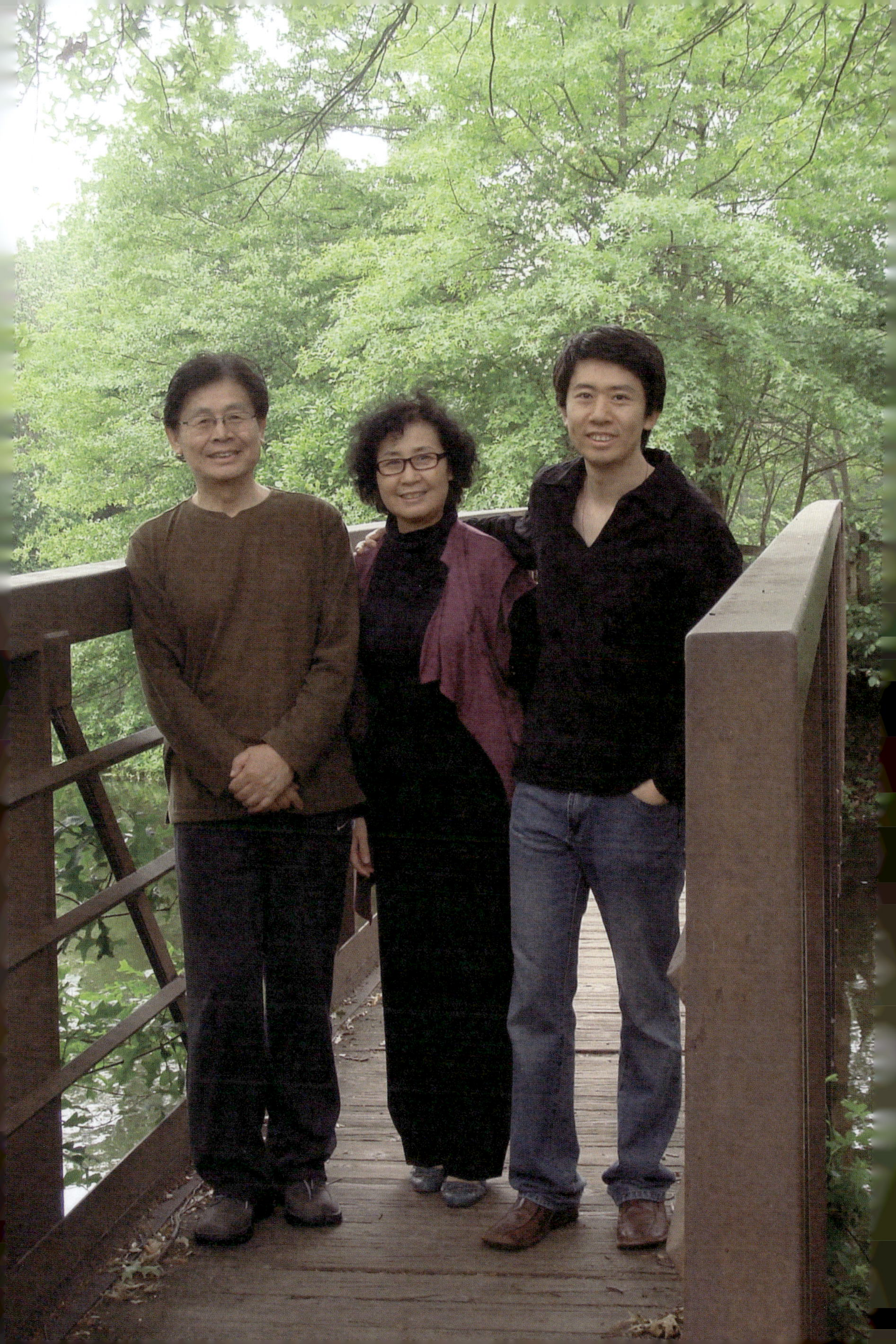

肖复兴

1982年毕业于中央戏剧学院。曾到北大荒插队6年，当过大中小学的教师10年。曾任《小说选刊》副总编、《人民文学》杂志社副主编。已出版长篇小说、中短篇小说集、报告文学集、散文随笔集和理论集百余部。《那片绿绿的爬山虎》等作品被选入大陆和香港地区的大、中、小学语文课本以及新加坡等国的汉语教材。近著有《肖复兴散文100篇》、《肖复兴新散文画作》两卷、《肖复兴音乐文集》三卷等。曾经获得过全国以及北京、上海优秀文学奖、冰心散文奖、老舍散文奖多种。并获得首届"全国中小学生最喜爱的作家"称号。

肖 铁

1998年毕业于北京汇文中学。北京大学本科，威斯康星大学硕士，芝加哥大学博士，加州大学伯克利博士后。现在印第安纳大学任教。

曾获北京市十名杰出中学生奖及胡楚南奖学金、北京大学"创新奖"、第八届冰心图书奖等。出版有长篇小说《转校生》《飞行的杀手》，小说散文集《成长的感觉》《红房子》《坚硬的早春》，并有作品被翻译成德文介绍到国外。译作有雷蒙德·卡佛的短篇小说集《大教堂》（译林出版社），以及《废墟的故事》（上海人民出版社）。

总 序

　　十余年来，我陆续给广东教育出版社写了几本书，其中包括《我教儿子学作文》《我的父亲手记》《我的读书笔记》《我的音乐札记》《我的读写例话》。现在，出版社把这五本书整合在一起，冠名为"肖复兴读写系列"，整体推出，旨在给读者一个完整的印象和方便的选择。因为这五本书是陆续出版的，有的书已经不那么好找。

　　当然，这样整体的推出，不仅便于读者的阅读，更便于读者的批评。因为让它们集合在一起，在比较中容易看出长短与胖瘦。

　　在这里，应该感谢对这套书钟爱有加的广东教育出版社和丛书的责任编辑邱方。邱方是我多年的老朋友，在这几本书陆陆续续出版的过程中，她的孩子和我的孩子，都已经长大成人，时间过得真是飞快。好像孩子是在我的这几本书的书页翻飞中变大，而我们则无可奈何地变老。

　　这几本书，主题都是关于孩子的成长，是写给孩子、老师和家长们的。在孩子的成长过程中，老师尤其是家长，是最为操心和关心的，因为他们和我一样，面对的都是我国历史上绝无仅有的独生子女时代，面对孩子成长的新课题所造成的困惑和疑虑以及迷惘和不知所从。而且，这个独生子女时代，又恰好赶上了国家从政治时代向经济时代的转型，商业大潮和色彩激荡的炫目冲击，让价格升堂入室，而让价值尘埋网封，更使得孩子和师长们迷茫，一时难以寻找到引导孩子们学习成长更好更有益的路径。

很多读者从以前出版的《我教儿子学作文》书中的作者简介看到孩子的成长经历，觉得一路顺风顺水，很是羡慕。其实，我和上述的这些家长老师们一样，也是在同样的时代迷茫的寻找中，和孩子一起从小学到中学到大学，一路磕磕绊绊地走来。孩子哪有一盏是省油的灯？其中酸甜苦辣种种滋味，作为家长，大同小异。只是，作为家长，要做的不是无可奈何和怨天尤人的抱怨，而是耐下心来，沉下心来，在一次次恨不得扇自己嘴巴子的碰撞过程中，寻找到适合自己与孩子一起成长的方法和道路。

这五本书，就是在这样磕磕绊绊的寻找路上陆续写下来的心得体会。起初，并没有有意识以后要形成这样一个系列，只是在孩子还读小学的时候，随手记下来的点点滴滴，这便是最早形成的《我教儿子学作文》和《我的父亲手记》两本书。以后，不断地补充，逐渐形成了如今较为丰富丰满一些的面目。这两本书，前一本是具体教孩子学习写作，从小学到中学，涉及作文写作遇到的方方面面；后一本是具体写和孩子的交往，从孩子出生到大学乃至出国留学的成长过程中，父子两代的矛盾纠葛和彼此的教学相长。

也就是说，一本是谈教学，一本是谈教育。有意思的是，这两本书前后出版多次，更多的读者喜欢前一本，读得也认真，而且觉得收效也不错（居然还有读者将其带到国外，作为教育那里的孩子的教材）。其实，对于我而言，后一本更重要一些。因为孩子的成长过程是极其复杂的，是一个全面而系统的工程，作文的学习与训练，只是其中相对简单的一个环节而已。忽略了前者，等于丢掉西瓜捡芝麻。没有一个孩子可以抛开整体的教育环境与成长元素，而能够单纯地将作文写好的。因此，在这套系列丛书出版之际，我希望家长们更能够明白这一点，实用主义的教育方法，可以暂时奏效，但应该更为重视教育的方法，重视和孩子的思想碰撞与交流，这样，才能够更为容易让孩子成长过程中的方方面面如水贯穿相通，而不至于在某一方面堵塞。

《我的读书笔记》和《我的音乐札记》，是孩子读大学之后我写成的。这两本书，一本是谈读书，一本是谈音乐，是希望孩子在自身成长的过程中，除了课堂的知识学习之外，加强其他修养的补充，也就是我们常说的素质的修炼。读一些文学方面的书，并不只是为了作文考试；懂一点音乐的知识，并不只是为了钢琴、小提琴的考级。素养的培养，如小树长大逐渐渗透在枝叶里，并在不知不觉的潜移默化中形成树木的年轮。希望自己的孩子能够在成长的路上走得远一些，便不应该满足于课堂的书本知识，不满足于考试乃至考大学的一点成绩。考试的成绩，是脸上的美人痣；而修养是脚下的泡，不会那么让人一眼看穿，却是长时间的磨炼结果，是帮助你走长路必须的修为。

《我的读写例话》是新近完成的，也是这一系列最后写成的一本书。它是以我自己的文章为例，具体谈读写之间的关系和方法的一本书，可以和第一本《我教儿子学作文》呼应，也可以说是《我教儿子学作文》的升级版，关于读书和写作的话题，结合具体实例，稍微谈得深入一些。对于孩子的写作，对于中小学的语文与作文教学，希望做一点有的放矢的探讨和实践，起码可以给孩子，给老师和家长一个看得见摸得着的试验园地。

　　心里的计划，还应该有两本书，才能构成这一套关于孩子成长系列稍微完整一些的蓝图。一本是《我的美术漫记》，专门谈美不胜收的各种风格的绘画，谈世界和我国大美术家的故事；一本是《我的体育散记》，专门谈世界包括我国体育明星的故事，和我与他们的交往的记录。之所以有这样的构想，是因为这样两方面和孩子的成长密切相关。我一直觉得这个系列少了一本谈美术的，缺少了美育的教育，孩子的成长史是不完整的；而体育则是孩子成长中更为重要的元素，哪一个孩子会不喜欢体育呢？更何况，体育关乎着孩子身体的健康和强壮，这是和知识一起并立于他们一生的基石。可惜，由于我自己的学识和准备都还欠缺，总想着写成，却一直没能够完成。

　　给自己留一个小小的遗憾，也给这套丛书留一个小小的悬念。亲爱的读者，无论你们是孩子，还是老师和家长，或是其他的朋友，希望你们喜欢这套书，也希望你们等着我。

2014年7月4日写于布鲁明顿

新版自序

  院子里的合欢树又绽开了绯红色的小绒花。

  想起孩子小时候,我带着他到家旁边的街心公园散步,就是指着合欢树问他:你知道这树的叶子和含羞草一样到晚上会闭合吗?他不信,天黑下来之后,他一个人偷偷地跑到公园,看那合欢树,果然叶子闭合了。于是,他开始用这个同样的问题,问他的同学。那时,他是多么的小,眼睛里充满着天真和好奇,面对过于纷繁的世界,脑子里挂满星星一样多的问号。

  合欢树下走过孩子,弯腰拾起落在地上的一朵朵小红花。但,那不是他。

  如今,他长大了,就像一眨眼的工夫,就像一场梦。而我也老了。生命在不可逆转中循环,只有记忆永远年轻,花开得那样鲜艳。

  我的这本《我的父亲手记》就要再版了,看到书的校样,像看到了过去的日子,我和孩子一起走过的一串串脚印,心里充满感动和感慨。

孩子前两天从美国打来电话,告诉我他的博士资格考试的笔试和面试刚刚结束,以全系最好的成绩H-pass通过。他就要进入论文写作的最后冲刺阶段了,这是孩子给予我最大的鼓励和安慰。孩子和孩子不一样,从小他爱读书,学习从来没有让家长操过心。家长和家长也不一样,从一开始我就重视他的学习,说分分分,学生的命根儿,其实也是我的命根儿。即使百无一用是书生,我还是顽强地希望孩子爱读书,读好书。我就是这样难以脱俗的一个父亲。

虽然已经出版过许多本书,但这是我最奇特的一本书,因为它不是刻意写出的,而是像一棵小树,伴随孩子一起长大。从孩子几岁开始,一直到孩子的现在,是我随手记录下来的滴滴答答,其中有相互的交流,有彼此的倾听,有一起的游玩和学习,当然,也有所有父子之间的矛盾与争执,甚至激烈的争吵。它是作为一个父亲的名副其实的一本手记。它和孩子一起长大,和日子一起长大。

作为一个父亲,儿子真正需要你的帮助或指点迷津的时间,其实并不多。以我的体会来看,是到孩子初中毕业时基本结束。以后更多的时候,是需要你的倾听和彼此的交流,学习与思想的相互促进。从社会学的角度,任何一对父子,都是从前喻文化(即你教育孩子听从),到并喻文化(即彼此相互的教育),到后喻文化(即孩子也可以教育家长),这样走过来的。这样的过程,就是孩子长大家长变老的过程,就是生命的螺旋形进步的过程。任何一个孩子的长大，都是以父亲苍老为代价，父亲的背影才会成为永恒的象征，而父亲的手记也才会成为孩子成长路上的温暖的注脚。

重新翻捡这本小书，应该庆幸这样的时间和机会，作为一个父亲，我没有多少的浪费，亲情之间的滋润，孩子给予我的收获比我给予他的还要多，文字留下了生命和情感的温度，让我和孩子彼此留下了难忘的回忆和纪念。

我曾经说过：其实，任何一个做父亲或做母亲的，都可以在伴随孩子成长的过程中随手写下自己的手记，留下这样的一份纪念。这样的纪念会是独一无二的，会伴随我们一生。这也是我对读这本小书的读者想说的话。孩子的个性不同，成长的轨迹也会不尽相同，每一个父亲都会有各自不同的方式方法和孩子碰撞和交流，但随手写下属于自己的父亲手记，可以是我们共同选择的一种不错的方式。雪泥鸿爪，我们可以用笔记录下和孩子一起长大成长的深深浅浅的脚印，这会是刻在我们生命中的别有意思的一道道年轮。

《我的父亲手记》最早出版于1994年，当时只是一本薄薄的小册子。14年来，这本小书随孩子长大不断增写，先后出版过四次。这次，将是第五次出版，是迄今最完整的版本了，也将是最后的版本了，因为孩子已经长大，再不需要我越俎代庖，说三道四。

为这本小书的新版，我新写了一些，主要补充了一些孩子大学毕业到美国求学的内容，让过去的日子绵延连接一起，流淌到了脚下，接着看它流向远方。感谢广东教育出版社，感谢我和孩子的老朋友邱方女士，也感谢偶然读到这本小书的读者朋友。

2008年6月16日于北京雨中

自 序

去年搬家的时候，翻出小铁的一堆东西，虽尘埋网封，这么多年一直没舍得丢。都是小铁小时候的东西：玩过的玩具、收集的海螺贝壳和树叶标本、记过的笔记本和剪贴报刊或摘抄诗的各种本子……一切都留有他童年的痕迹。

最有意思的是几盘磁带，那是从小铁三四岁一直到上初一时的录音。最早的录音是带他到动物园回家后让他模仿那些写动物的诗随便说自己想到的诗句，他是那样的感兴趣，小嘴说个不停；再后来便是他自己瞎编的《昆虫世界历险记》和《大森林里的故事》的系列故事。每逢编不下去的时候他就会说："要知下面如何呢？请听下回分解。"然后是他豁着牙跑气漏风地唱着莫扎特的歌《天上的星星亮晶晶》。一直到他刚刚升入初一，自己找来那么多的诗，一个人对着录音机放声朗诵……

本来打算将小铁从小到大各个时期的声音都分别录下来，等他长大后再送给他来听，一定非常有意思。可惜没有坚持，到他上初一的时候中断了。许多事情都是这样的，家长在前面的脚印，影响着孩子在后面的足迹，尤其是孩子小时候。

那些充满奶气的稚嫩声音，把我又带回那过去的岁月里，一切仿佛离去的时间并不长。而一个孩子就这样快地长大了。

补写这本小书的时候，常常想起那些日子，心里充溢着感动。真的，作为一个父亲，最可留恋的日子就是在孩子小的时候。这不仅因为那时孩子最活泼可爱，做父亲的最可以施展自己的教育才华，更重要的是那时候孩子和父母的交流最为天然而纯真，让你能够感受到在这个嘈杂的世界上别处难有的美好，水晶一般澄净透明。

具体地说，这个时候是孩子从懂事开始一直到小学毕业这大约八九年的工夫。孩子需要我们而给予我们做家长的时间并不长。

我常常想起那时候。那时候，我家的后面有一个土城公园，每天傍晚在那里的散步，成为全家最快乐的时光。那里的一草一木，那里弯曲的小道和尚未被污染的小河，那里春天的蒲公英、夏天的蝉和蜻蜓，成为我们亲近的伙伴。那时候，我们全家再一个去处是博物馆，我们带孩子去遍了北京所有的博物馆。在那些连大人都陌生的地方，却总是比别处要清静，孩子总是睁大好奇的眼睛。我们便总能找到共同关心的话题，找到和孩子交流的更多的渠道，将琐碎的日子碾碎在奔向那里或从那里归来的途中，而将我们枯燥庸常的生活拓宽，从而变得湿润而有了一些弹性，在孩子成长的同时，我们做家长的重新活了一遍，或者说是和孩子一起成长。

在那时候，我们去得最多的地方是自然博物馆，我到现在还清晰地记得在自然博物馆，小铁的眼睛里布满着一个又一个的问号，那一天，几位老教授在那里摆摊回答人们的问题以普及科学知识，他天真地向自然科学的老教授询问：为什么大象死之前要把自己的象牙埋起来？那位老教授和他一样认真的样子，真的是很难忘。那些美好的地方，帮助了我们对孩子的教育，帮助了孩子自身的成长。它们让我对逝去的日子充满怀念和感伤。一个孩子的童年转瞬即逝，作为一个父亲，要在孩子的童年时期和孩子一起把握住童年。人生是一次性的，只有不失去孩子的童年，才有可能不失去孩子的未来。

应该感谢河北人民出版社的责任编辑，是她们看了小铁那本即将由河北少年儿童出版社出版的新书《九本打开的日记》，而在这本新书中小铁提到了《我的父亲手记》一书，那是八年前出版的一本薄薄的小册子，是我在十多年前小铁小时候随手记下来的笔记。她们很感兴趣，特意找来一看，并提出让我补写一部分重新出版，或许对年轻的父母和孩子们起到一点参照物的作用。是她们的建议和督促，让我在这个夏天重新回到十几年前孩子的童年，回到那段最可值得回忆的日月，竟一口气补写了近二十篇，超出了计划中的好多。说句让人有些脸红的话，我在写作的时候竟然那样儿女情长起来，自己为自己感动，即使是与孩子摩擦、抵牾、矛盾的事情，也变得格外温馨起来。谢谢出版社给了我这样重新审视自己的机会，我想如果还有可能让时光倒流的话，我会减少一些失误和错误而做得更好些。但是，我知道这是不可能的，在孩子成长的过程中，一切都是一次性的，落在地上的叶子不可能再如童话一样重新飞回枝头。

如今，儿子已经长大，岁月一去不返。这本小书权且作为留给儿子也是留给自己的一份纪念吧。

其实，任何一个做父亲的或是做母亲的，都可以在伴随孩子成长的过程中随手写下自己的手记，留下这样的一份纪念。这样的纪念会是独一无二的，会伴随我们一生。

2001年6月25日于北京

呱呱坠地／001

鸡蛋哪儿去了／006

夏天的选择／012

好奇心伴孩子长大／016

三角与圆／020

取消"保留节目"／022

第一次给儿子写信／024

孩子与小动物／030

小白鼠风波／032

孩子的誓言／034

迟到／038

沙土上的魔术／041

荔枝树／046

玩具／050

自己的小天地／055

分床而睡／060

闯祸的"挤狗屎"／066

散步／072

学画纪事／075

看牙记／082

目录

无法原谅／086

雨滴淅沥／092

什么东西打破才能用／098

画着莫扎特的贺年卡／102

推上无轨电车／104

紫罗兰／108

地久天长／112

绿叶书签／120

雪没有错／126

孤独的三轮车／130

中队符号／134

转学之后／138

方寸之间／147

地图前的游戏／155

生日／158

节日／162

节日之夜／165

圣诞天使／171

童言无忌／178

蔡东藩与刺猬／181

生日礼物／183

乒乓之恋 / 190

听歌 / 196

妈妈不在家的时候 / 200

心爱的铅笔盒 / 202

阿里山面包 / 206

生死之间 / 209

花边饺 / 215

眼镜的偶然 / 218

披长发的修车人 / 221

骗人 / 225

秘密行动 / 228

中学之门 / 232

选举班长 / 240

最后一个儿童节 / 244

春节聚会 / 251

拥你入睡 / 254

儿子买书 / 259

第一次打的 / 263

聪明只是一张漂亮的糖纸 / 268

百忍成金 / 272

西北之行 / 278

一票之差 / 282

纸的生命 / 287

牛皮鱼 / 290

吹着口哨走过来 / 295

占有欲 / 299

半途而废 / 306

有这样两个地方 / 310

永远的校园 / 314

愤怒的衬衣 / 321

舍得用板子 / 326

家庭忌语 / 329

土城公园 / 335

YES和NO / 343

刻进年轮的感情 / 347

动物园回忆 / 351

儿子的作业 / 357

荞麦皮枕头 / 361

蒙德里安玻璃杯 / 365

搬家记 / 369

日子留下的痕迹
——代后记 / 378

呱呱坠地

我们要孩子比较晚。因为包括马拉松的恋爱和结婚之后两地分居,生活一直处于动荡的状态,自己的生活还飘摇不定没有保证,哪儿敢要个孩子给自己拴上个累赘?

我的儿子出生是在1979年。那一年,我三十二岁,他妈妈二十九岁。

1978年,他妈妈刚刚大学毕业,我接着考上了大学。不管怎么说,生活总算稍稍稳定了下来并有了盼头。也就是在那时候,我开始了写作生涯。有一篇报告文学,给当时的几家杂志投稿都被退了回来,已经丧失了希望的时候,忽然接到了南京《雨花》杂志的主编顾尔镡先生的电报,要我到南京去修改这篇报告文学。1979年的夏天,我利用大一的暑假赶往南京。那将是我发表的第一篇报告文学,那也是我从北大荒回到北京后第一次出门远游,兴奋和新奇,让憋屈的心像是一张揉皱的纸一下子被风吹得平整整地展开,叠成了一个纸鸢在空中畅快地飞翔。在火炉一般的南京修改了文章之后,我兴致勃勃地到马鞍山、芜湖、巢湖玩了一圈，然后乘火车从南京回北京路过泰山，又下车一口气爬上泰山的山顶。我不知道那时小铁正在他妈妈的肚子里早就不耐烦地闹腾呢。

我在天津下了火车，那时，他妈大学毕业分配在天津工作。因为改稿和路上游玩耽误的时间很多，开学的日子就在眼前了。我在天津不敢久留，到后第三天，便准备赶回北京去上课了。真巧，这一天，小铁呱呱坠地了。他比预产期提前了二十一天，急不可耐地来到了这个世界上。

那一天上午，我要到火车站去时，他妈妈忽然感到不好，我赶紧送她去到医院，立刻便被送进产房。整整一个上午，由于缺氧，肚子里的孩子和妈妈一起在痛苦地折腾，不知孩子是什么感觉，只见他妈妈疼得不时地叫唤，惊得我在医院的走廊里坐立不安。

一位女医生最后从产房里走了出来，手里拿着一张不住颤动的纸，走到我的身边，让我在那张纸上签字。我看了看纸上的说明，是要保大人还是保孩子。我说当然是要保大人了，医生说那孩子可就生死不保了，作为产妇的家属，必须要在上面签字。二十一年过去了，小铁已经平平安安长大成人，那个女医生的话"孩子可就生死不保了"我总也忘不了，那是一个小小的生命呀，她却说得那么冷漠，好像在说一个西瓜的生熟不保那么简单，而我那么老实听话地签下了自己的名字，竟然置生死于不顾，完全把孩子放在了一边。

整整一上午，我在医院弥漫着来苏水味儿的走廊里如坐针

毡。产房只隔着一扇门，却像隔着一道鬼门关似的，给我一种生死未卜的恐惧和期待。不时会传来产妇的号叫，也有婴儿的啼哭声从门里面荡漾出来，每一种声音都让我有撕心裂肺的感觉。

我以后曾不知多少次对小铁说，你出生得竟这样难。

一直到下午两点多一点儿的时候，医生出来了，告诉我母子平安，是个男孩，6斤8两。但孩子出生时由于缺氧没有哭出声，是医生打了他几下屁股才勉强哭出了微弱的声音。

儿子一生下来，就被送到了保温室。一连几天过去了，他还在保温室里被监护着，问医生还需要多少时间才能出来，医生也没有把握准确地说出个日子。开学的日期已过，我不能再久留，只好和还没有见过面的儿子分别。医生很理解我的心情，破例允许我到保温室里看一眼孩子。当医生从一个个抽屉一样的保温箱里把孩子抱出给我看时，说了一句："眉眼挺周正的。"我那时看不出他的眉眼有什么周正不周正，只觉得他很小很小，就像一个暖水瓶大，一双大眼睛不知在望着什么地方，小小的胳臂上正打着吊针，忽然让我的心里涌出很疼的感觉。如果这时医生再让我在"保大人还是保孩子"或"孩子生死不保"的纸上签字，我是不会那么轻易就签字了。

那一瞬间的印象，恍若昨天，像电影里切换的镜头一样，像暖水瓶一样大的孩子一下子就长大了。

他妈比他还要早就出了医院。而他在那个保温箱整整待了12天。不知在那个白天白晃晃、夜晚黑洞洞的箱子里面究竟是一种什么滋味？

等我再见到孩子的时候，他躺在家里的床上，已经比在保温箱里大了许多，一双大眼睛很明亮地扑闪着，只是不看我，而望着天花板，不知那上面有什么有趣的东西值得那么盯住了死死地看。

再一次到天津见到他，给我留下的印象是他扶着床边慢慢在蹭，正在学走步。那时他和床差不多高，睁大眼睛望着我，任凭他妈妈和屋子里其他人告诉他，这是你爸爸，使劲地让他叫爸爸，可他就是咬紧牙一言不发，我和他彼此都是那样的陌生。

小铁说话比别的孩子都要晚得多。但他一学会说话，小嘴巴啦巴啦就说个不停。好像就是从那个时候开始，他和我一下子就亲近起来，分别再长的时间，也不会显得陌生，只要一见到我，他会迫不及待地扑入我的怀里，向我说着分别之后他认为所有记得起来的有趣的事情，以至每一次的分别都变得难舍难分。总也忘不了那一次送他和他妈妈上火车，他拉着我说这说那，不让我下车，火车就要开了，我只好骗他说下车给他买冰糕，才在火车启动前匆匆跳下车。我不知道车开以后，他再没有等到冰糕和爸爸，一个小孩子会怎样承受这样的打击，我只知道这是让我第一次感到来自血缘的亲情是那样的浓烈，是其他任何感情都无法替代的，它就像同一棵树上的两片树叶、两颗果子，即使风不吹树不摇彼此没有任何声音，但血脉里流淌的是同一旋律，在相互心中呼应着共同的回声。

也许，只有有了孩子，一个人才成为了完整的人，才会体会得到做父母的感情而使得感情复杂和丰富起来。孩子会让我们和他一起在感情的天地里重新滋润、共同成长。我想这就是有孩子的人和没有孩子的人最大的不同，就像有星星的夜空和没有星星的夜空，虽然都属于夜晚，含义却是绝对的不一样。在有了小铁的日子里，我们一家有过四年两地分居的艰苦光景。那些艰辛漫长的日子因有了孩子而过得滋味异乎寻常起来。无论离开这座城市多么的遥远，只要一想起孩子，便显得格外近，好像近在咫尺，一伸手就可以触摸到。如果分别的时间很长，只要一踏回到这座城市的土地，就会有一种浓郁的亲情扑面而来，那片西天正在燃烧的晚霞或是缀满星星的夜空下面，一下子好像都是那样的亲切而熟悉，总会觉得就在哪朵晚霞中或在哪颗星星下，站着的是孩子，正在等你归来。

鸡蛋哪儿去了

小铁小时候就瘦,好像吃什么都不长肉,带他到医院检查过,医生说没什么病,很随便地问他喜欢吃什么东西不喜欢吃什么东西,小孩子哪里知道这是医生在"诱敌深入"呢!那时,他还没有上学,以为是幼儿园的阿姨在逗他玩呢,马上回答他最不爱吃的是鸡蛋。这一点没有错,鸡蛋是他的深仇大恨,每次吃鸡蛋跟吃药一样的难。真是不知道为什么别的孩子挺爱吃的鸡蛋,一到他嘴里死说活说就是咽不下去。

医生最后对我和他妈说,这孩子吃饭挑食影响发育,要给他加强营养,还得想办法让他吃鸡蛋。然后,医生转过身来对他重复说:"鸡蛋还是要坚持吃,不吃你没有营养怎么长身体呀,你说对不对?"既然是医生发话了,他不能不听,很听话地点点头。小孩子在外面都像模像样,乖仔一个。

我和他妈乘胜追击再敲打一下:"听见没有,得听医生的话,回家吃鸡蛋。"

他只好又点点头。

有了医生的话和他的点头，我和他妈妈得胜回朝。想想以前应该怪我们自己，每次让小铁吃鸡蛋时都是我们开始嚷嚷的强硬，必须得吃、不吃不行等等之类，嚷嚷到最后看他吃药般难咽，心一软便没坚持下去。凡是孩子身上没有坚持的东西，都可以在家长身上找到毛病。家长和孩子的关系，尤其是孩子小的时候，一般都是这样拉锯似的，就看家长能不能坚持到底。坚持了，孩子就没辙了；没坚持，孩子就有空可钻。没坚持下来的东西便像是软壳的蛋，到以后长大了也难以把壳变硬。

　　心里有了底，这回说下大天来也得让小铁把鸡蛋坚持吃下去。第二天早晨的早餐就给他煮了一个鸡蛋，对他说咱们也不多吃，每天就吃一个鸡蛋，只要坚持每天一个鸡蛋，你就会慢慢地长胖长壮。

　　每天早晨，他望着这个鸡蛋，像望着一个冤家一样，就是不肯伸手拿。

　　我先是晓之以理："昨天医生不是说了吗，要你吃鸡蛋才会有营养，才会长身体！怎么才一天就忘了呢？"

　　医生的话还在耳边，他拿起了那个鸡蛋。但过了好半天，就是不剥皮，望着鸡蛋发愁。我真是从来没见过这样不爱吃鸡蛋的孩子，只好蹲下身子，耐下心来，用一种开玩笑的口吻逗他，指着鸡蛋对他说："你怕它怎么着？怕吃下它肚子里面会长出一只小鸡来不成？"

　　他乐了，但还是不动手。

我替他把鸡蛋皮剥好,递给他,开始动之以情:"以前你不吃鸡蛋已经影响身体了,要不你怎么会这么瘦?你现在要是不听医生的话,还不吃鸡蛋,你想想你就这么瘦下去,哪天算一站?你的身体不就更差了吗?你怎么长个大个儿呀?老是这样豆芽菜一样,你以后后悔不后悔?……"

任你说下大天来,他就是不吃那个鸡蛋。这孩子实在是太拧,我那有限度的耐心就像是夏天的冰棍一点点在化。我们两人就这样僵持着,他妈妈和奶奶都看不过去了,知道我的脾气急躁,弄不好,鸡蛋没吃还得和孩子打上一架,她们跃跃欲试想上前来替孩子说情,我知道只要她们一上来,本来快要解决的问题就半途而废。我拦住她们说:"今儿你们谁也甭管,我就不信胳膊能拧过大腿来了?"

这带气的话一说出,气氛立刻紧张起来,孩子看看我,又看看鸡蛋,不知小心眼里在想什么。

我指着鸡蛋对他下了最后通牒:"怎么着吧?你是医生的话不听,我的话也不听,你不信事实,也不信科学,你就不能怪我厉害不讲道理了。今儿就是把这个鸡蛋当成药吃也得把它吃下去,听见没有?"

他妈妈和奶奶都替我也替他捏着一把汗。她们知道这孩子拧得要命,你说不服他,光是强迫,非得翻车不可。

这一次怪了,他没翻车,竟然服从了我这严厉的命令,头一次老老实实地把这个剥了皮的光滑的鸡蛋吃了下去,但吃得极慢,极痛苦,像吃一个带刺的刺猬。

毕竟胳膊拧不过大腿，毕竟科学和医生的话是有力量的。我很高兴。

第二天早点，给他煮好一个鸡蛋，虽然只是不住地皱眉头，他不再说什么，老老实实把鸡蛋吃了下去。

一连几天，见他都是攥着鸡蛋一口一口小心翼翼地吃，吃得痛苦不堪的样子，毕竟在一点点地吃，也就放心了。便每天帮他煮好鸡蛋，不再管他了。

一连多日，相安无事，每天一个鸡蛋的指标计划进展得不错。鸡蛋风波过去，小铁变得乖多了。

但一连多日过去，小铁也丝毫没见变胖。

我也没有深想，心想哪会这么快就见效的，几天就吃胖了，这鸡蛋的功能也太大了，关键在于坚持，只要坚持久了，总会见成效的。

谁也没想到，一天小铁的妈妈在房间里打扫卫生，忽然大叫起来，我忙跑过去一看，床铺底下有好多个鸡蛋。不用说，都是小铁扔进去的，每天他都坐在床旁的小餐桌旁吃早点。以为他每天都老老实实地把鸡蛋吃了，原来是吃进床肚子里了。

我的气真是不打一处来。这孩子，竟然和我如此斗法。

他玩回来了，我把他叫到床旁，责问他："你跟我说说这是怎么回事？给你吃的鸡蛋都跑到哪儿去了？"

他理屈词穷，一言不发。

我本想趁机教育教育他，没想才说了一句"你这样做不是欺骗吗？"他就不干了："人家不愿意的事情嘛，你非得逼人家去做，我没有办法嘛！"

"没有办法就可以这样做吗？"

"你强迫我，我怕你天天没完没了地说我，只好这样。"

真是无可奈何，问他："那责任都在我这里啦？"

他垂下头，不说话。

我也不说话了。那一天，因为鸡蛋，过得很沉闷。

我本想再说些什么的，话到嘴边又咽了回去，想想再说又有什么用呢？鸡蛋对人身体有营养这个简单的道理还用再说吗？可我为什么就是对孩子说不通呢？孩子为什么最后选择了把鸡蛋扔进床底下这样掩耳盗铃的方法呢？有时候家长以为很简单的道理，对于孩子就是这样的不简单。我们在想不出更好的方法的时候，选择的往往是命令式的强迫。这样的方法，看起来最容易奏效，但有时候也最容易失效。对于弱小的孩子，他们怕你，往往会出现这样的情况：要么暂时服从你，要么悄悄地骗你。

我没再说小铁，以我的失败而告终，所有想说的，还是让他自己去慢慢体会吧。有些事情，不能单靠家长砸姜磨蒜地细说或声嘶力竭地强迫，需要孩子在长大的过程中自己去体会。

也许，只有到了那一天，鸡蛋才会自己从床底下跑出来吧。

刚出满月，认识阳光，却还不认识爸爸

夏天的选择

孩子一生下来，都会面临许多选择，比如，是吃母奶还是吃牛奶；是听唱歌还是看图画；是玩洋娃娃还是玩枪；是哭还是笑……诸如此类，不胜其多。这里有客观方面的原因，比如家长的制约等，但有时候也有孩子主观方面的原因。也就是说，在选择什么不选择什么的问题上，孩子自己是有主动权的，并非仅仅是被动。我们做家长的，不要以为孩子小就主观地替代了他们的选择或根本不把他们的选择当回事儿。

孩子就是在这样一次次的选择中长大的，或者说是在这样一次次选择中将自己的习惯、脾气秉性乃至性格塑造成的，而在长大之后无法更改。

三四岁的时候，小铁刚上幼儿园。他上的是日托，我不大赞成让孩子上整托，也就是让孩子住在幼儿园里，只是到星期天才接回来。那样做家长可能省事省心也省力，但我一直觉得孩子小时候还是在父母身边最好，父母是孩子的第一个老师而且是最好的老师，孩子小时候所需要的亲情和知识两方面的教

育,是条件再优越的幼儿园也无法替代的。我或者他妈妈再忙也要每天去幼儿园接他。在回家的路上是和孩子交流的最好机会,憋了一天的孩子会滔滔不绝地告诉你他想说的一切。

那时幼儿园的旁边有一家商店,店门口摆着好多小摊,卖各种零食,一年四季雷打不动,变化的是夏天卖冰糕,到冬天就改卖糖葫芦了。恰恰这两样都是小铁喜欢吃的。

店门口还有一个报刊亭,卖各种报纸杂志,花花绿绿地摆满一亭子。这恰恰也是小铁喜欢去的地方。

每天黄昏,从幼儿园回来,小铁总要光顾这里。要说,哪个小孩不嘴馋?哪个小孩不爱看幼儿画报之类的东西?做家长的看着孩子吃着看着,又有物质食粮又有精神食粮,是很惬意的事情。

那时候,小铁最喜欢看《幼儿画报》《幼儿童话》《小朋友》……每次到了那里,只要看见它们,非买不可。这些画报一般是每一个月或每半个月出一期,架不住品种多,出版日期不一样,几乎不出一星期就会有新面孔出现,招引着小铁去那里,磨我掏腰包。

那时候,日子过得并不富裕,这样又是吃又是看,腰包瘪瘪的很快就成了问题。我便和他妈妈商量,得有个限制,让孩子自己去选择,要买吃的,就不能买画报。这样,一方面让他知道过日子的艰难,另一方面也看看他到底最喜欢哪一种,是重物质还是重精神?

这天,我接他从幼儿园回来路过商店门前,他又像以往一

样想两样都要。我对他说:"爸爸兜里的钱不够了,再说咱们一家子一个月还得过日子呢,你必须从吃的和画报两样里选择一样。"

他看我说得很坚决,知道没有通融的余地了,大眼睛眨了眨,望望亭子里的画报,望望小摊上的雪糕,然后又望望我,看得出一时舍弃哪一样对他都不是那么心甘情愿。我的心也在不住地发软,因为那天天气很热,看他小脸被太阳晒得通红,嘴巴干燥,可怜巴巴的样子,尤其是好多别的家长接了孩子都到冷饮摊前给孩子买雪糕,心想自己对孩子是不是有些太苛刻了?日子过得并不是真的那么紧张,干吗让孩子在这么大热天里受委屈?

但我很快就把自己一时浮上来的恻隐之心压了下去。什么事情都是第一次难,什么事情都是家长别先缩回才能要求孩子按照一定的标准往前走,否则,什么事情都会前功尽弃。

孩子虽小,但察言观色的本领都很大,我这一时的犹豫,他肯定察觉到了,伸出小手拉了拉我的手,可怜巴巴地叫一声:"爸爸……"叫得我差点心软了,他到底还是孩子,干吗不让他的童年过得随心所欲痛快点儿?不就是一支雪糕和一本画报吗?干吗要为难他呢?

"爸爸……"他又叫了一声。

这一声把我叫清醒了。我必须坚持和他妈妈商量好的一切,让孩子从小多少懂得一些生活并不能全都随心所欲,谁也不可能把太阳和月亮都揽在自己的怀里,而选择是早晚的事,

是必须的事。我咬咬牙，握住他的小手，继续坚决地说："你挑吧，只能买一样。"

他知道暂短的犹豫已经如风逝去，一切只能这样了，磨蹭了一会儿，只好说："那我就买画报吧。"

我替他买了那本《幼儿画报》。他立刻看了起来，一路爱不释手。

回到家，我先给他倒了一大杯凉白开水，然后有些心疼地问他："渴了吧？"

他摇摇头："不渴。"继续看那本《幼儿画报》，那里面仿佛有无数有趣的故事吸引着他，使他忘记了那馋涎欲滴的雪糕。

以后，我再到幼儿园接他，碰上这种关于雪糕和画报的选择的时候，他不会再有什么犹豫，哪怕我心慈手软或有意逗他说买支雪糕吧，他也不买，而只买一本画报。那个夏天的选择，让他形成了习惯。什么事情只要形成了习惯，便不用家长再操心，就像沿着一条老路回家不会迷途一样。孩子时代好的选择，有益于帮助孩子好习惯的养成，而且让他幼小的心能学会多一点承载，别什么都是那样吃凉不管酸的样子。

好奇心伴孩子长大

那一年，我家买了一台电冰箱。在这之前，我们没有享受过这玩意儿。那时，小铁四岁，见到这庞然大物很是好奇。冰箱外包装的纸箱尚未打开，他便磨着妈妈非要打开看看里面是什么样，让他等一会儿都等不及。没有办法，我们只好剪断纸绳，卸下纸箱，苹果绿的冰箱显露出来了，他用小手打开冰箱看了个仔细，仿佛是验收的质量检查员。然后问："怎么做冰激凌呢？"于是，我告诉他如何如何做。他不干，非要现场表演给他看。没办法，我只好接通电源。冰箱里的灯亮了，他伸进小手，感到凉森森的，才像明白了多大的道理一样高兴了。

好奇是孩子的天性。在孩子的眼中，世界挂满着一个个问号，他随时可以发现一片"新大陆"。实际上，好奇心是孩子与世界交流、沟通的一把钥匙，是孩子学习、思想与心理发育的催化剂。做家长的应该爱护它，并有意识地引导它，而不要不经意地伤害它。

就说小铁第一次拿圆珠笔写字吧，我把笔递给他，到屋外

办件事，不一会儿工夫，再进屋一看，好家伙！桌上、床上全被圆珠笔油染得蓝一块、黑一块的。我挺生气，责问他："你这是在写字呀？你看看你！"他不说话，手里拿着从笔杆中拔出来的圆珠笔芯，小手被油染得脏脏的，蹭得身上也是斑斑点点。我便又指着笔芯问他："你写字就写字吧，把笔芯抽出来干什么？"他回答："我不知道里面是什么样子的，我想看看它怎么就能写出字来。"孩子说得挺有理，我对刚才的发火有些自责。好奇心固然常会使孩子做出意想不到的事，有时甚至会闯出祸来。但也正是好奇心使得孩子面前的世界变得生动而有朝气。做家长的一看到孩子闯祸就大声斥责，会使孩子的好奇心受到挫伤，从而使孩子与他认为是那样新奇的世界拉开距离。斥责的次数多了，好奇心枯萎，心与世界便会一同麻木迟钝起来。

　　我对孩子说："刚才对你发火是爸爸不好。你想抽出笔芯看看它是怎么写出字来的，这是你动脑筋。但是，许多东西并不是小孩可以随便乱动的，比如电就有危险，你说是不是？你好奇，想知道，有的事可以问爸爸问妈妈！"孩子点点头。这说明他明白了，并不说明他记住了。

　　没过多久，我们出门，他一人在家。等我回到家一开门，他眼泪汪汪地站在那儿对我说："我今儿犯了错误啦！"我忙问："怎么啦？"他说："我把录音机弄坏了！"我一看，磁带绕带了，他从录音机里抽出来，又把磁带扯断了。我问清原因，原来是他一会儿按动这个键，一会儿又按动那个键，录音机上所有的键无一不被他按动。我对他讲:"录音机上这些键,你不能像按钢琴的键盘一样。它哪儿受得了?本来是往前走的键,你刚按下,又马上按下倒退的键,磁带还没缓过劲来,还不缠带?让你往前猛跑时突然又让你向后猛跑,你受得了吗?"他知道错了,哭了起来。我劝他:"哭什么呀!以后再听录音机时注意就行了!干什么事光有好奇心不行,还得多动动脑筋!"

孩子没有一个是"省油的灯"。不闯祸犯错的只能是机器人。孩子正是在这一次次好奇心驱使下的磕磕碰碰中长大的。小铁十岁了。那一年夏天他看到他养的一只龙虾突然凶恶起来,尾巴蜷缩着,上面有许多圆形的小球,便以为龙虾生了寄生虫病。但这一次,他不像以前那么莽撞,而是学会了动脑筋。他自己在这天的日记中这样写道:"我赶紧去查书,看书里是怎样写的。一看书上说:'龙虾夏秋季抱卵繁殖,卵数一般有50万~100万枚。'现在正是夏秋季,它的尾巴上也有这么多小球,我想龙虾一定是产卵了。我很高兴,因为我就可以看到小龙虾怎么出生,又是怎样长大的了!"

看到这,我感到一阵欣慰,孩子伴着好奇心,一天天长大了。

妈妈
带着走出了人生第一步(1岁,北京)

三角与圆

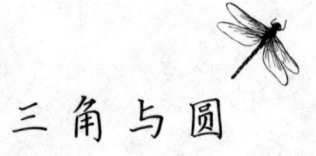

当一个父亲，越来越难了。

当然，这是指一个好父亲。随便当一个父亲，并不难，只要你是一名男的，能在茫茫人海中找到一个女的，彼此具有正常的生育能力。

孩子往往首先从父母那里感知世界。一个好父亲就是一艘船，载孩子驶向广阔的世界。这并不那么简单，像在公园湖水中随意荡起双桨就行。无意中的一划，兴许就划出一道银河，奠定孩子一生的基石或指向。

小铁三四岁的时候，全家困难得连个窝都没有，借住一间仓库权且栖身，四周弥漫着染料和臭河水混杂一起的气味。百无聊赖之中，我对孩子说："你信不信，我用三角和圆能画出动物来？"他摇摇头。我纯粹是闷得无事可干，又无处可去，才突然冒出这么个念头，打发一下寂寞日长的光阴。他却认真地望着我，以为我能变出什么好看的魔术来。我便接着问："你会画三角和圆吗？"他点点头，很快便在一张纸上画出好

几个三角和圆,这难不倒他。我便在他的圆上添上一个三角当小嘴,圆内再添一个小圆做眼睛,圆下画两条直线当腿。"小鸡!"他眼睛一亮,叫了起来。

没错,是小鸡,极笨拙的一只小鸡,比丑小鸭还要丑的一只小鸡。

"爸爸,你还能用这些三角和圆画别的吗?"

"随便!你想画什么就能画什么!"

我只是脱口而出,打发他而已。那只小鸡便也被我随手一扔,不知扔到什么地方去了。日落西山,他妈妈快下班了,我看孩子的任务快完成了。

谁知,第二天,我发现孩子用他仅仅会画的三角、圆和方块,在纸上七拼八凑,居然画出好几种动物。比如狮子:圆脸,小圆鬃毛,三角身子;兔子:圆脸,三角耳朵,方块身子……我好惊讶,他画得好快活。我没有想到只不过是随意一说打发孩子玩的话,居然起到这样的作用。孩子没有想到那简单的三角和圆居然能变幻出神奇的动物。小仓库因这些三角和圆有了色彩,单调的日子因这些三角和圆而焕发生气。

小铁就是从这时爱上画画的。他的画居然还参加了中日小朋友绘画展览,跑到日本去展出。自然,我也长了一些学问。切莫轻视做父亲偶然间的一言一行,尤其是孩子幼小时,那真是一张太白太纯的纸。我们要做的是学些真本事,有意识地和孩子一起认识世界。

取消"保留节目"

做父亲的常犯一个毛病：高兴时把孩子当成玩意儿，生气时把孩子当成出气筒；疼来时心肝宝贝地供着，烦来时恨自己当初何必生他。

眼下，幼儿教育成了时髦话题。买钢琴、学画画，比比皆是。尤其是星期天，大人陪着孩子背着画夹，夹着电子琴拜师去，似乎以后个个能出落成凡·高或贝多芬。没钱没工夫置琴学画的，也得让孩子背背唐诗，如果连诗都不会背，那孩子似乎注定长大没出息。小铁四五岁时，我也曾教他背一些古诗，诸如"鹅鹅鹅……"、"一去二三里……"之类，而且还背过普希金的《渔夫和金鱼的故事》。他背得挺快，也挺爱背。家里来个客人或外出做客，常常把孩子牵到客人面前，背背这些诗便成了他的保留节目。大家听完呵呵一乐，大人孩子皆大欢喜。

有一次，家里来了客人，我就像一盘重复放了多遍的磁带一样对他说："小铁，给叔叔背首唐诗吧！"这一回，不知

为什么他不大高兴,噘着小嘴,任我叫了几次,铁口钢牙撬不动,就是不背。我觉得真塌自己的脸面。客人走后,他见我一直铁青着脸,走到我身边叫了声"爸爸",我不理他。一连叫了几次,我也是来个铁口钢牙撬不动,就是不理他。他见我真的还在生气,一时不知怎么才好,嘴嗫嚅一会儿,突然眼泪汪汪地拉着我的手说:"爸爸,爸爸,我给你背首诗吧!"

听完他这句话,我的心像被针扎了一样难受,眼泪差点没掉下来。我好浑呀!我为什么非要孩子服从自己不可呢?就因为你是爸爸?难道就不允许孩子有不高兴的时候?他不高兴背就不背,这是孩子的独立性格。非得听你爸爸的?背诗简直成了一种太容易掉漆的装饰,一种家长虚荣心的满足。孩子不背做得完全对,唯独最后对我说"背首诗吧"是错了。孩子的棱角被我磨了。这样下去,只能看你的眼色行事,唯命是从,仰人鼻息,我们从小受这种影响还不够大吗?

我一把搂住孩子:"小铁,不哭,不怪你,是爸爸不对!"他的眼泪刷的一下子流了下来。

从此,我家里取消了背唐诗这种"保留节目"。

第一次给儿子写信

人的一生中要遇到许许多多的第一次，比如第一次学走路，第一次学说话，第一次唤爸爸、妈妈，第一次恋爱，第一次远行，第一次发表文章，包括第一次写信……

第一次，犹如春天刚吐出的绿芽，冬天初降下的瑞雪，富于清新而湿润的新鲜感，千万不要让它漫不经心地从身边倏忽溜走。

那年初冬，我到广州参加第六届全运会。羊城花团锦簇，万象更新。忽一日寒潮袭来，从电视中看到北京城竟已飘落雪花，才想起到广州已经近半个月，该给家中写封平安家书了。于是，提笔给爱人写了封信，谈及在广州所观所感及思念之情。并且写了在白云宾馆的商场中看到一种叫做"沙漠大战"的儿童电子游戏机，准备给儿子买一台带回北京。那时，这种袖珍的游戏机刚刚流行，孩子们都特别喜欢。而且，在北京还很少见，如果买回去送给孩子，他一定会特别的高兴！信的最后带了一笔，问儿子小铁的学习情况，他刚刚上二年级。

当我将信写毕，又将这最后捎带的一笔涂掉。我忽然想应该给儿子认认真真写一封信了。临来广州之前，他自己已经能够读安徒生的童话和赵丽宏新寄来的报告文学集《心画》了，我的信，他一定也能够看懂了。看爸爸写给他自己的信，一定会比读那只在给妈妈信尾"挂角一将"的信更有趣。这样一来，他就会觉得再不只是个小孩子，而是享有同妈妈一样权利的大人了，和妈妈一样平分秋色，将信像掰开一块月饼一样，各自一半各自来读了。

想到这儿，我特地找来一张稿纸，每格一字，端端正正，不敢把字写潦草，免得他认不出来，失去读下去的趣味和勇气。我像对待一个男子汉一样给他写信，告诉他我在广州正在做什么，去了哪些地方，告诉他我很想念他，最关心的便是他的学习，不知道我离开家之后，他的学习计划执行得怎么样？每天学习画画又有什么进步没有？我还告诉他：有一天我到广州植物园，在两排秀丽的椰树下遇到一群活泼可爱的大学生，他们是刚刚考入广州师范学院的学生，一听就听出我的北京口音，请我为他们照一张合影。我在信中说，有一天，你也会长大，长得像这群刚入学的大学生一样大。有一天，我也许会在这样一群年轻人当中巧遇到你，那该多有意思啊！

信尾，我没有告诉他我为他买了电子游戏机，只是说：我回家之后，你一定会将你学习进步的成绩送给我的，那将是送给我的最好的礼物，我也一定送给你一件好礼物。不过，我先对你保密，但你一定会喜欢的……我留给他一个小小的悬念。

这是我第一次给儿子写信。我写得很认真，既要让他看懂，又要让他看得有趣，并且从中体会到做父亲的远在天涯的一片心意。

这第一封信，对于我是第一次写，对于儿子是第一次读，他读完之后，会起到什么样的作用呢？他会用什么样的心情、什么样的眼睛来读这封信呢？不得而知。当我把这封信投入绿色的信筒，也给自己留下一个小小的悬念。

全运会结束，我回到北京。因为飞机是晚间从广州起飞，我回到家中已是深夜一点，孩子早已经进入梦乡。爱人对我说："孩子要我等你回家一定要叫醒他！"太晚了！我没有忍心叫他，只是在他的小脸蛋上轻轻地亲了一下。谁知，这一刹那之间，他竟然醒了，还是一双睡眼惺忪呢，就立刻从枕头底下翻出一个折叠的硬纸卡片。我打开一看，是份请柬，幼稚却认真的笔体写着：请肖先生参观迎接八八年肖铁画展。方方正正的小字——出自儿子的手笔。他得意地笑了笑，大概是实在太困了，很快又进入了梦乡。肖先生，孩子居然大人般这样称呼我，我也笑了。

爱人告诉我："你的信，孩子看了特别高兴，也特别认真。他说你要送他礼物，他也要送你一个意想不到的礼物呢！这些天，他抓紧时间画画，一放学，就趴在桌子上画，画不完地画，连电视里的动画片都顾不上看了，就像中了魔一样。这些画呀，在奶奶那屋里摆了满满的一屋子，明天早上你去看吧！"

我没有想到，第一封给孩子的信会起到这么大的作用，孩子看它竟如此认真。说实话，当初在广州我心想孩子只会感到新奇罢了。谁知道他竟办出个小小画展迎接我。这么一来，礼物超出礼物的价值，而信也显示出独具的魅力。这么一想，我给孩子的信应该写得内容更多，也更应该认真些才好。

第二天清晨，孩子起得特别早，先拉我到奶奶房间看他的"杰作"。一屋子里都是他画的画。画丛中间，几个美术大字"迎接八八年画展"格外醒目，画在墙上贴满了，又拉起绳子来挂。抬头能碰到画纸，哗哗作响，像是奏着欢乐的小曲。还真像模像样。对于他来说，自己动手办这样一个画展可不是小事。一切自己动手，才是创造，才会有乐趣。我表扬了他。他很高兴，向我说了他的学习情况，完成了学习计划，还能填充世界地理各国地图的国名。他也没忘掉告诉我还有马虎现象，算术做错过习题，语文前几课学过的生字也有写错的……

我听完他一口气讲完这么多，望着他扑闪闪的眼睛，一会儿兴奋，一会儿又羞涩的表情，感到是那么可爱，是只有孩子才有的天真可爱。爸爸的一封信，竟然起到如此作用，具有如此魔力，让我完全没有料到。有时候，做家长的会忽略，对于家长是小事，对于孩子却是大事呢，大小的概念、认识和答案是完全不同的呀！

孩子将一切说毕，根本没有看我脸上反应的表情，也不容我说什么，立刻迫不及待地问我："你给我的礼物带来了吗？"

我将一直藏在我身后的那"沙漠大战"的电子游戏机拿了出来，送给他，他抱着游戏机高兴地玩起来。坦克车在与飞机抛下的一颗颗炸弹周旋，而他挂满一屋子的色彩缤纷的画在清晨的阳光下闪耀。

如今孩子已经长大了，想想二十年前第一次给他写信的情景，犹如昨天刚刚发生过的一样清晰。在那以后的二十年里，我给孩子写过许多封信，无论用笔通过邮递，还是在网上通过"伊妹儿"，沟通过我们许多彼此思想、情感上的交流，诉说我们对许多事物的不同理解和看法，内容可以说更丰富了。但坦率地讲，没有一封赶得上这第一封信记忆深刻。

虽然不是睡觉的地方，
累了，也得躺下歇会儿（3岁，北京）

孩子与小动物

小铁四岁那年春天和妈妈一起到香山玩。回来时，他妈妈告诉我这样一件事：在眼镜湖里，他们母子俩逮了几只小蝌蚪，装进一只塑料袋里，准备带回家养着，看看小蝌蚪是如何变成青蛙的。爬山的时候，塑料袋破了，蝌蚪随水流了出来，在小路上不住地蹦跳。妈妈揉揉塑料袋，招呼他："全跑掉了，真是的！走吧！快爬山吧！"肖铁却不走，说："妈妈，咱们把它们送回水里吧，它们还得变成小青蛙呢！"没办法，妈妈只好"妥协"，和他一起把蝌蚪又送回眼镜湖。

孩子的心是一眼未被污染的清泉，热爱大自然的生命，比我们大人更纯真。在他们眼中，哪怕是小蝌蚪，也是有着丰富多彩的生活和宝贵一生的。小铁最喜欢这些小动物，我也闹不清是什么缘故。或许是独生子，太孤独了，在家中，他常常与它们交流；在外面，他常常与它们玩耍——它们是他最好的伙伴。他可以蹲在地上看蚂蚁搬家，足足能看上一小时，似乎那里在演一场大戏。

有一天下午放学，正是阵雨过后，地上积了许多水洼。他看见水洼里落进了好几只蜜蜂，翅膀全被打湿无法飞了。调皮的学生跑过来捉这些落难的蜜蜂玩，有的还把蜜蜂踩死。他急了，忙招呼他的好朋友说："蜜蜂'集体自杀'了，咱们快去救救它们吧！"他们找来小纸盒，把落水的蜜蜂一只只捧到盒中，然后，他们跑到学校的花丛旁，把那一只只蜜蜂放在花朵上。看着它们翅膀上的水被晒干，呼呼地飞走了，他高兴得不得了，回到家就跟我说这件事。这或许对大人是件小事，对于他却是大事。

大小事的概念，对大人和孩子是不一样的。我忽然想起有一次他从自由市场买来一只毛茸茸的小黄鸡。他天天给它捉虫吃，说小鸡最爱吃活虫。我弟弟的小男孩比他小两岁，两个孩子为逗鸡玩争打起来。我批评他，他不认错。一气之下，我说："为了这么只小鸡都不肯谦让，你还是哥哥呢！"说罢便把鸡从窗口扔到楼下。顿时，鸡便死了。小铁哭得格外痛心，好久不同我说话。想想，我好后悔，我太粗暴了——不仅对这无辜的小生命，也对一个孩子的心。孩子是绝对不会这样对待那些小生命的，这便是与大人的差异。

小白鼠风波

我们家快成了儿子的小小动物园了，蚕、金鱼、小虾、鳝鱼、泥鳅、小乌龟、法国蜗牛……摆得满地都是。独生子女闷得慌，父母不在家的时候，他可以对着它们讲着无尽的悄悄话，我知道儿子最喜欢这些小动物，所以从来没有干涉过他，任他去养去玩，那里面有着课本和大人们无法给予他的快乐。

一天，小铁突然问我："爸爸，你见过小白鼠吗？"我说："见过。""你觉得小白鼠怎么样？它和一般的老鼠一样吗？"

这问题我一时答不出。在我眼里，白鼠、灰鼠、黑鼠，统统一个样子。平时，我最怕也最讨厌老鼠。刚刚从北大荒回来时，和母亲住在两间窄小的平房里，纸糊的棚顶常有老鼠窜来窜去，有一次甚至在大白天里咬破棚顶，"啪"的掉下来，直掉到床上，让我胆战心惊，久久难忘。半夜里，老鼠磨牙的声音常让我彻夜难眠。至于老鼠肆无忌惮地钻进我的抽屉里，将我的笔记本和稿子毫不留情地咬碎成粉末，更让我与它们不共

戴天。

以后一连几天，小铁都问我小白鼠的问题，并且向我解释："小白鼠和你讲的老鼠不一样，很好玩的，而且也不脏，要不人家医院干吗拿它来做实验？"

我开始警惕了。我猜想他一定是要拿几只小白鼠回家，壮大他的动物队伍。不过，他是知道我对老鼠深恶痛绝的。因此，他始终犹豫，不知怎么开口。

终于，有一天，他忍不住开口了："爸爸，我想拿两只小白鼠回家养，你说行吗？"

我不知该怎么回答他日思夜想的这一恳求。说心里话，我真不愿意家中出现我的劲敌；我又真不忍心让儿子失望。

"我就把它们关进笼子，不会让它们乱跑的！你不用害怕！"儿子还在继续恳求。

我还能再说什么呢？于是点了点头。

可是，儿子并没有拿回那两只小白鼠。可能我那点头并不怎么坚决。我知道他完全是为了我；我尊重了他，这是他回报给我的尊重。

孩子的誓言

小铁小学时的语文课本中有一篇课文，题目叫做《诺言》。这是苏联优秀的儿童文学作家班台莱耶夫的20世纪40年代的作品，曾经长期成为苏联和我国的语文课本的课文。他的另一部著名的作品《表》，早年鲁迅先生就曾译介过。

《诺言》这篇课文讲的是一群孩子在公园玩军事游戏，一个大男孩当元帅，一个小男孩当看守火药库的中士，中士向元帅发下誓言："没有命令绝不撤离！"结果，天黑了，孩子们各自回家，早忘记了这位中士。中士却一直坚守岗位，信守誓言。公园看门人无可奈何，最后只好到大街上找到一位真正的少校，孩子才奉命下岗……

小铁喜欢这篇课文。

一天，他和好朋友杨铭在路边捡到一条蚯蚓，杨铭立刻把蚯蚓放进花坛里。看着蚯蚓钻进松软的泥土，他们像刚见到蚯蚓时一样高兴。这时，小铁忽然想起以前曾在杨铭家看见过一本《拯救动物》的书，他想杨铭一定看过，便对杨铭说："现

在，我发誓永远不伤害动物，再不捉蜘蛛、蚯蚓和蜜蜂。你呢？"杨铭果断地举起小拳头说："我也发誓保护动物，爱护动物！"

这一天晚上，他把他们两个小男子汉的誓言讲给我听，然后又给我正经上了一课，告诉我人只为自己，好多无辜的动物遭到偷猎而灭绝，只因为动物身上的肉、皮、毛、骨、角值钱。夏威夷的食蜜鸟只剩下不到十只，毛里求斯的茶隼只有二十多只，苏联的冠麻鸭只有三十来只，爪哇虎只剩下二十头，阿拉伯羚羊大概不到五十头……他又愤愤地对我说："你知道吗？仅仅二十年，五十亿只候鸽被杀死了，本世纪灭绝的动物就有华北梅花鹿、叙利亚野驴、巴厘虎、加勒比海海豹、熊氏鹿。每年被杀死的大象就有四千多头……你说是不是人比动物还坏？"

我说："人有时候，或者有的人比动物坏！"

他"哼"了一声又说："要是我就制定一个严厉的法律：凡杀害珍稀动物者偿命！"然后，他直问我："爸，你发不发誓，像我和杨铭一样保护动物，爱护动物？"

我很感动。我知道所有这一切知识都是他从书本里得到的。他没有看看热闹，而是入心了。孩子的誓言，带有幼稚和天真，却清纯得如一汪不被污染的泉水。望着他那清澈的眼睛，我不敢轻易发下什么誓言。对比孩子，成人的誓言表面上也许会更坚定而花哨，却也更不可靠。背弃誓言犹如抛掉穿破的长筒丝袜，出尔反尔却一脸笑容的事还少吗？只有孩子，才会把誓言看成和他们的人、他们的心一样至诚重要，才会如小铁和杨铭，才会如那位公园夜幕下坚守岗位的中士。

小时候，我也曾读过班台莱耶夫的那篇《诺言》。我也曾激动，也曾发下过许多誓言。惭愧的是，如今已经如风吹流云一样不知被吹到哪里去了。

孩子，我羡慕你！

逛庙会第一次看到北京这么长的一串糖葫芦（3岁，北京）

迟 到

　　小铁的学校离家很近，站在阳台上就能够望得见学校的操场，安静的时候，学校里打上课铃都能听得见。我家的窗前有一条小路，小铁就是从这条小路上学，所以，在上学放学的时候，只要在窗台上一看，就能够看见小铁他们的追跑嬉闹的身影。我在家时，总爱趴在窗户前看着他们，给我好大的乐趣。学校离家近有离家近的好处。

　　一天中午，小铁匆匆吃过午饭，撂下饭碗就要出屋，说有一个叫李竹的同学说好了让他在楼底下等，说是有什么事情。我问他什么事情，他一边说着反正是有事情，一边一步三跳地跑下楼了。

　　这孩子就是这样，急脾气，给个棒槌就纫针。

　　是个夏天，天很热，我怕他跟我虚晃一枪，是想出去玩，不想睡午觉吧？不过，一想李竹这孩子到家里来过，我认识，是个不错的孩子，班上的小干部，也许，确实是老师布置了什么事情，需要他们两人商量商量。

出于好奇，小铁跑下楼没过多一会儿，我就趴在窗台上望，想看看这两个小孩子约会是什么样子。大热天的，干吗这么急茬又这么神秘兮兮的。反正他们从楼底下得经过窗台前这条小路。望了半天，也没有望见他们两人的身影。

我以为他们两人还在楼底下说话，没再当回事，忙别的去了。

过了好长时间，下午的课都快要上了，窗户前开始人声嘈杂，脚步纷纷了。每天上学放学那一段时间都会这样热闹一阵。小孩子的声音，总给窗前带来生气。我不由自主地朝窗户底下望了望。这一望，巧了，正好望见李竹一个人走过来，旁边没有小铁。

这让我多少有些奇怪。莫非他们两人说完了事，小铁又和别的同学在一起玩，只剩下李竹一个人上学校去了？那小铁也应该过来了，上课的时间快到了呀。可是过了好一会儿工夫，也没见小铁走过来。

这是怎么一回事呢？独生子女，往往让家长多几分惦记，当家长的，这时候想象力十分丰富，对于孩子身上的一切蛛丝马迹，都能够在瞬间膨胀，想象出多种事情的结局。不是说好了一起商量事情吗，为什么小铁没和李竹一起上学？小铁哪儿去了？也许，一会儿，小铁就会在后面出现，疯跑起来赶去上课的，那他刚才干什么去了呢？也许，和李竹商量完了事情，小铁早已经进了校门了，刚才我并没有一直紧盯着看。我在心里自己对自己解释着我设计出来的这无数个结局。

我自己说服着自己，不过就是平常的一件小事，不必这样驴子转磨似的转不开了，没准儿小铁早就坐在课堂上了呢，我在这里瞎操什么心！

但是，隐隐地听见学校里传来上课的铃声了，仍没看见小铁从窗户底下走过，心里还是不放心，便忍不住跑下楼。

小铁正在楼底下傻呆呆地不知望着什么呢，大热天的晒出一脑门子汗。

我冲他大喊："小铁，上课铃都响了，你怎么还站在这儿呢？"

他这才一惊："是吗？我等李竹，她一直没来。"

"你还等李竹呢，人家早就上学去了。"

"怎么，她给忘了？嘿！"说着，他撒腿向学校跑去。

那一天下午，他迟到了。

放学回家，我问他老师批评他没有？他说批评了。我本来也想批评他，想了想，没说什么。批评他什么呢？遵守信诺，虽然有点愚，毕竟有几分可爱。现在，还有多少人能够把别人或把自己的哪怕一句话当成一回事呢？

沙土上的魔术

大约是小铁上三年级那一年的元旦前,老师让每个同学在元旦晚会上表演一个节目。他回家后一脸愁云地找我,先发泄对老师的不满:"爸爸,老师也真是的,非得让我们每人演一个节目!"

我对他说:"老师让你们每人演节目,是件好事呀,锻炼锻炼,对你们有好处。"

他又说:"可我不会演什么节目呀!"

我说:"那没关系,谁都是从不会到会的,我可以教你一个!"

"你?你会?"

"你可别小瞧你爸,你爸打小就总在学校里演节目,你爸还考上过中央戏剧学院的表演系呢。"

我这点光辉历史让小铁刮目相看,他不敢小瞧我了,对我说:"那你教我什么呀?可别太难!"

我说:"一点儿都不难,你一看就会。"

我小时候爱唱歌、爱朗诵、爱上台演个节目，在这方面，小铁一点也不像我，胆子很小，脸皮又薄，一让上台，就跟要他的命似的。一见演节目的事就往后躲，老师一般也就不去找他，甚至不会想到让他去演节目。这回老师让每个同学都必须登台，逼得他没有退路可走，正好锻炼锻炼他。我极赞成老师的这种做法，逼一逼是必要的，小孩子没有不会的事情，只看你做不做，做了，就会了，不做，永远不会。

于是，我拉着他下了楼，找到一点儿沙土，用塑料袋装回来。他一边装沙土一边好奇地问我："爸爸，咱们用这沙土干什么呀？"

"待会儿你就知道了。"

回到家，我让他找一张白纸，再拿一块橡皮。他不知道我要干什么，一双眼睛好奇地望着白纸、橡皮和我。

我对他说："你用橡皮在纸上写几个字。"

"写什么呢？"

"随便，你愿意写什么就写什么。"

他想了想，是元旦的晚会，就说："那就写'新年好'这三个字吧！"

我说："行！把字写大点儿。"

他把三个字写得大大的，最后画了一个粗粗的惊叹号。

我把白纸拿了起来，问他："现在，你在纸上能看见字吗？"

他摇摇头："看不见。"

"对，看不见，虽然你刚才用橡皮在纸上写了字，但不像用笔写的那样会留下痕迹。你演这个节目时事先在家里用橡皮写好字，然后对同学们说你们看纸上有字吗？同学们一定会说没有字。这时，你就把沙土撒在纸上面，注意，要撒得均匀。"

我说着让他自己把沙土撒在纸上面，他小心翼翼地用沙土把白纸轻轻地覆盖上了。

我对他说："这时，你把纸上的沙土抖落掉，再看看纸上出现了什么？"

他把沙土抖落掉，"新年好"三个大字和一个粗粗的惊叹号呈土褐色出现在纸上面了。他高兴地叫了起来。

我对他说："你看，一点都不难吧？你就给大家表演这个魔术！你就说我今天给大家表演一个'白纸变字'的魔术。"

他连说："好！好！"对于他平常发愁的表演节目的困难迎刃而解了。他没有想到看来很难的事情其实就这么简单。

不过，小铁十分担心，万一真的表演时沙土抖落掉了字出不来怎么办？这孩子就是这样，什么事情必须万无一失才敢去做，才觉得拿得出手。如果说这是认真仔细，那是他的优点，如果说这是谨小慎微，那就是他的缺点。一个孩子，就是这样像一枚镍币的两面，将优缺点同时体现在性格之中。

那一晚上，他用橡皮和沙土在纸上练了好多遍，看见每一次纸上都能够出现"新年好"三个大字，才放心地睡了。

临睡前，他问我："爸爸，你怎么会这个'白纸变字'的魔术的？"

我告诉他是我上小学的时候老师教我的，觉得挺有意思，就一直没有忘。

他又问我："那你说这是因为什么道理，白纸上才会出来字的呢？"

我说："大概是因为橡皮在纸上摩擦后纸上出现了小绒毛，撒上沙土，沙土就容易粘上了吧？"

"那不用橡皮用别的东西在纸上擦一擦，不是也同样可以出现小绒毛吗？撒上沙土不是一样也能够粘上了吗？"

我说："道理应该是一样的，你可以用别的东西试试。"

他忙摇头："我可不敢，要是万一出不来字，不就演砸锅了？"

"那就快睡吧。"

据说，元旦晚会上，他的这个"白纸变字"的节目演得不错，挺受欢迎。晚会结束后，好几个同学追着他问这到底是怎么一回事，想跟他学学这个"白纸变字"的魔术。他本来不想透底，自己留一手，可到底还是没沉得住气，不一会儿就天机泄露，把我教他的一切照葫芦画瓢说给了同学。

雪地上摆一个造型（4岁，北京）

荔 枝 树

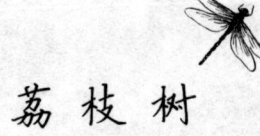

如今在北京的夏天荔枝已经遍布街头。可是在我小时候,荔枝还是稀罕物。在小铁小时候也不像现在这样多见,起码在夏天的水果里,它是最贵的几种之一。买一斤荔枝花的钱,可以用来买好多别的更重要也是更需要的东西。

我已经忘记第一次给小铁买荔枝是什么时候了,反正是他上学前的事了。这种他没有见过的水果,让他格外新鲜。他非常爱吃,却又舍不得一下子都吃光,便把那一点荔枝藏在冰箱里,让那种清新甜美的味道多回味一些日子。

吃完最后一颗荔枝的时候,小铁咂咂嘴问我:"爸,荔枝是结在什么上面的?和苹果、桃一样也是结在树上面的吗?"

"是,是结在树上的。"

他又问我:"你见过荔枝树吗?"

那时,我和他一样都没有见过荔枝树。那时我去南方的机会不多,仅有的几次,也没有注意荔枝树,哪里会想到有一天孩子竟然要问我这样的问题。当爸爸的怎么可能什么都知道。

我只好冲他摇摇头。

他很遗憾地说:"不知道结这么好吃的荔枝树是什么样子?"

我对他说:"下次爸爸去南方,帮你仔细看看荔枝树是什么样子的。"

荔枝树只好在他的想象之中。

忽然,他指着刚才吐出的那颗褐色的荔枝核,问我:"爸,你说荔枝树是不是和其他植物一样,也是用种子发芽长大的?"

我说:"当然。"

"那你说我要是把荔枝的核种在土里面,它是不是也能长出一棵荔枝树来?"

这怎么可能呢?可我话到嘴边又咽了回去,于是故意逗他说:"你可以试试,没准真能长出来一棵荔枝树来呢,那咱们在家里就能够吃到荔枝了,不用到街上去买了。"

他信以为真,立刻让妈妈帮他找来一个小花盆,把荔枝核种在里面。开始天天浇水,盼着真的长出一棵荔枝树来。我才发现小孩子的天真,是大人难以想象的,也才知道童话为什么能够在这个世界上诞生。每一个孩子都可以创造出来许多童话的篇章来,每一个孩子都是一部童话,他们用天真的眼睛看待世界,用稚嫩的心感受世界,同我们大人是完全不一样的。他们在童话中所创造的天真,是我们大人难以想象的。很多时候,我们大人认为是不可能的,对于他们,奇迹却是完全可能出现的。

小铁在盼望着荔枝树的奇迹出现。

小芽真的拱出了花盆里的湿土。

两瓣绿绿的小叶也小嘴一样长出来了。

小铁高兴地叫了起来，让我看，让妈妈看，让奶奶看，让所有来家里的客人看，看他的这个杰作。

叶子在一天天长大，小芽在一天天长高。如果以这样的速度，它能够多长时间长成一棵荔枝树呢？小铁在他的小心眼里计算着。不管多少时间，只要长，就总能够一点点长成一棵荔枝树。他相信书中说的一切植物都是从种子发芽长大的，他更相信童话书中说的一切都会梦想成真。

我不忍心打消他的这一片天真，荔枝树怎么可能用一个小核就能长成一棵大树呢？它是需要树苗来培植的呀。

我早就想到最后的结局，荔枝树只能在孩子遥远的梦中，而不会出现在现实中。但绿茸茸的小苗总好像给孩子带来希望。

最后的打击是不可避免的，那棵小苗没有熬过荔枝在夏天的退市便枯萎了。孩子倒没有太大的伤心，一脸的怅惘却是雾一样地笼罩着。也许，孩子都是在这样一次次的天真遭到创伤后逐渐长大起来的吧？成长必然要经历并伴随着痛苦，这种痛苦大多是童话和现实碰撞的痛苦，是天真被一层层磨蜕皮后的痛苦。我时常想，作为家长如果想多挽留一些孩子的童年，就应该注意有意识地多保留一些孩子的天真，允许他们天真的幻

想乃至天马行空的胡思乱想。因为最后一丝天真的消失，便是童年的结束。

　　小铁长大后，我曾经带他到南方，专门去看过荔枝树。站在那结满红嘟嘟果实的荔枝树下，他再没有了小时候梦想一颗荔枝核能够变成一棵荔枝树的天真了。他不太在意地望望高高的树梢和红红的荔枝，仿佛在看一个司空见惯的东西，而不是看一个他曾经寄托着梦想的童年伙伴。

玩 具

从玩具上可以看到世界的发展真是神速。现在的玩具已经可以到电脑上玩了，花样层出不穷，刀光剑影，过关斩将，可谓惊心动魄。可我小时候，玩具有什么呀，记得大院里有钱人家的女孩子抱着一个眼睛能眨动的布娃娃，就足让我们瞠目结舌，算是奇迹了；而我们男孩子只能蹲在地上撅着屁股玩弹球，或者是拍洋画。

有一次讲起这些陈年往事，儿子问我："洋画是怎么回事？"我告诉他洋画是一种跟火柴盒大小一样纸做的画片，一面画着各种各样的画，一面是简单的花纹或者干脆什么也没有是空白的，把它放在地上，画面朝上，用手拍地，扇动空气的流动，把画片拍动，拍得翻过身来，让画面翻到下面，就算是胜，看谁拍的画片翻过身来的多，谁就是最后的胜者。

儿子如听天书，他哪里见过这样的玩具？还要用手在脏乎乎的地上拍，将手心拍得生疼？他更不会知道就是这样简单的玩具给我的童年带来无限的欢乐。

其实，儿子的童年玩具也并不那么多。他可以自豪地和我这样一代人相比，以为我们的玩具是老掉牙的；但他无法和他的下一代孩子比较，因为下一代孩子也可以说他的玩具是老掉牙的了。一代代孩子就是在这样不同的玩具中度过各自的童年，如果说服装是一代代孩子变幻的色彩，那么玩具则是一代代孩子闪动的表情了。

儿子的玩具确实不多，以至现在还能替他数得过来。记得第一次给他买的玩具是一桶积木，是用彩色塑料做的，可以搭房子、组装汽车等。就是这一堆色彩斑斓的塑料块让儿子玩不够，尤其是我们大人不在家的时候，足够让他消磨时间。但它们只有在儿子的手中才会动，才会变换着样子，它们自己不会动。我给儿子买的第一个自己会动的玩具是一个大象转伞，一头大象拉着一辆小车，车上支着一把伞，只要往大象的身上安上电池，大象就可以拉着车转动，车一转，彩色漂亮的伞就会打开，就像一辆风车一样在转了。这个大象转伞的玩具买回家以后不久又先后买了两列火车，装上电池，一列能在长圆形的铁轨上转着圈地跑，一列能在立体交叉的轨道上翻山越岭。儿子就将积木放在一边，任其落满尘土不再动了。那是儿子三岁到四岁的事。

五岁那一年的夏天，儿子的玩具发生了根本性的变化。那一年的夏天，我去了一趟深圳。那时，深圳的建设刚刚起步，沙头角刚刚开放，在那条当时人头攒动的中英街上能买到许多在内地买不到的好看又便宜的东西，其中包括玩具，只是需要将人民币换成港币。我给儿子买了一辆遥控小汽车。这是当时我家最现代的玩具了。只可惜那时家里地方太小地又不平，小汽车无法跑得开，我们只好让儿子抱着它到陶然亭公园去玩，小汽车在公园的空地上尽情地奔跑，一直能跑到远处的草坪中，像兔子似的钻进草丛中出不来。看着儿子用遥控器控制着汽车左右前后地奔突的样子，才会明白不同的玩具带给孩子的欢乐是多么的不同。小汽车上面的天线在风中颤巍巍像小手一样向他挥舞抖动，让儿子兴奋不已，欢叫声和小汽车的喇叭声此起彼伏。

还是那一年的春节，友谊商店破例可以不用外汇券卖货几天，但是需要有入场券，我们得知消息找到入场券，带着儿子马不停蹄去买玩具。大概是这个遥控小汽车闹的，儿子对这种现代化的玩意越发感兴趣，当然，那是要比原来的一般电动玩具高级得多，好玩得多，不断变化的玩具让孩子个个都变得喜新厌旧。从那些平常只卖给洋人或手持外汇券的准洋人的众多玩具中，儿子挑选了一种红外线打靶枪，那枪离靶几米远，只要对准靶心，扣动扳机，红外线就可以让面前的靶心中的红灯闪亮，同时鸣响起轻快的声音。家里有了这样一把枪和一辆车，儿子可以畅通无阻，简直像个西部牛仔了。儿子在那一年成了暴发户，玩具一下子多了好几件，而且从电动到遥控到红外线，一步几个台阶地飞跃。

曾经给儿子买的大型玩具有两件，一件是一架小飞机，人能坐在上面，开动时机头闪着红光，还能随之响起音乐，有点

儿像公园里孩子们玩的电瓶车。那是儿子上学前夕的六一节送他的节日礼物。记得很清楚，是全家人一起在西单商场买的，买后，我骑车，儿子和他妈抱着飞机坐公共汽车，约好下车在公共汽车站等我，我再用自行车驮着飞机回家。谁知下了车，儿子早等不及了，坐在飞机上往家里开，顺着平坦马路的边上骑，遇上路不平或者泥路就抱着走。等我回到家时，看见他正骑着飞机满屋子飞转呢。

另一件是一辆遥控的宇宙飞船，是在儿子刚刚上小学一年级的时候，我第一次出国到苏联，在莫斯科的儿童商店里买的。其实，叫宇宙飞船并不确切，那样子像宇宙飞船，但又像外星人似的，浑身长满触角，四周闪着灯，还有长长的铁链轨，转动时闪闪发亮……总之，那样子实在怪。苏联的玩具比我们的要结实、有派头，却也笨重，而且带有战争色彩。那家伙在我家一摆，所有的玩具都相形见小，儿子拿起遥控器开动起来，隆隆的响声轰鸣。有时候，他会坐在飞机上行驶，一手握着飞机的方向盘，一手遥控着宇宙飞船和他并驾齐驱，仿佛带领着千军万马要腾云驾雾，闹得家里人仰马翻，乱成一锅粥。

想想，还有许多玩具不是买的，比如他最珍贵的那些贝壳，是他自己从海边捡回来的，还有的是朋友送给他的。他都一一查出了它们的名字，熟悉得像是自己的朋友。他妈帮助他把其中一些诸如东方鹩螺、唐冠螺、竖琴螺、夜光蝾螺、焦棘螺、虎纹贝……珍贵漂亮的贝壳安放在盒中，摆放在柜子里，可以天天和他对视交流，彼此诉说着关于大海和童年的许多趣事。

真羡慕儿子的童年拥有着这么多的玩具。虽然，现在的孩子已经不大在乎这些玩具了，因为日新月异的玩具带给新一代孩子更多新颖神奇乃至电脑和数字化高科技的变化，令人应接不暇，很容易将过去的玩具忽视乃至不屑一顾。但是，我和儿子都很珍惜这些玩具。除了大象转伞、小飞机等几个玩具送了人，其余的都完好地保存着，只要装上电池或拧上马达，都还可以玩。我们特意把它们放在一个柜门里，好像陈列着我们那逝去的岁月，以及大人和孩子共同拥有过的心情。

偶尔，儿子心血来潮时，会从柜门里拿出一个玩具，装上电池玩上一会儿。只是再没有小时候玩玩具时的欢蹦乱跳和大呼小叫了，遥控汽车、宇宙飞船或小火车显得有些寂寞地转动着，响亮却空荡荡的声音在房间里回荡着。

自己的小天地

小铁自己买的画报之类的书渐渐多起来后，很想像大人一样也有一个自己的书柜或书架。那时对他来说这是件奢侈的事情。那时我家不大富裕，住房也不大，除了书多之外，没有什么值钱的东西。我有四个书柜和一个书架，都被书撑得满满的，堆在地上、床下、阳台上还有许多书。谁想到儿子的书也前赴后继地跟了上来呢？这真是件让人既高兴又发愁的事情。

儿子曾经问我可不可以把那个书架给他用？我断然拒绝了，话说完后又后悔，儿子爱书，本来应该支持的，但书架对他来说早了点，这样说怕伤了他的心，忙对他解释说这个书架对我的重要和感情，对他讲这个书架还是我从北大荒回到北京有了第一个月的工资买的第一个大件，我无法把它扛回来，是我的一个同学推着自行车，一手扶着把，一手扶着书架帮我送回家的。

儿子望望那个铁制的书架，像望着一个对于他过于遥远的过去，不再说什么。

我不知道这样一个含有我们那一代人伤感的故事，他听后会怎么想？会理解我对于一个小小书架的别有情怀吗？怕他不理解，我顺藤摸瓜一样，顺着这个铁书架讲到我童年的另一个木书架，又对儿子说，小时候我和他一样最渴望有个书架，家里穷，你爷爷只给我一个装鞋的小木箱子，箱子中间有一层木板，放在地上，最底下一层，木板一搁，加上最上面一层，能放三层书。就是这样一个小书架，伴随我度过了小学和中学时期，一直到我去了北大荒。

这样一番忆苦思甜，对于儿子是不是有点太老套太陈旧了，他能够接受吗？我不知道。

他喜欢到书店里买书。他的书在不断地增多，只是他不再向我提书架的事。

有一天，我外出回家，刚进家门，小铁就高兴地拉着我走进奶奶的房间。那时，我家有两间屋，我们一间，奶奶一间，奶奶的那一间还放着一张写字台，是全家共用也是父子争夺的学习的地方。写字台顶着墙，墙离门有一小块地方，放着一个小柜子，柜子里面装着奶奶的针头线脑。我忽然看见这个柜子上面已经摆着整整齐齐一排书，书的两头用新买的铁书挡挡着。

柜子也就不到半米宽，半米宽的地方能摆多少书呢？但那窄窄的一排书，是那样醒目，关键是儿子望着这一排书那样兴奋，他让他的那些一直藏在书包里或桌子里的书终于见到了天日，堂而皇之登上了自己的书架，可以和大人平起平坐了。

他拉着我走到柜子前面，对我说："爸爸，你再仔细看，看看还有什么？"

我看见柜子后面的墙上也就是书的上方，贴着一张纸，上面歪歪扭扭呈半圆弧状写着"我的小天地"五个美术字，分别用五种蜡笔涂上了五种鲜艳的颜色，像是一道漂亮的彩虹。

事情已经过去了那么多年，我还是忘不了那一天的情景。我当时的眼睛有点湿润，艰苦的日子里有一种无言的辛酸和无比的欣慰。

儿子没有发现我心里瞬间的变化，拉着我的手还在兴奋地告诉我："是妈妈帮我一起弄的。"

由于儿子的书在不断增多，他的小天地实在太小，他无法把自己的那些书都摆上去，只好让它们轮流上阵去到它们的小天地亮亮相风光风光，然后他和它们相看两不厌地对视着，诉说着彼此的心事。不断地换书，像不断地给花儿浇水，让花儿不断地展现自己的容颜；又像是不断搭积木，搭出不同的造型，是令他最快乐的事情了。那是他的童年里属于他自己创造出来的游戏。

在那一段时间里，这块他开垦出来的小天地变成了他的一个舞台，不断上演着他和书中的许多心情和故事。那真是一段让他惬意让我欣慰的日子！

书能够登台演出的机会难得，因此，并不是所有的书都可以登上他的小天地的。记得那时我特意给他买过一本叫做《七色花》的小册子，图文并茂，好看易懂，是苏联作家卡达耶夫写的童话，我小时候读过，很是难忘，便爱屋及乌送给他。但我这只是一厢情愿，他并不喜欢这本漂亮的书，那时，他喜欢的是郑渊洁的童话，让皮皮鲁和鲁西西占满，整天和他一起玩耍。因此任凭我几次撺掇他把这本《七色花》摆上去，他却从没有让那个小姑娘和她手中漂亮的七色花出现在他的小天地中。

他只是摆弄着他自己认为好的那些宝贝书，像一个排兵布阵的将军随时随地且随意去调兵遣将，上演着他自以为精彩的大戏。

或者是让孙悟空和探险英雄斯科特一起去大战南极的风雪恶魔；或者是让第七条猎狗和那条白比姆黑耳朵的狗一起去搭救珍贵的朱鹮、黑颈鹤和渡渡鸟；或者是让蔡志忠漫画里的孔子老子讲述上下五千年……这个小天地给了他童年无限游戏般的快乐和想象的随心所欲，并且让他懂得了珍惜，因为有限的空间逼迫得他不得不爱护他格外中意的书，它们是他手中的爱将。

那块小天地伴随他上学，一直到我们搬家。那时，他上小学四年级。他有了自己的一间屋子，名副其实的属于自己的小天地。我和他妈妈商量的第一件事情就是给他买几个书柜，圆了他的梦。我们和他一起挑选，选中了一组三个的黑白相间的书柜，几乎占了一面墙。他可以把他所有的书包括我喜欢的那本《七色花》一起摆在里面了。

孩子长大以后，我还常常想起他的那个小天地。一个孩子

的童年，应该有属于自己的小天地，这个小天地如果是孩子自己渴望的，并且是自己建立起来的，而并非家长财大气粗或越俎代庖，确确实实是经过孩子的手，稍稍费了些周折和时日才得以建成，这样的小天地，孩子才会珍惜，而不是仅仅出于心血来潮，或仅仅当成一个小摆设。当然，如果这个小天地和学习和读书有关，对于孩子的成长会更有益处。孩子会在自己的小天地里，和这些书交谈、幻想，编织出他们自己的故事，无形中滋养了他们的心灵，丰富了他们的精神，让他们的童年即使是孤独一人在家里的时候，也会觉得有许多伙伴和他们在一起。

　　这样的小天地会起到比家长、比老师更好的作用。

分床而睡

小铁上学之后,我和他妈妈一直在商量这样一件事情,就是别让小铁再和我们一张床上滚了,孩子大了,应该和父母分床而睡,否则,孩子永远长不大,甚至会影响他的成长。这些道理,还要多讲吗?孩子不懂,大人也不懂吗?

我没有想到这件大家都已经懂得的事情,做起来竟是这样的难,阻力不仅来自孩子,同时也来自大人。

但是,我决心已下,既然对孩子有利,为什么不去做呢?当父亲的,有些事情必须当断则断,不能像当妈的心软而优柔寡断。

那时,家里不算宽敞,两间屋子我们和奶奶各一间,小铁睡在哪儿?我说就在客厅里把折叠床放好,自己一个独立的小空间,不是挺不错的嘛?他妈妈听完我的话,说:"那么黑洞洞的地方,四面透风,又没有一扇窗户,你去试试吧。"

她所说的试试,是让我找小铁去说。我知道,客厅确实不是最好的地方,眼下就这样的条件,也不能再等有了条件再说

吧？孩子的成长不等人呀。

　　我把小铁叫到身边，对他讲为什么要他自己去睡，告诉他已经长大了，都上一年级了……他立刻打断我的话，告诉我街坊谁谁的孩子都上二年级三年级甚至上中学了还和父母睡在一起呢……

　　我也打断他的话，严肃地告诉他，他们是他们，你是你，他们这样做不对，你也非跟着错误走怎么着？我又耐心地对他讲，这样做是为了他好，如果现在迁就他，等他以后长大了就该埋怨我们了。一个孩子要独立，要培养自己这方面的能力，才能把自己的性格锻炼得坚强……反正是好话坏话说了一箩筐，连比划带吓唬的，总算把他给说服了。心想比想象的要容易，孩子还是懂道理的。

　　晚上，便把折叠床打开，在客厅里放好，接上一盏台灯夹在床头上，告诉他先看会儿书，看困了就睡着了，要是再睡不着，就在心里数数，从一数到一百，准能数着数着就睡着了。

　　他便听话地打开一本书看。不知看了多久，灯一直亮着。

　　他睡不着，我们也睡不着。他妈妈想下床去看看，我拦住了她，这时候别心软，心一软，前面做的工作全完。凡事头三脚难踢，咬咬牙，只要过了这一关，孩子慢慢自然就好了。

　　可是灯一直亮着，当妈妈的心怎能不软？她说："都半夜了，明天孩子还得上课呀，总这样也不是一回事呀！"

　　说着，下床走到客厅，来到小铁的床边。小铁一见妈妈，眼泪就掉了下来。

"你怎么还没睡着呀?"妈妈问他。

"我害怕。"

我也走了过来,问他:"你怕什么?"

"我怕有坏蛋。"

"哪儿来的坏蛋?爸爸妈妈睡在这屋,奶奶睡在那屋,就是真来了坏蛋,有我们呢,你怕什么?关上灯,闭眼睡觉!"

"我一关灯,一闭眼,就觉得坏蛋出来了。"

"那都是你自己在胡思乱想。你闭上眼睛,什么也别想,就容易睡着了。"

"那我也睡不着。"

"不是让你在心里数数吗,不就容易睡着了?"

"我刚才都数到500了,还是睡不着。"

眼看着我们两人唇枪舌剑要起火,知道我的脾气急躁,他妈把我推进屋里:"你先去睡吧。我陪他睡着得了,天太晚了,明天还上不上学?"

我对小铁说:"好,就这样,今天你妈妈先陪你睡着。但明天可不能再这样,明天你必须得自己睡了,要不你永远长不大。行不行?"

孩子都是先顾眼前,哪怕过后撂爪就忘,忙点头说:"行,行。"

有妈妈在,就有了定心丸,他很快就睡着了。

第二天晚上,床铺好了,灯打亮了,脚也洗了,牙也刷了,钻进被窝,小铁叫住他妈妈:"您再陪陪我,等我睡着再

走行不行?"

看他那可怜巴巴的样子,他妈说:"行。"

很快,他就睡着了。妈妈永远是孩子的护身符。

他妈悄悄地对我说:"不行先就这样陪他睡几天吧。你也得让他有个过渡,一个小孩子,一直都是和大人睡,突然自己一个人睡,怎么也不习惯。"

我觉得他妈妈说得有道理,说就这样过渡过渡吧。

谁想到,睡到半夜,他突然号啕大哭起来,声音特别响,把一家人都惊醒了。我和他妈赶紧跑到客厅里,问他怎么啦?

他也不答话,还是大哭不止。

他妈说:"别哭,别哭,刚才不是睡得挺好的吗?到底怎么啦?是不是做什么噩梦了?"

他却是依然大哭。

这一回,奶奶也走了出来,大声斥责我:"他才多大呀?你就非得让他一个人睡?一个小孩子,能不害怕吗?你非得大半夜的让他哭?要是把孩子吓出个好歹来,我找你算账!"

有奶奶撑腰,小铁哭得更厉害了,而且哭声中带有一丝委屈。

有奶奶发话,我也只好让步,对小铁说:"这样好不好?我早跟你说了,总是和父母在一起睡,对你没有什么好处,恋母情结总也下不去,你就老长不大。你就先跟奶奶一起睡,过渡过渡,还得自己睡,行不行?"

一听这话,他止住了哭声,哽咽道:"行。"

"那就起来吧。"

他立刻跳下床，屁颠屁颠地跑到奶奶屋里，不一会儿就依在奶奶的肩上睡着了。

夜色浓重。我好长时间没有睡着，心想这一回合，只能算是打了一个平手。孩子和我各退让了一步。

他妈妈折中道："强扭的瓜不甜，这样也好，慢慢来吧，哪个孩子也不能跟气儿吹似的一夜就长大。"

自己一步步爬上了泰山顶看见了日出（4岁，泰山）

闯祸的"挤狗屎"

"挤狗屎",大概是孩子玩的一种很老的游戏了。尤其是在冬天,孩子们特别愿意玩这种游戏。所谓"挤狗屎",就是一大帮孩子一个紧挨着一个,排成一长溜,顺着一个方向往一起挤,看把谁从中给挤出来,被挤出来的人便自然是"狗屎"了。为什么在冬天这个游戏最受欢迎,是因为天冷,用这种挤成一团的方法连玩带取暖一举两得。

当然,对那些沉浸在激烈刺激又程序复杂的电脑游戏中的孩子看来,这实在是太原始单调的游戏了,早已对它不屑一顾,或根本就不知道有这么一种游戏。但是,在我小时候,城市孩子是常玩这种"挤狗屎"游戏的,起码在小铁小时候也还是如此。

正是因为这个"挤狗屎",小铁闯了祸。

那是在小铁刚刚上小学不久的事。当然,也是在冬天。中午上学,孩子去得早,校门一般是不会早开的,女孩子愿意在校门前跳皮筋,男孩子便在校门前"挤狗屎"。哪个孩子正

好站在校门前了,后面马上有一个男孩子跑上来,往他身后一挤,把他挤着脸贴到校门上面。然后,第二个孩子跟了上来,紧接着第三个、第四个……一会儿工夫,一个个的孩子就像一串糖葫芦一样挤成一条长龙。他们一边齐声大叫着:"挤狗屎!挤狗屎!"一边使劲地往前挤,挤出一身臭汗,以把谁挤出这条长龙为乐趣。

事情就在这时候发生了。

一个小男孩被挤了出来,后面的孩子使的劲太猛,长龙因突然出现的空隙使得后面的孩子惯性地往前冲,冲的劲头无法控制,孩子的重心失衡,开始先是一个孩子倒下,紧接着是后面的孩子就跟多米诺骨牌一样纷纷倒下。怎么那么巧,小铁要倒地前,脚正好踩在了前面倒下的孩子的手指上,把人家的小拇指给踩折了。

这孩子疼得哇哇大哭,小铁愣在那里,所有的孩子望着小铁都傻了眼。

那天中午,我上班没在家,他妈妈正在家里。待小铁哭丧着脸跑回家,极其害怕地告诉妈妈他把同学的小拇指给踩折了,等待着的不是挨顿打,就是挨顿骂吧。

他妈一听就急了,拉着小铁跑到校门口,扶着孩子先到医院去看伤。上好药,包扎好,送人家孩子回家。小铁的心紧攥着,最怕我晚上下班回家知道了。他知道我的脾气急,肯定不会轻饶他,他悄悄地拉着妈妈的手说:"别告诉我爸爸行吗?"

他妈妈说:"那怎么行?出了那么大的事情,怎么能不告诉你爸爸一声?"

晚上,我回家了。他妈先把我叫到一旁,告诉了中午小铁闯的祸,然后对我说:"再怎么说,事情已经发生了,你也别骂他打他,说说他就行了。"

我叹了口气。小男孩就是容易闯祸。也许,小铁算是闯祸少的。在我以后的记忆中除了这一次,再有的就是那次他用小石头子把人家的窗户玻璃给砸破了,让人家找上门来告状。一个孩子也许就是这样在不断闯祸中长大的吧。

买上点儿水果蛋糕,我让小铁去人家家里看看,他不敢一人去,就让妈妈陪他去。我同意了,但是,必须得自己向人家主动承认错误,现在,人家的家长也都回家了,甭管人家怎么说,自己都要老老实实承认错误,态度首先要好,求得人家的谅解。他都鸡啄米似的点头同意了。

那家人家离我家不远,是个普通工人家庭,非常通情达理,而且极其朴实热情,不管是孩子的妈妈还是爸爸,都不住地说小孩子家哪有不淘气的,没有一盏省油的灯!小孩子的骨头长得快,没事的……说得小铁自己先掉下眼泪,人家还得去劝他。

他回来对我说人家真好,他非常内疚,他老实地对我说开始他还有些委屈,觉得也不能全算是自己的错,因为没有后面的人推他,他也不会踩到人家的手上,但是用不着再作什么解释,也用不着人家再说什么,他现在觉得全是自己的错,才

让人家的手指折了，让人家那么疼。我说你说得多好呀，爸爸听了你这样说，替你高兴。人家待你好，你要做得更好才对，人家原谅了你，不是说你犯的错误就不存在了，你应该用自己的实际行动让人家满意。反正，那时，我总是取一个布道的牧师角色，不管他爱听不爱听，不住地向他讲述一个又一个的道理。做家长的都是这样，以过来人的身份将人生的道理讲给孩子听，有时候孩子能够听进去，有时候孩子听不进去；有时候效果好些，有时候效果差些。那一晚上，效果还不错，小铁听得很认真，我想大概是因为人家的宽宏大量和朴实热情，是他绝对没有想到的，从而让他很感动，也很受教育。我到现在都非常感谢那家人家，是他们让孩子从小开始明白如何宽以待人，如何平等相处，这些重要的人生体验，光靠父母去说是无论如何也赶不上用他们自己的实际行动所给予的潜移默化更实际、更切实。

　　我日后常想，人家的孩子我的孩子都是独生子女，折了手指，十指连心呀，谁不心疼自己的孩子？如果人家不是这种态度，而是一种相反的态度，比如不依不饶，非得让我们赔偿，甚至闹到学校，让老师再去没完没了地批评小铁……会是一种什么样的情景呢？还会有孩子现在这样由衷的内疚，让孩子学到在平常日子里学不到的东西吗？

　　人生常常会出现许多偶然性，就像一阵风吹来，往这边吹，一株蒲公英的种子可能就往这边飞走了，往那边吹，蒲公英的种子可能就往那边飞走了，命运就这样在不知不觉之中拐了弯儿。所以，有时一次不经意的举动，也许能够影响一个人的一生，哪怕仅仅是一个善意而宽厚的微笑，有时或许能够改变一个人对这个世界的基本态度。我真应该好好感谢那家人。小铁更应该感谢才是。

在这个充满着越来越多误解、隔膜、冷漠乃至仇恨的世界，宽宏地对待他人，善意地对待他人，心里常存有对别人的愧疚之情和对生活的感恩之意，对于一个人尤其是一个正在成长的孩子来说，该是多么的重要和难得。

那个孩子的手指好了之后，和小铁成了朋友。有时候看他到我家来玩，有时候看他俩到外面疯跑疯玩的样子，我的心中常常涌出一种无法言说的感动。

只是，他们再没玩过"挤狗屎"了。不是他们不想玩，是我坚决不让小铁再玩这种游戏了。也许，是我有点儿因噎废食。

为什么这东西这么酸？（5岁，厦门）

散 步

那时，我家楼后有一座挺大的街心公园。公园里有山有水，充满野趣。尤其新栽上枫树、柳树、丁香、樱花、雪松……春天里一片姹紫嫣红，夏天里到处绿荫蒙蒙，是喧嚣都市中难得的一角清静地方。

那时，小铁刚刚上小学。晚饭过后，我常常带他到公园里散步。和大自然亲近，孩子会有一种天然的乐趣，远胜于课堂里呆板枯燥的生活。霞光在林间小径上跳跃，筛下叶间的夕阳被风吹得一闪一闪，像是有许多小精灵在前面眨着眼睛，引你走向奇妙的童话世界，散步的脚步不禁变得格外轻柔，如同踩着音乐的旋律一样。

有一次散步，我忽然心血来潮，指着新栽的树苗对儿子说："我考你一道题吧！你能说出公园里五种不同形状的树叶吗？"

他立刻兴致盎然，向前跑去，四处寻找，然后风一样跑回来，告诉我有针一样的松树、手掌一样的杨树、扇子一样的银杏、眉毛一样的柳叶、五角星一样的五叶枫……

大概这样的考题不难，而且挺有趣，我在散步时经常考考他，他也乐此不疲地回答，答不上来的问我，记住了回家再考妈妈和奶奶。散步时的小路上跳跃着儿子欢快的声音，像是"扑簌簌"飞起飞落一群群啁啾不停的小麻雀。常常觉得小路还没怎么走就到了头，落日的余晖不知什么时候便飘散消融在小河中，夜色轻纱般笼罩上来，街灯一盏盏如倒悬的莲花盛开了……

　　一天傍晚散步，儿子神秘兮兮地从衣袋里掏出一张纸，眨巴着眼睛笑眯眯地对我说："爸爸，今儿我也考你几道题！"原来，纸上抄满密密麻麻的他自以为有意思的挺难的题，不知是从什么书上抄来的。

　　"行呀！你那儿的题，爸爸都手拿把掐！"

　　"你先别吹牛！我问你：世界上最大的动物是什么？最小的鸟叫什么鸟？"

　　哎呀！我还真不知道，人的许多实际问题还顾不过来，谁还关心什么鸟呀动物的。

　　"告诉你，最大的动物是蓝鲸，最小的鸟叫蜂鸟！"

　　他可以考大人了，而且可以考住大人了，看他高兴得无与伦比的样子！

　　从此以后，散步时的考试变成了对等的。我考他五道题，他也考我五道题。我把他课本中的题找出来，或者找一些常见的自然、文学、社会常识题考他。他呢，那一阵子异常喜欢地理和动植物，拼命翻他新买的几本宝贝书，选一些自认为我绝对答不上来的题，如塔那那利佛是哪个国家的首都？长颈鹿为什么不会讲话？我国一类保护动物有哪些？……

我真的答不上来。有的，是故意答不上来。他乐得好开心，便越发考我考得来情绪。当然，如果我一并都答不出，他也会索然无味，无异于对牛弹琴，逼迫得我也得抽时间翻他那些地理万花筒、动植物趣闻的宝贝书，不能让他总是赢家。输的时候，他得老老实实求教我，或者回家翻翻书。

一天散步快走出公园时，我指着一株合欢树问他："你知道这种树叶有什么特点吗？"他摇头。我说："它的叶子像含羞草一样能闭合，不过要到晚上！"他不信，拉着我的手非要坐等到晚上眼见为实。我说："离天黑还早！明天我们晚点儿出来散步时再看！"他可等不到明天，当天晚上一个人就又跑到公园里，摘下一片合欢树叶，望着星光月色的夜空惊讶得发呆。

对于孩子，天空中永远挂着一个个奇异的问号。考试，其实不过就是从天上摘下这一个个如小星星一样的问号递给他，本来该是件有趣的事，却常常在我们大人耳提面命的威逼之下变得狰狞可怕了。

能够让孩子觉得考试和游戏一样有趣该多好！试题如同从圣诞老人口袋里掏出的一件件新奇的礼物该多好！……

可惜，以后，我和儿子很少再去散步，散步时的考试也就消失了。可能是因为我搬了家，楼后是一条嘈杂的街道，再没有了街心公园；也可能是因为儿子已经上了中学，渐渐长大，不再愿意和家长一起散步，也不再属于那孩子时的幼稚天真。

学画纪事

现代家庭的独生子女,在孩提时几乎没有没学过画画的。背着画夹,提着画笔,煞有介事的样子,似乎个个能成为毕加索或齐白石。

我也自难免流俗。

大约是小铁五岁那一年的春节,妈妈带他到同在北大荒一起插过队的老同学家玩。同学的女儿比小铁大三四岁,教他画国画。都是孩子,一个大胆地教,一个胆大地画,无所顾忌,墨渍水晕,汪洋恣肆。小铁抱回家一幅他新画得的大写意小毛驴来。在他看来,画画就是这样简单、好玩,犹如游戏一样。

说实话,我一直以为画画挺难学。我上学的时候,各门功课都不错,唯独图画一般,任凭使出吃奶的劲儿,从未得过一次5分。在我的印象中,大写意虽是淡淡几笔,却不易掌握。

见我有些不大相信,他立刻找出画具,铺开画纸,先用笔蘸上清水,勾成小毛驴的轮廓,再用浓墨画出小毛驴的脑袋,用淡墨画出身子和腿。浓墨落在洇有清水的宣纸上,四散的墨迹真像是小驴身上长出来的绒毛。

"怎么样？挺容易吧？爸爸，我教你画吧！浓淡墨，多有意思！"

从他嘴里，我第一次晓得了"浓淡墨"这个词。从这个新词在我家出现以后，家里桌上多了马头牌国画色、小白云、点梅画笔，以及齐白石、王雪涛的画册。而到美术馆看画展，成了全家节日里的保留节目。每次进门之前，他都要说："我们一人看一幅最好的画，记住了回家画，看谁画得好！"说来也怪，在孩子的影响下，我的国画水平正经有了提高，画的猫呀、鹰呀，像那么回事。他妈妈画的枇杷、山茶，也栩栩如生。

在那两年多的时光里，画画，给全家增添了欢乐。屋里的墙上、柜里、窗上、门上，几乎挂满了画，自然也常常把墙或床单染上了颜色。我们和孩子几乎生活在由色彩与光线组成的另一个世界里。即使是数九隆冬大雪封门之际，无法外出，守着家里那一堆颜色，也让我和孩子感受到融融的暖意。每年春节，小铁都要趴在地上，将他画的那些画选来选去，办一个迎春画展，邀来他的同学、我的朋友参观。这更成了全家的一件乐事。

画画，同其他艺术形式一样，极易将生活的某一面夸张变形，使人陶醉于自己诗化、幻化或漫化的另一世界而忘乎所以。

尤其是那一年的春天，孩子的两幅国画《一休和熊猫》

《老师和孩子》先在中国美术馆展览，然后又被选送到日本展览，而我画的一幅芭蕉公鸡图居然也挂进中国美术馆中，参加了中国作家书画展，我和孩子的心都膨胀了。本不过是一只小小的无帆无篷的纸船，我们，尤其是我误以为是三维帆船，会迎风破浪，会挂满阳光，会驶向多么遥远、多么辉煌的远方呢！

这是许多家长极易犯的错误，我不过是重蹈覆辙。

孩子天生都是画家。用一颗童心和一双天真烂漫的眼睛去感受、观察的生活，再现于画纸上，都是与成人世界迥异的画面。只是当孩子长大以后，由于主客观两方面的制约和选择，真正能够成为画家的寥寥无几。我们无视这一近乎残酷的现实，而被大肆宣传浓度过量的所谓神童小画家之类的一时成功所迷惑，极易拔苗助长、越俎代庖，或急于求成、望子成龙。

一次，小铁画熊猫，几次下笔墨过于浓而将本来就黑的眼睛涂成一团，有眼而无珠。而腿也由于墨过于浓，粗壮成树桩。换了几张宣纸，依然如故。我一把夺过他手中的画笔，生气地冲他喊："你怎么这么笨呀？少蘸点儿墨不行吗？"说着，我自以为是的在纸上为他做着示范："看，这样画懂不懂？"

他眼泪汪汪的，听完我的训斥，重新拿起画笔。我发现他的手开始有些发抖，那熊猫已经画得面目皆非，只剩下一片墨迹。

每逢这时候，都是他妈妈走过来打圆场："孩子画画，画成什么样就是什么样，哪有你这么严格的？都画成吴作人的熊猫就好？"然后对小铁说："你甭听你爸爸瞎嚷嚷，想怎么画就怎么画。这腿不是墨多了吗？多就多；你接着画，画成粗腿又怎么不行？"

小铁接着画，本来盘腿坐的腿，让他画成行走的腿。虽然那走的姿态极不协调，却充满笨拙的稚趣，倒更像孩子心目中的熊猫。

孩子破涕为笑。

但是，全家画画的气氛已大不如从前。以往那种人画合一、物我两忘的欢快气氛，似乎随岁月流逝而逝去，无法追回。我知道那是由于我有了功利色彩的掺杂，画面的色彩再不纯真。本来孩子是我的画画老师，一旦家长又恢复了老师的面目，该是多么的不可救药！

一晃，小铁上了四年级。画画，虽然依然是他的业余爱好，偶尔也还去美术馆看看画展，但大大不如以前那么投入和痴迷了。他渐渐爱上了集邮、动物、历史……生活像海，在他面前呈现得越来越宽广，供他选择的便越来越多。除了学校里办报、新年画贺卡他动动画笔，画画，对于他越来越遥远，像一只飞远的红风筝。

我知道这是无可奈何的事。我曾自责是否由于以前的一时粗暴。其实，这是一种自然和必然。强扭的瓜不甜，对于孩子成长的选择，一生要面临多次，不要误以为炫目一时的一次便是命中注定的唯一一次。

一次，学校举办画展，我对小铁说："你还不画一幅参加展览？"他似乎连想都没想便回答我："我不想参加！"我说："你是不是觉得自己画得不行，拿不了奖了？"他说："不是！我只是不想了！"

　　孩子想的、做的，就是这样简单明了。他的爱好带有多变性，如同夏天的云彩。我明白了，当家长的明智做法，便是尊重孩子的选择，而不必非将他的手绑在自己的脑袋上，按自己的模式去生产家长的拷贝。

　　画，如同一群乳燕出谷，热闹过一阵又飞走了一样，渐渐地在我家中淡漠了。油彩、画笔、印章、调色盘，还有那些画册……几乎都落满尘土。只是在搬家时翻出一卷卷孩子和我们一起画过的那些画，依稀记载着童年的梦，孩子就那么毅然决然与他曾经付出过心血的绘画告别，让我多少有些惋惜和无奈。

　　今年，孩子已经步入中学。秋天，正要期中考试的时候，世界名画真迹展览在美术馆举行。没想到，星期天一大早小铁就拉着我和他叔叔要去参观。

　　我说："明儿你还要考试……"他说："我下午回家复习，不耽误！"

　　我们去了。虽然八元钱一张门票，依然门庭若市。这让小铁格外振奋。有生以来，他第一次见到世界名画的真迹，从他的眼神中，可以看出他的确有些激动。

　　他在日记中这样记着吕凯尔特的《古典式风景》给他的感

受:"站在画前,仿佛能听见树的呼吸,牛羊的语言,云和云的喃喃细语。仿佛置身于云中、风中,找不到自己的外形,只有自然和我。画面占有最重要位置的三棵树,颜色的不同明显表达出三棵树的不同位置。第一棵古老苍劲,叶子绿中闪着金黄,仿佛看得见阳光在上面跳跃。第二棵叶子绿油油的,好像站在第一棵后面少了阳光。第三棵叶子灰绿,枝干已被前面的树挡住许多,只露出几片叶子探着头。每片叶子都能找到它的树枝,三棵树像三个人穿着不同的衣服,再怎么放置,也不会张冠李戴。"

他写莫奈的《睡莲》:"远近一片白、一片朦胧,只有中央一朵粉红色的睡莲,花瓣似张非张,像一个羞答答的小姑娘刚刚睡醒,一半在梦里一半在梦外。花的前后全是雾,不禁使人想象那里边是否有更多更美的睡莲?是否有七个小矮人和白雪公主的家?是否有尼尔斯骑的大白鹅?是否还有个莫奈,画着一片朦胧?"

我突然感到一阵欣慰。画,并没有远离开他。并非非要成为一个画家。画对于孩子的收获和作用,在于童年的充实、未来的憧憬和对日益喧嚣、物欲横流生活中美好的感受与追求。

画,毕竟伴他度过了童年。他并非一无所获。

第一次学画国画（6岁，北京）

看牙记

小铁今年快六岁了，牙一连坏了几颗。有时候，疼得他吱哇乱叫。每次带小铁去医院看牙，都成了一件犯难的事。大人、孩子，都揪着一把心。

都怪小铁胆小，又爱哭。一见医生拿起白花花的牙钳之类的医疗器械，他就怕得要命，死咬着唇不张嘴，然后就是哭，眼泪扑嗒嗒落。真是让人着急！任怎么说，他的嘴也不开，牙照样疼。有一次，补一颗后槽牙，补到一半，小铁说死说活闭嘴大哭。这可把医生、护士弄得格外着急。实在没办法，大家找来一件大褂把他围上，系上扣，绑在椅上，又用牙托撬开他的嘴，支撑着，固定着嘴型。费了九牛二虎的力气，才把另一半牙补好。大夫累得没劲了。小铁哭得也没劲了。

从那以后，一听说要去医院看牙，小铁就怕得要命，那大褂，那牙托，让他触目惊心，仿佛童话中出现过的怪物。

今年春天，他妈妈带他到口腔医院小儿科看牙。自然，是好说歹说，买了冰激凌又买雪糕，临到医院门口又买了一个气

球，总算像赶小羊入圈一样，把他赶进了诊室。当妈妈的一颗心提到嗓子眼，生怕听到儿子那撕人心肺的哭声，怪了！这一次，没有哭声。过了一会儿，诊室的门"砰"地弹开了，他蹦蹦跳跳地跑了出来，一脸笑容，像刚刚从儿童乐园里的飞机或碰碰车上玩完了跑出来一样。

他今天遇见的是一位四十来岁的女医生，见他那样害怕，先说："你别怕，只要一觉得疼，你就举手，我就停。你说好不好？"这话，不像看病，倒像和他商量玩什么游戏。距离缩短了。小铁虽然心里还突突地跳，嘴却乖乖地张开了。

看了一会儿，他觉得疼了，一举手，医生果然立即停了下来，然后和蔼地问："疼了？我再慢点儿！"小铁对她增加了信任感、亲切感。他再也没有举手，不知不觉，牙看完了。真快！真好玩！

每次再看牙，小铁都要找这位女医生。女医生也认识了他。两个人渐渐熟起来，聊起家常了。小铁喜欢这个医生，不像医生，倒像家里人。

一次，小铁的牙床发炎，肿了。女医生看毕，低下头对他说："今天，我对不起你了，你的牙床发炎了，我得给你上点儿辣药，可能要疼点儿。好孩子，要勇敢……"那话，让人听了亲切。小铁紧张，还是张开了嘴。果然药辣，疼。他憋不住，哭了两声。可是，他再没哭。医生说要勇敢嘛。牙看完了，医生说："好孩子！好孩子！"他真高兴。

他不仅看了病，也锻炼了性格。

到医院去看牙，成了小铁的一件乐事。有一次，家里人带他到郑州去玩。他记住预约看牙的时间，不时提醒一定在预约时间赶回来。赶回来，下了火车，他让妈妈带他立刻往医院赶，见到女医生就告诉人家："我看见黄河了，我吃到黄河大鲤鱼了！"女医生和他开玩笑："你怎么不给我带点吃呀？"他也笑着说："没法儿带呀！一上火车，鱼还不都臭了呀……"他们说得那么亲切，仿佛阔别重逢一样。

小铁爱用彩笔瞎画一些画。他画了一只拖着长长尾巴的小松鼠，上面写着妈妈教给他的几个字：送邵医生。

邵医生看了画，高兴极了，对他说："我得压在我的玻璃板底下。不过，你没写上你几岁。下次来，你把你的彩笔带来，再给我写上几岁小铁画，多好哇！"

小铁开始想着这件事。他盼望着下一次看病时间的到来。他带上他的彩笔。

牙，一颗颗，渐渐看好。他和邵医生的感情一天天加深。原来，他是那么怕去医院看牙，现在，他竟盼望去看牙了。几乎天天清早一爬起床，就听他嚷嚷："妈妈，今天看牙去呀！"妈妈告诉他："不是今天！预约的时间还没到呢！"他便要急巴巴地问："哪天才到呀？"看牙，成了他生活中的一件大事。就像盼望着过节，盼望着去公园，盼望着早点儿上学……

别小瞧孩子！孩子的心是一块海绵，最善于吸收人间的温情……

后来，这位邵医生不在医院了，大概是调走了，或者是出国了。换了一个新医生，没有那样和蔼可亲，小铁又害怕起来，看牙又成了像赶羊入圈一样难了。也怪我和他妈妈没有坚持，看牙渐渐中断，最后索性不去医院了。

　　小铁也没怎么再犯牙疼的病，这更让我放松了警惕。其实，牙没有从根本上治好，隐患藏在了牙根里。到了高中毕业的前夕，一颗牙终于掉了，再疼也得忍到高考之后。真像俗话说的：逃过初一逃不过十五，小铁刚刚升入大学时，到底还是去医院彻底把牙治好镶好。只不过这一次去医院，他再不会如小时候一样又哭又叫了。不过，他一颗牙彻底报销了，如果小时候坚持治，不会出现这结果。有时想想，在孩子小时候，一件小事往往影响孩子的一生。任何一件小事都是那时埋下的一粒种子，在孩子长大后发芽。

无法原谅

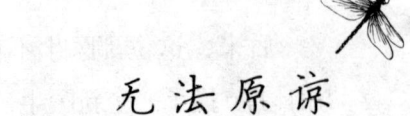

孩子没有一个是省油灯。常常会是大错小错不断,恰似蜕下的一层层皮,才如蝉一样长大了,飞起来了,鸣叫不已了。

那时,小铁还小,大概是小学二年级吧,中午不睡午觉,偷偷地跑出家门。学校大门尚未开,便和同学在门口玩。玩什么不行,非要玩比赛扔石子。

"你敢往楼上扔石子吗?往那玻璃上打!"

"敢!"

小铁应声甩出一块石子,不偏不倚,正砸在三楼一户阳台的玻璃窗上。"砰"的一声,玻璃碎了。他以为击中的是鬼子的炮楼,要不就是鸟巢或马蜂窝。最开始的快感,被这一声响动,吓得如惊飞的鸟。他傻眼了。

那天晚上,我下班回家,觉得小铁蔫了许多,问他怎么回事。他什么话也没说。奶奶悄悄把我拉到一旁,告诉我他中午干的这桩好事,人家来家里告状了。

我一听挺恼火。这叫什么游戏?再想火也没有用,玻璃砸

了,不犯错的孩子哪儿有?除非布娃娃。

我把小铁叫过来:"不管是好事还是坏事,你做了,不说也摆在那里。错了,要承认,就可以原谅;错了不承认还想隐瞒,就不能原谅。你说我讲得对不对?"

他自知已难再隐瞒,只好和盘托出。

我说:"你说怎么办吧?"

他像条犯了错的小狗耷拉着脑袋,一言不发。

"要我说你赶紧到人家认个错,砸坏人家玻璃该赔多少钱赔人家多少钱!"

他皱起眉头,面带畏难之色。我不再讲话,耐心等他。连认错都不敢,无法原谅。

最后,他嘴角挤出一句话:"爸,你跟我去行吗?"

我陪他去了。走上陌生而漆黑的楼道,他还在犯怵,不住问我第一句话该讲什么?平日的巧八哥一下变成闷葫芦了。我说讲什么都行,只要你诚恳认错。敲开房门,一位抱着婴儿的阿姨出现在面前,不用问,一看小铁便知是中午惹祸的孩子来了。小铁求救地望着我,我不讲话。这时候,不给他一丝怜悯和帮助。

"阿姨,中午我把您……"话刚滑出口,他先眼泪扑簌簌流下来。这时候,流流泪对他是必要的,千万别心慈手软。好心的阿姨先心软了,忙让我们进屋劝着孩子。我拦住她,让小铁把错认完,把泪流完。

好孩子不是不犯错,而是犯了错要认错。我想起小时候姐姐曾寄来三十元钱，我偷偷拿走其中五元钱的一张票子，跑到新华书店买了三本书。爸爸为了让我认错，给了我屁股上生平唯一一次鞋底子。我至今未忘，便也牢记住有些错是不能重犯第二次，也是无法原谅的。

应该说，这是小铁长这么大头一次犯的不可原谅的错。我要让他懂得：有些错可以原谅，比如上课迟到、随意丢失东西等。有些错却不能原谅，如这次无端砸坏人家的玻璃。尽管无知与无意，但损人利己、伤害他人的事情，决不允许有第二次。我不会如父亲给我一顿鞋底子一样如法炮制，但我要给他一样的教训。

也许，我过于严厉，有些小题大做。那一晚归家的路，显得格外长。他的脚步也显得格外沉重。星星从楼群间隙中跳出来，一闪一闪的，望着他，也望着我。说实话，我心里稍稍动了恻隐之情，说什么他还是个孩子。

其实，这样的错对于他并不难改，只要多加注意就是了。但有的错却不是注意就可以防范的。那是在不知不觉间溜出来的，是一种潜意识的结果，犹如门自身就有着平常未曾留心的缝隙，风自然便会乘虚而入。这种错看似来自无意识，其实是心灵深处积淀下来的污垢。应该说，更无法原谅。

小学六年级时，由于学校操场小学生多，小铁玩时不小心将右胳膊的骨头摔裂了。一个多月无法上课，打上石膏吊着只胳膊在家里和自己的影子做伴，寂寞而孤独，让他感到没抓没挠，像是跑惯的小鹿一下子孤零零关进圈里，独对霜晨月夕、

花开花落。和同学们在一起的那种鱼水相知的感觉，是父母无法给予他的。

那一天下午，我和他妈妈正巧在家，却无法帮他驱散寂寞。我知道他在盼望着能有同学来，树叶与树叶簇拥在一起在风中嬉戏，是鸟是花是果是云无法给予的欢乐。

突然，企盼几天的门终于敲响了。虽然，已经一连几次失望，小铁还是吊只胳膊飞快地跑过去开门。这回果然是同学，名叫杜澎，虎头虎脑的，手里拿着盒冰激凌。他高兴地大叫起来，拉着杜澎的手赶紧进屋。杜澎把冰激凌递给他："我已经吃了一个，你快吃吧，都化了！"看他们亲亲热热的样子，真让人高兴。

孩子和孩子在一起，如同火苗和火苗在一起，一蹿一跳的，有着说不完的热乎乎的话。小铁把杜澎拉进他的房间，便开始笑语不断。最后，小铁问老师今天讲什么新课，杜澎说："课讲得不多，你放心，以后我天天来告诉你讲课的内容。"说着，从书包里掏出语文书，"今儿老师刚讲新课《小音乐家杨科》。喏，这是老师让记的笔记，你照着我的笔记抄一下吧！"

"不用了！赶明儿上学时我找班长的笔记抄吧！"

小铁的这句话让我和他妈妈都愣住了。真没想到他竟连卡儿都没打，就如此顺顺溜溜地讲出来这样的话。班长当然是班里学习好的同学，杜澎在班上学习中等，可这也太让人下不来台，不是一片好心当成驴肝肺了吗？

杜澎合上语文书也顺顺溜溜说了句："对！班长学习比我好，记得比我清楚！"说得那样坦白、那样真诚，毫不介意。

杜澎走后，我把小铁叫过来。我无法容忍刚才他对杜澎的态度。平日里，我最讨厌欺下媚上，无论走到哪里，我都要尊重任何人。我希望我也包括孩子能够处处事事不以物喜、不以己悲，居高不骄、处低不卑。我觉得它能衡量一个人的心地与品格。

我批评小铁："你刚才讲话太不对了！"

他有些不服气："我不是故意的……"

"我知道你不是故意的，这正说明你心里这种想法是由来已久的，才这样不由自主地流露出来了。每个人都有自尊心，你无意中伤了人家的心！你想想，杜澎特意来看你，帮你补课，给你买冰激凌……你却瞧不起人家，人家会怎样想？如果你和杜澎倒个位置，你又会怎么想？"

他垂下头，不说话了。

我对他讲：尊重人，不是仅仅指尊重那些年长的、功高的、位尊的、名显的……而且包括那些普普通通的，乃至不如你的人。你读过鲁迅先生的《一件小事》，鲁迅如何对待那位拉三轮车的车夫的！你也读过冰心奶奶的《小橘灯》，冰心又是如何对待那个做小橘灯的小姑娘的！……

最后，我对他讲："你看看杜澎，人家听了你刺耳的话，却一点儿也没让你下不来台。他学习也许不如你，但他懂得尊重人，这一点就值得你学习！"

他点点头，半天没讲话，仿佛一下子被击入水底的鱼儿，沉沉地游不上水面。这对于他是必需的，有些错会极明显，有些错却不那么显而易见，灵魂深处的一闪，却会如鸟儿飞溅下一星鸟粪，将一匹素洁如玉的丝绸弄脏弄糟。我不希望他只成为一个有知识的孩子，还希望他同时又是一个心地善良纯正尊重自己也尊重别人的孩子。

我们就那么默默坐着，一直到夜幕不知不觉地垂落，屋子里黑黝黝的，只听见彼此怦怦的心跳。

我"啪"的一声拉开电灯，屋里立刻被灯光温暖起来。"以后杜澎再来的时候，向人家认个错！"我对小铁说。

他忽然仰起小脸，羞愧地说："以后杜澎肯定不会来了！"

这话说得好沉重。我一句话也讲不出来了。

第二天下午，"砰砰"，门又被敲响了。小铁赶紧跑去开门，不仅他没有想到，连我也没有想到：竟然还是杜澎，手里仍然拿着一盒冰激凌。天太热了，杜澎跑得满脸通红，又爬了整整十四层楼梯，一脑门全是汗珠儿，冰激凌融化得不住顺着盒的边缘直流……

小铁感动得说不出一句话。这件事已经过去了近两年，他依然无法忘怀。也许，我们每个人都会犯这样或那样的错，宽厚的他人会原谅我们。但有的错，我们无法原谅自己。

雨滴淅沥

我相信孩子天生都是诗人。道理很简单,用童心感受生活、以纯真看待世界,往往便是浑然天成、不事雕琢的诗。

记得小铁四五岁时,识字还不多,我拿台录音机对着他说:"你随便讲,讲有意思的事,我给你录下音留起来,等你长大时再听该多有意思呀!"这主意不错,他挺感兴趣。那时,他刚从动物园回家,满脑子里都还是猴子大象,我就对他说:"你就说说动物园里什么动物给你的印象最深,随便形容形容,瞎说八道也行!"他想想说:"我说白熊吧,白熊白熊,你为什么这么白?是北极的冰雪把你染的吧?"

我一听大乐,连声称赞他。这不是诗是什么呢?

记得那时小铁说了句"火苗跳出火炉"什么的比喻极风趣的话,我偶尔说给诗人傅天琳听,她立刻说:"这是一句很好的诗,以后我用进我的诗里。"这给我挺大的启发,回家后对孩子说了,鼓励了他一番。谁不愿听表扬呢?大人上了光荣榜之类还高兴得屁颠屁颠,何况孩子!

诗心，需要鼓励，小苗便能长成大树。

孩子渐渐喜欢上了诗。傅天琳曾送我一本她的诗集《在孩子和世界之间》，小铁识字之后成了他百看不厌的课外读物。即便现在他已经上了中学，问他最喜欢谁的诗，他脱口而出的第一位诗人便是傅天琳。这本诗集伴他度过童年。傅天琳是他未曾谋面的老师。

四年级时，小铁已经读了不少的诗。我对他说："读过的好诗，我看你还常读，一本一本翻多麻烦！我给你一个本，你把喜欢的诗抄在本上，什么时候想读什么时候翻就方便多了！"他觉得这主意不错，开始往本上抄诗。当然，第一首抄的是傅天琳的《我是男子汉》。

不过，那实在是一本随便找给他的笔记本，太破旧了。牛皮纸面，新闻纸芯，印制、装订都极粗糙。厚厚一本快抄满美好的诗句时，孩子十分不满意这个笔记本，觉得像个本来挺美却受人冷落的灰姑娘。我后悔当初未经细细考虑和挑选，随手给孩子一本我都不怎么用的工作笔记。

小铁已经上六年级，功课紧了，诗兴并未委顿，只是抄诗的劲头大不如以前。除那个本太无色彩使他兴趣锐减之外，孩子生性跳跃多变，极易转移。保持一种良好的习惯、毅力是必要的，但他毕竟不是大人。燃起他新的兴趣和热情，需要有点儿新的刺激。人的成长离不开刺激，比如表扬和责骂、友谊和爱情、生老病死或悲欢离合。大小不一的刺激是人成长的催化剂。生活太呆板、平淡，孩子自然缺乏生气。让孩子经常不断能够眼睛突然一亮，觉得世界如此丰富神奇，而不要如父辈一样被生活压榨成了风干的鱼，激不起一点儿想象力。太生活化的孩子，其实是我们家长太物化，便将孩子天生存有的诗心碾作尘泥了。

那一年春天，我到上海出差，到了几家大商场，为孩子买回一本极漂亮精致的日记本。48开窄长条秀气玲珑的小开本，封面印着一幅夏日金黄田野上的母子图，内芯每一页都印有朦胧而清新的风景画。对比上一个笔记本，灰姑娘变成美人鱼了。我自信拿回家孩子一定喜欢。光喜欢不够，我又想出这样一个主意：让儿子自己编一本诗集。

我指着书柜里许多本装帧精美的诗集对孩子说："这些都是大人编的，今天你自己编一本，一定比他们编得更适合你自己看。编诗也是一种本事呢，不是抄上完事！编好了，别人看也有收获，你这本诗集就成了你的宝贝呢！"

儿子果然受到新的刺激，有了新的兴趣，他对这本日记本爱不释手，新本又有新花样而不是重蹈旧辙，他格外来情绪。他先从上一本诗集中精选出他认为好的几首诗。看看他挑选的诗，够苛刻的，但确实是不错的诗。比如傅天琳的《我是男子汉》："我会举起长长的陀螺鞭子／把不听话的风赶到没有灯光的角落／让它罚站……"比如李琦的《给女儿》："想着你的小脚趾就要踩那长路／孩子，我多么心疼／那条路上如果有树／每一片叶子／都是妈妈闭不上的眼睛……"让我看了也感动。

节假日里抄上一首诗，成了孩子的乐趣。每首诗前面，他用彩笔画一幅题图，正经比大人编的诗集还要漂亮耐看。一年多下来，居然快抄满一本。自己劳动自己收获的果实，自然格外珍爱。当然，他不时需要我帮助，替他挑选一些好诗。不过，要想进入他这本诗集还挺难，一点儿不比进入奥运会决赛圈容易。有时翻遍新到的好些本杂志，好容易挑上几首诗，被他一句话就否定了。按照他的标准，这些杂志诗的专栏干脆都甭办了，那些诗人也都洗手不干改行做别的算了。不过，听听他诉说了一下理由，不是没道理。比如我抄了一首题为《友谊》的诗，一口就被他毙掉，说自打唐朝就把人相互借鉴比成镜子了。好诗确实寥若晨星，因此，虽一次次被他无情"枪毙"，心里却挺高兴。编诗，让孩子鉴赏力提高。而他能够一次次理直气壮"枪毙"了我的精选，其乐也融融，仿佛一场乒乓球赛，我击过的球被他扣回得分一般。孩子到底还是孩子。

有时，我们也争执，最后让步的还是我。允许他的一份偏颇和固执，况且编选这本诗集的毕竟是他而不是我，我没必要越俎代庖，更没必要强加于人。

只是他够狠的，下刀一点儿不留情。一次，我替他从《十月》杂志上找出几首诗，足有上百行，他喊哩喀喳，雨打芭蕉一般只删成十几行抄在本上。那首诗名叫《坐在餐桌旁》："人类的牙齿很灿烂／可以吃石头树／可以吃活蹦乱跳的东西／死亡加进了佐料　加进了盐／爆炒之后全无血腥／我盯着盘子　青蛙从冰中融出／城市的某个黄昏／蛙声四起。"而我们俩一起从新华书店里买回一本于·列那尔的散文诗集《胡萝卜须》，厚厚一本书，他只相中"跳蚤""驴""蛇""水蛇"四首，尤欣赏"蛇"，只三个字——"太长了"。

怎么可以责备他呢？自古一个选家一种眼光，更何况他还是孩子。而且，他的挑剔又不是没有值得我们大人思考或自省的东西！

这本诗集成了他的精品屋。它如一只小鸟，是在他手中孵化出来，啄破蛋壳、羽毛渐丰起来的。浇注着自己的心血，远比任何一本从新华书店买来的现成诗集都要对他更有用处。他在这本诗集前编写了一个目录，并起了个书名叫《雨滴集》。这本诗集不仅成了他写作、办板报、演节目的好帮手，也成了我的一个小伙伴。去年，我为漓江出版社写《生活与写作的奥秘》一本书，它里面的诗便成了我最方便而切实的例证。那滴滴晶莹婉转的雨滴渐渐沥沥滴进儿子的心里，也滴进我的书中。

前几天，儿子忽然心血来潮，翻开他这本宝贝诗集，挑选出其中最为得意的几首，对着录音机朗诵录音。他朗诵得那样投入、富有感情，仿佛进入一片无人之地。当他听自己的录音时，连他自己都感动了。他的声音正要变声，清脆之中略带一丝沙哑。我想起他四五岁时的录音，那盘磁带还在。如果对比一听，生命成长的痕迹便如庄稼在夜色中拔节一样，可以看出、可以嗅得、可以听到了。孩子长大了，在不知不觉中长大了。

那一晚，儿子朗诵的声音在星月交辉的夜色中久久回荡。我静静地听，不打搅他。我和他一样感动。我相信那一晚的情景、那一晚的声音，其实就是一首诗。

　　我们不会天天拥有这样的夜晚。我格外难忘并珍惜。孩子，愿你在嘈杂喧嚣的世界中诗心永存，愿你同样不要忘记曾经拥有过的这本诗集和这个夜晚。

什么东西打破才能用

小时候,曾经猜过这样一条谜语:什么东西打破才能用?谜底很简单,是鸡蛋。

那时候,我家里很穷,但我很爱读书,家里没有那么多钱给我买书。爸爸给我几个本子,一是让我抄想看的东西,二是让我贴剪报。我便从小养成了这两个习惯,觉得是爸爸教我的好习惯。许多东西就这样积累起来的,而且,因为过了自己的一遍手,记忆更结实些。其实,那时只是爸爸手头钱紧,他并没有想到会歪打正着。

当我自己有了孩子以后,我想把这个好习惯教给我的孩子。我对孩子讲了小时候的故事,孩子立刻不以为然地说:那是因为你小时候穷!我得想法子说服他,不由得琢磨起我的这个习惯,难道除了穷之外就没有别的一点道理?

那时候,我的孩子买了一大堆玩具,每天趴在地上玩不够地玩,其中有积木和拼画。如今的积木已经花样翻新,并不仅仅是我小时候玩过的那几种木头做的房子或小动物的积木了,

我孩子的积木能搭起一座富丽堂皇的带有花园的宫殿。拼画更是五彩缤纷，任何童话里的画面都能够拼出来。但无论是哪一种积木或拼画，都必须拆散了再来搭或拼。即使搭起来了，拼贴好了，要想再玩，就必须再将原来完整的画面或宫殿再拆散了。在孩子这里，拆已经不是一种破坏，而是一种游戏，乐趣正在于拆散之中。

对于孩子，最大的乐趣便在于玩。如果学习也同玩一样有了乐趣，学习就不再是件枯燥的事情了。抄东西、剪报纸，其实也是这样把本来完整的东西拆散了，再拼接在一起的事情。乐趣在这剪贴之中，学习也在这剪贴之中。孩子能在积木和拼画之中找到乐趣，便也一定能在抄东西和剪报纸中找到乐趣，关键是抄的东西、剪的报纸首先要让孩子感兴趣，觉得和玩有着相似之处。

我有了信心，觉得有把握能把孩子的心吸引过来。我问他：你知道什么东西只有打破了才能用吗？他望望我，有些莫名其妙。

那时候，孩子正迷上了动物和植物，家里快成了他的小动物园和百草园。我找来许多和动植物有关的书、杂志和报纸，他来了情绪。他觉得这些本来应该都归他拥有。我说，不行，这里有的书和杂志是我借来的，而报纸太多你也不好保存，怎么办？我对他说你来挑，凡是和动物有关的，你挑出来；和植物有关的，你另挑出来。他挑了出来。我又说动物分几类？这他比我清楚，告诉我分爬行类、两栖类……一大堆。我说那你把有关各类你觉得有意思的分出来、挑出来，咱们把书里的内容抄在本子上，把报纸剪下来贴在本子上。这样，就剩下两个本子了，你什么时候想看就方便了。这是你自己编的书，多有意思！这就叫把他们大兵团打散了，把那些精兵强将拉到咱们自己的家里来，多好！

他舍不得这么一大堆花花绿绿的东西，占有欲是孩子们的特点，而这种占有欲，一般在玩的方面要比在学习方面体现得更为强烈，这一瞬间，学习已经和玩划不清界限。越抄越多，越贴越厚。开始，需要我来帮助，后来他自己干得挺欢。他又剪又贴又写又画，自己弄了一本题名《我的动物世界》的专集，分为"小不点儿王国"（昆虫）、"长羽毛的飞将军"（鸟）、"海底一角"（鱼）、"披戴盔甲的士兵"（贝壳）几章，有图有字，光鸟就画了马来西亚鸟、凹嘴鹳、白琵鹭、北极海鹦、黑颈鸬、绿嘴地鹃、火烈鸟、天堂鸟、金喉红顶蜂鸟……还有特别注明已被人类捕杀绝种的渡渡鸟，反正都是我没有听说更没有见过的鸟。这些图案和文字，无一不是他从书或报刊上照抄下来和剪下来的。这些本子成了他自己爱不释手的宝贝，伴随他度过了整个童年时光。抄书和剪报，终于也成了他的好习惯。剪刀和糨糊成了我家必备的东西；剪剪贴贴，化整为零，聚沙成塔，成了孩子离不开的游戏的一种。

有些东西，看来是必须打破了才能用的。打破的过程，有了意思，便觉得好玩；破了、碎了、小了，便于消化和吸收。

那只和平鸽伴孩子长大（6岁，北京）

画着莫扎特的贺年卡

我那孩子小时候不怎么喜欢音乐,这实在是憾事。孩子对物事有喜欢的必有不喜欢的,做家长的不必求全责备。恼人的是,每逢上音乐课,他都格外紧张;考试前更在家中把歌反复唱熟,一到课堂上还会忘词。这是怎么回事呢?

我问他,他不答。不过我也心知肚明。我知道那位女音乐老师年近五十,非常有经验,格外认真,但也性子急躁,方法简单些。有一次,儿子到音乐教室上课,忘记带音乐课本。于是他被叫到讲台桌前罚站。从此,音乐与他之间筑起一道墙,见了音乐老师,又害怕又反感。

我该怎样解除他的心理障碍呢?我对他说,老师的心,我们要理解。她正是出于对音乐的热爱、对工作的认真才这样做的。当然,她的处理方法完全可以更好些。但我们怎么可以要求老师一下改变近一辈子养成的性格和秉性呢?你看你才几岁呀,有的性子还扭转不了呢!看人要看大的方面,尤其要理解人……这样的话,不知讲了多少遍。他听懂了,但一见音乐老

师，这话便又变得轻飘飘打不起分量来了。

一次，学校组织合唱队，音乐老师在班上选同学参加。问谁合适？同学们都推我儿子："肖铁嗓门亮，让他去！"儿子想老师肯定不会让自己去的，平日总批评自己，还罚过站，再说老师有她的得意门生。没想到，老师却选中了他，说："肖铁的嗓子是不错，参加合唱队去比赛，为咱们学校争光去！"

这完全没料到的事，对小铁触动很大，回家练歌格外来情绪，对着录音机一遍遍地练。我对他说："怎么样？你们音乐老师就是这么个直性子的人！她人挺好！你要理解！别光钻牛角尖儿！"

这一年新年，儿子画了许多张贺年卡，特地给音乐老师画了一张莫扎特弹琴的人像，下面写了这样一行小字："让莫扎特的琴声永远伴随着您！"

音乐老师教了他两年，以前从未收过儿子的贺年卡，因而非常高兴，当着全班同学举着莫扎特像说："你们看肖铁自己画贺年片！不像别人只会买。这莫扎特画得多好！"可以想见，老师的心有多甜，孩子的心有多甜。

理解人，不能只要求别人理解你，对于孩子，这更是从小要培养的课题。

推上无轨电车

在家长眼里，孩子长多大也还是孩子。于是，孩子便永远难以长大。

不用说，我也常犯这毛病。但这一次，我决心改改这毛病。不由分说，我把小铁硬推上了无轨电车。他死活不肯，泪眼汪汪，无奈车门已关，车内孤零零的只有他一个人，只好扑在车窗旁，望着在车外骑着自行车的我，大声叫道："爸爸，在车站牌下等我啊！"

无轨电车甩着长辫子驶走了。其实，我和儿子一样不踏实。每次挤公共电汽车，都是家长带着他，唯独这一次让他独自乘无轨电车，而且长长好几站路，等于将他从熟知的世界推入一片陌生的天地。我和他一样忐忑不安。我拼命骑着车，追赶那辆长着长辫子的无轨电车，仿佛拼命追赶着一只被风吹断了线的风筝……

小铁那年八岁多一点儿。

对于大人是一件简单又轻而易举的事，对孩子也许是一次

壮举。"我可以自己上公共汽车了,再到哪儿去,我不用爸爸妈妈跟着啦!"自从有了那次含泪带笑的经历,小铁骄傲地觉得自己一夜间好像高千尺般长大了。

是的,他长大了许多。出门在外,我和他妈省了好些心。不过,一般都是一条线路,不用换车,他坐到其中一站,我们骑着自行车在那里会师。这一次,从外面玩罢归家,却是要换三次公共汽车,从南城到北城,整个横穿北京城。他非要自己坐车回家,拒绝我们陪伴。我有些不放心。他能从那站牌林立之中找到自己要换乘车的站牌吗?他能平安无事地穿过车水马龙拥挤不堪的闹市街道吗?会不会遇到坏人?会不会出现意外?……他统统置这些于不顾,向我要了几角钱好在路上买支雪糕,便迈着大步胸有成竹地向公共汽车站走去。

我不放心,他妈妈更不放心,仿佛放飞的鸽子要远渡重洋一般,心总浮着。我们商量一下,悄悄尾随在他的后面,相跟着从另一个车门上了车。到站了,儿子泥鳅钻沙般挤下车,先不忙着找站牌,而是到冷饮店里买了一支熊猫雪糕,津津有味地吃起来,然后信心十足地仰起小脸找站牌,那劲头像仰脸看着圣诞树上的彩灯,看摘下哪一个礼花的彩纸包有意思。并不比那些复杂的数学习题要难,雪糕吃完了,车来了,他又泥鳅钻沙般挤上车……

我和他妈妈都笑了。他的确长大了。我们的担心是多余的,却总舍不得抛却。孩子越发轻松、急迫奔走在一片崭新的天地了,这种担心反倒加重,如同落厚的灰尘,家长往往却以

推上无轨电车

为是金子屑末呢。

　　孩子，尤其是独生子女，往往使得家长的心理发生变异。做父母的总想把孩子当成风筝，甭管飞多高多远，线的那一头要紧紧攥在自己的手心里方才踏实。放开手，把孩子当成一只富于生命、渴望飞翔的鸟一样放出去，才会磨炼他的翅膀，小儿子才能成为一个坚强的男子汉。

　　其实，儿子总想飞呢，只是父母的百般忧虑、一千个不放心，像一串串石头坠住了他的翅膀。与其让孩子挣断这石头，不如自己先放下。虽然，这样做，有些伤感，有些惘然若失，却是无可奈何又必须切实的。家，再温暖的家，永远只是孩子练飞的第一站，而不是他飞翔的天空。

刚刚成为一年级的小豆包，一打一蹦高（7岁，北京）

紫罗兰

开始，我不知道我家附近还有一个那样大的苗圃，里面有着那样名目繁多的花草树木，不知道同样是城市燥热的阳光和空气，经过了浓郁的树叶筛下之后的味道和感觉是大不一样的。当然，我更不知道小铁放学之后常常光顾那里，一直疯玩到吃晚饭的时候。有时看他回到家一脸热汗腾腾的或一身泥猴似的样子，并不知道都是那个苗圃惹的祸。

那时，小铁刚刚上小学，认识了一个叫杨铭的同学。杨铭知道这个苗圃，而且和小铁一样也喜欢植物，两个人对上了脾气，一拍即合，苗圃便成了他们放学之后最好的去处，成了他们的天堂。

我到现在也无法弄明白那个苗圃对他们的乐趣到底在哪里。小铁很少对我讲，但只要杨铭来到我家，他们两人便没完没了地说个不停。我知道，孩子上了小学有了同学之后，开始和父母渐渐地拉开了一些距离。在这之前，孩子和父母可以无话不讲，有了同学，他会觉得还是和同学更有共同语言，就像

同为两片树叶才能听懂彼此在风中的飒飒细语。而且，到了这个时候，孩子开始有了自己的小秘密，不愿意对父母讲，而愿意对同学讲了。

大概就是从那时起，小铁开始总往家里拿一些花花草草的，种在花盆里，摆得阳台上到处都是。反正是小孩子玩，我没有管他，也没有关心地问问他。任他自己摆弄自得其乐，好像那些花花草草是他统率的千军万马。

有一天，他搬回来一枝紫色的植物，长长的叶子，细细的茎，还带着胡须一样的根。他进门就喊我赶紧帮他找个盆，自己从书包里掏出早在外面挖好的一纸包土来，把这家伙栽在了盆里。看他一身土一脸泥的样子，我催他去洗脸，他不动窝，先问我："爸，你知道它叫什么名字吗？"

我没搭理他，把他推去洗脸。

等他洗完脸回来，接着问刚才的问题："爸，你知道它叫什么名字吗？"一脸认真谦虚的样子。

我不知有诈，认真地看了看这个紫色的家伙，然后摇摇头说："不知道。"

他故意地讽刺道："你不是学问挺高的吗？怎么？连这个都不认识？"

我只好老实地说："我还真是不认识。"

他一脸坏笑地说："你不认识，我认识，我告诉你吧，它叫紫罗兰。"

"紫罗兰？"

我犯起了疑惑。紫罗兰，我在公园里见过，不是这样子呀。我印象中紫罗兰的茎比这粗多了，有点儿像月季的茎一样，哪像它跟草一样呀。再说，叶子也不对，不是这种长长的，是那种针形倒垂着，还有着毛茸茸的小刺。但我不敢轻易地说这就不是紫罗兰，因为我知道他和杨铭这两个小家伙喜欢植物，光买的有关植物的书和《自然百科词典》就不老少，知道的乱七八糟的东西不比我少。

小铁大概看出了我脸上的疑惑，对我说："爸，你不信？"

我赶紧说："不是不信，是和我以前见过的紫罗兰不大一样。"

"你以为紫罗兰就一种样子？人家品种不能多几样？"

我服输，就叫它紫罗兰。

全家也都叫它紫罗兰。

除了小铁和杨铭，我们谁也不知道它是不是紫罗兰。它到底叫什么名字，只有鬼知道。那天小铁和杨铭在苗圃里意外地发现了它，把它挖了出来，两人谁也不认识它，却都喜欢它，因为它与众不同，在他们找到的那些植物中，没有比它的颜色更特殊更漂亮的了。这么漂亮的植物应该有个名字，他们极其认真地想了半天，最后决定管它叫做紫罗兰，那劲头就像科学家给一个新发现的星星命名一样。

紫罗兰成了他们的新伙伴。放学后，杨铭有时到我家来，看看他们的这个新伙伴。他们关心的是它开没开花。在他们的

想象中，既然叫做紫罗兰，紫罗兰是要开花的。他们特意查了《少年百科词典》，里面关于紫罗兰的词条告诉他们紫罗兰是开紫色、紫红色或血青色的单瓣或双瓣花朵的。他们便一厢情愿并且固执地认为他们命名的紫罗兰一定也得开出花来，即使开不出那种紫色、紫红色或血青色的单瓣或双瓣的花朵，怎么也得开出甭管是什么样子的花朵来。

于是，盼望它开花，成了日后相当长一段时间里小铁和杨铭心里的一件大事。小铁每天早晨起床，每天下午放学，第一件事就是看看他的宝贝紫罗兰开没开花。以至传染得全家人都相信它是要开花的，便也跟着他俩一起等候它在哪一天能够突然奇迹般地绽放出新奇的花朵来。

但是，它始终没有开花。它就那样静静地待在我家，成心和大家比赛耐心似的，向小铁和杨铭自以为是的想象挑战。

没有开花，一直都没有开花。

一直到这棵他们自认为是紫罗兰的植物枯萎，最后彻底死掉，也没有开花。

花开在他们的心里。

地久天长

友情这东西挺怪，可遇而不可求。它不像美人痣，可以与生俱来，而是脚上的泡，靠自己走出来的。或许，有时那泡并不那么美，甚至还有些疼，却能体味到滋味儿的无与伦比。

一年级时，小铁有个小朋友是同班同学，名叫杨铭。个子小小的，长得瘦瘦的，豆芽菜一样，并不怎么起眼。杨铭爱好动物，他家的阳台上常养着兔子、小鸡、乌龟、蚕……一大堆小动物。于是，用不了多久，我家的阳台上便也快成了小动物园。起初，我只以为他们贪玩，根本没有想到他们的友情就这样开始了。就像不知从哪儿飞来的一粒蒲公英的种子，悄悄地种下了，不知不觉地发芽、长大，待有一天突然开满金黄色的花，才让我大吃一惊！

那时候，他们只是一起玩。常常会伏在地上看蚂蚁搬家，一看看上半个多小时不回家；也常常为捉一只红蜻蜓扑打着自己做的一张网，一捉捉上整整一个黄昏……几乎每次他俩一起出去后回家都是一身土一脸汗。我没有少说小铁，却不知道此

刻正是这些不起眼的小动物，已经把两个孩子的心连在了一起。

　　一天下午放学，正是夏日雷阵雨过后，学校门口积了许多水洼。水洼里落进好几只蜜蜂，翅膀全被打湿，无法飞翔。几个调皮的孩子跑了过来，捉这些已无力抵抗的蜜蜂玩，有的孩子玩腻了就把蜜蜂扔在脚下踩死。孩子有时的残忍也实在令人瞠目。小铁背着书包正从校门出来，一看这样子，连忙招呼杨铭："蜜蜂'集体自杀了'了，咱们快救救它们吧！"他俩却怎么也赶不走这帮恶作剧闹得正欢的孩子。小铁忽然心生一计，大叫一声："老师来啦！"孩子们如鸟兽散。杨铭飞快跑回学校，拿来一个纸盒。他俩把落水的蜜蜂一只只捧到盒中，然后又跑回学校的花坛旁，把蜜蜂一只只放在花朵上。望着它们翅膀上的水渐渐被太阳晒干，嗡嗡飞走，他们高兴得像路见不平、拔刀相助的圣斗士或者忍者神龟之类急公好义的英雄。

　　这天放学回家，小铁把他和杨铭这桩英雄壮举告诉我，我并没觉得有什么了不起，只是对他说："这事挺有意思，你应该记在今天的日记里，以后写作文是个好材料！"当家长的，有时候就如一架惯性的老钟，不管什么时候，不管什么事，总要自以为是地打点响鸣，把一切都纳入学习的轨道，孩子从小就钉在了家长的靶位上。我也是这样难以免俗，却完全忽略了这几只淋湿了翅膀的蜜蜂的作用，可不仅仅是一篇作文！

　　孩子不管大人，任你去自鸣得意虬枝老干缀满花朵！他们只要一缕新绿，涂抹在刚刚苏醒的感情的土壤上。孩子有时会按照你的旨意去办，但心里想的往往与家长是两股道上跑的车。

大约半年多过去，小铁上四年级了。一天，杨铭送给他十几只蚕。雪白的蚕在纸盒里蠕动着，说老实话，我觉得和毛毛虫没什么两样，产生不出什么春蚕到死丝方尽的美感和冲动，一任他俩手舞足蹈。他们先是像摆弄电子玩具一样摆弄个够，似乎这十几只蚕能够为他们表演什么精彩的舞蹈，列成阅兵式的方阵。然后，他们跑下楼，说是采桑叶喂蚕，跑了一圈没找到桑树，回到楼前，一棵新栽上不久的小桑树就在眼前，他们为自己视而不见、舍近求远而大笑。接着，是喂蚕：杨铭嘱咐他桑叶一定要保鲜，他便把桑叶放进冰箱里；杨铭又嘱咐他桑叶刚从冰箱里取出会太凉，蚕吃了要拉稀，他便提前三十分钟把桑叶取出来，泡在水里，让桑叶慢慢变暖、湿润。蚕吃桑叶时，他俩又不甘寂寞，突发奇想要做个实验，看看蚕是不是只吃桑叶。小铁先找来一片白菜叶，杨铭又找来一片杨树叶，蚕蠕动着肥胖的身体慢慢爬了过来，头动动，好像在嗅，却一摆身子走开了。他们这才拿出桑叶，好家伙，蚕如饿虎扑食，立刻爬上桑叶贪婪地吃了起来，沙沙的声响激起他们欢快的笑声。

几个星期过后，蚕开始结茧了。一次，小铁拿出几只还没成茧的蚕放在写字台上，想让它们晒晒太阳、散散步。孩子毕竟是孩子，那些蚕像他的幼儿园小朋友一样呢！他完全把它们拟人化了。也许，动物确实有着自身独特的语言，成人无法破

译,而只有他和杨铭能够听懂,便有了交流的乐趣。

但是,这一次,小铁犯了一个错误,他光顾着高兴地玩,粗心大意把蚕放回瓶中的时候忘记数一数数。一只蚕忘记放回去。第二天清早起床一看,写字台上一片白,白中还有一个小红点。原来,蚕因为没有支架无法织成椭圆形的茧,只得织成一个平面。蚕死了。这一天下午放学,小铁带杨铭回家看这只被他粗心害死的蚕,两个小伙伴沉默伤心了许久。

我不敢小瞧他们,不敢看他们那双忧郁的眼睛。我相信动物有时也会说话,我相信只有童心才能够感应。童年友情的桥梁,对不同孩子会有不同样,对于他们,就是这些我平常并不怎么注意的蜜蜂、蚕,或者小乌龟之类的小动物。

四年级第二学期,要搬家,我给小铁转了另一所学校。告别的时候,杨铭送给小铁一本相册;小铁送给杨铭一本集邮册。上面都写着童年友谊一世长存滚烫的语句。我想这不过是一般常见,甚至过于雷同化的分别时友谊的表达方式。这可以是友谊进一步的开始,也可以是退一步的结束。

我没有想到孩子的感情会真如磁针一样牢固。分别没多久,一到星期天,小铁总是磨我和他妈带他回老家,那样就可以又见到杨铭了。那时候,因为手续没一下办利索,需要回去就顺便带上他。他便高兴得如同过年。但千里搭凉棚,没有不散的筵席,终有要彻底告别的那一天呀!这一个星期天回去时,说好了下周四再来一趟,一切手续便划句号了,小铁一头扎进杨铭家,小鸟一样叽叽喳喳说着不知什么样的悄悄话。这

地久天长

一天的日记，他这样写道："朋友啊朋友！况且是五年的好朋友！开始的时候，我只想着我喜欢他，不用说他也一定对我好。其实他跟我很好。我们约好了下星期四再见，可能那是最后一面了。同在一座北京城，却容不下我们在一起，这是为什么？我不明白，也不想明白。"

读完这则日记，我的心头沉甸甸的。我知道那是友情的分量。

那一个星期四的下午，杨铭把早已准备好的一株吊兰包好，送给了小铁，临分手时一再叮嘱小铁怎么浇水、怎么养。

转眼一年半过去了。吊兰已经渐渐长大。刚来时，放在小铁白色书柜上面，只露一角短短的绿枝，如今悬垂如瀑，绿白相间，分外醒目。每日那吊兰都扑入眼帘，那里面有朋友抹不掉的影子。只是搬家之后，正在京城南北的对角线上，相隔三四十里地，不是个近道。小哥俩只好把相见的时间约在假期。平常，挂个电话，或通封信。彼此有个好消息，都想马上告诉对方。心中有一个常常挂牵的，并不是蜗牛身上驮的壳成为负担，而是树枝上开出的花，映出、散发人生的色彩与芬芳。

小铁学会了打乒乓球，而且球艺突飞猛进，他最想告诉的便是杨铭，而且特别想和杨铭较量一番。那个星期天，杨铭本来说好要同爸爸妈妈一起到姥姥家的，接到小铁打去的电话，顶着风还是从城北跑到城南。我明白，那一场球即使是马文革或邓亚萍来和小铁打，也绝对不能同日而语。那是心与心的碰撞,是任何人无法替代的,是一种无言的交流,是一种渴盼的回声,是想念那雨,雨便飘曳而来,是向往湖水荡漾,便荡起一圈圈涟漪……

这便是友情。

快放暑假了。他们都忙于升中学的紧张考试。小铁养了一盆法国蜗牛,一直想送给杨铭。他对我说:"杨铭比我会养,送给他一定比我养得好!"可忙于考试,蜗牛等得不耐烦了,常常迫不及待地顶出盆盖,爬满一阳台。每逢这时,他总要说:"要是杨铭养,就不会这么狼狈!"

终于熬到放暑假了。第一件事就是去找杨铭。那一天,他把蜗牛放进一个大玻璃罐里,怕盖上盖不透气把蜗牛闷死,就改用纸盖,在纸上面扎了许多孔。怕蜗牛半路饿着,他又找了一些黄瓜块塞进瓶里。这一切,仍不让他放心,总觉得它们在玻璃罐里挤得太厉害了。临出门前,索性把它们都倒进一个大牛皮纸袋里,宽宽绰绰的,心里方才踏实。提着这一大包法国蜗牛,三四十里路,要换好几回车,他独自一人上路了……

说心里话,那一天,望着他消失在车水马龙中的背影,我异常感动。我想起我的童年,我童年时的伙伴。任何感情都是一种物质,并非看不见摸不着。它需要时间的滋养液,因为时间本身就是物质。感情绝不是鞭炮一点即着,瞬息之间便胜利完成,而要在时间的长河里一点点成长。因此,我不大相信萍水相逢的感情,更看不中成人中酒肉间的感情。成人中间的关系,很可能只是关系,时间一久,就会像茶越冲越淡。唯有童年朋友之间的友情，是人间至诚美好的感情，像酒，会随时间的久远而越发醇厚。我不知道小铁是不是懂得了这人生的奥秘，能够在这条友情的路上走多远。我为他这天这份情感和举动而欣慰、感动。没有友谊的童年，是没有花开的花园，没有鸟鸣的树林，没有雪飘的冬季，没有鸽哨的天空。他终于拥有这一份友情。

人世间还会有爱情、亲情、激情、师生情乃至更多的同志情和人情。我却固执地认为：只有童年的友情最不带任何世故和丝毫利害关系，因而更纯洁美好。那是人性中最天然最未受污染最圣洁的情感，犹如一朵清新难再的莲花。会有一天，我和孩子都会垂垂老矣，那一朵莲花会渐渐离我们远去，以至朦胧得几乎望不见，但只要想到它，只要不淡忘它，它便会温暖我们的心，激荡我们的生命。我们便会懂得有些感情可以如绚烂的节日礼花转瞬即逝，而唯有童年的友情会如树的年轮，刻进霜晨露夕，刻进日月星辰，而长大而不老而地久天长！

我还固执地认为：如果连童年友情都不懂得珍惜也不会珍惜的人，上述一切感情便也难珍惜和保护，任何的感情便都很可能成为换季的流行时装和点缀的时令瓜果。

孩子，总有一天你会长大！你知道此刻正回荡在我心头的是一支什么样无法让人忘记无法不让人感动的乐曲吗？是的！是苏格兰的那支唱了上百年的民歌：《友谊地久天长》！

长得不够高，跳上了花坛的台阶（8岁，北京）

绿叶书签

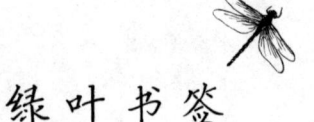

常常风一样漂泊，浪迹天涯。每次出差前，我都要问小铁需要些什么礼物带回来？他几乎每次都毫不犹豫地说："树叶！北京没有的树叶！"

天知道，他为什么突然间又喜欢上树叶！我曾经问过他，他告诉我："二年级自然考试，我做了一本树叶标本，有榆树叶、桃树叶、杨树叶等好些。老师看后在全班表扬我说：'肖铁做的树叶标本多好啊！虽然树叶很平常，但是他自己动手做的，而且做得很认真……'"

孩子的心是一张白纸，有时不经意的一笔便会在纸上出现意想不到的效果。孩子的兴趣是一串爆竹，有时随便一句话可能就会将爆竹捻儿点燃，随后响起一串噼噼啪啪清脆的响声。

那时候，我并没有注意，自从听了老师的夸奖后，每次到公园、每次散步、每次取奶的路上，他的眼睛开始不安分地四下寻找，总要摘一两片他没有的树叶，悄悄地夹在书本中。有不认识的树，他就问公园里打拳的爷爷，或道旁扫地的奶奶。

一片片脱离了树枝没有了生命的树叶，在他那里重新获得生命，给了他那样多的乐趣。

小铁总是让我出差时给他找树叶，一连几次，我发现他已经拥有了那么多的树叶。它们躺在他的本中，和他诉说着只有他们相互听得懂的悄悄话。比起只会向家长要巧克力、变形金刚、游戏机、洋娃娃的孩子，小铁这种与大自然亲近的情感，让我感到欣慰和亲切。因此，无论我到什么地方，无论如何忙，绝不会忘记给小铁找几片他未曾拥有过的树叶。我知道并非所有的孩子包括我们大人都对并非色彩绚丽的树叶感兴趣，我愿意他拥抱着大自然，而不愿意辜负他这片天真的心意。

于是，到广州，摘几片龙眼叶；到厦门，摘几片榕树叶；到潮州，摘几片芒果叶；到武汉，摘一片寇树叶；到杭州，摘一片桂花叶；到重庆渣滓洞当年关押小萝卜头的铁窗外，摘一片绿意葱茏的柚子叶；到山西尧庙古木森森的庭院里，摘一片已经有几百岁年龄的楸子叶；到福州涌泉寺那株百年老树上摘一片枇杷叶……我乐此不疲，总觉得面前那一片郁郁葱葱的树林中藏着孩子的身影，每一树随风摇曳的树叶间闪动着孩子的眼睛。有一次在上海虹口公园，我见到一种梧桐树，虽然小铁早有这种树叶，但初春时节刚刚染上新绿的细嫩的梧桐树叶，清新可人如同婴儿的小手，心想保证孩子见到会分外喜欢。况且，又是在鲁迅墓旁的梧桐树，更多一层意味。我却怎么也摘不着，那树委实太高。我竟如孩子一样，远远开始起跑，然后跳高一样使劲蹦起，一次不行，两次，终于够着一片新生的梧桐树叶。陪我去的朋友见了呵呵大笑，那个春天的梧桐染上别样色彩。

孩子格外高兴，有一阵子入了迷，树叶成了他的万贯家财，他仿佛拥有着天南海北的莽莽森林。我对他说："做个标本本儿，把树叶都贴在里面，再写上科目、采集地点和时间，这样便于保存和翻看。"他开始找妈妈帮他忙乎，用白报纸裁成小本本，用透明胶条将树叶贴在本中，在树叶下面打上几道横格，上面工工整整写上树叶的名称、属于什么植物、什么科……几年下来，他已经有了四本植物标本。为了做这四本植物标本，他特意买了一册《少年百科辞典》植物分册。那是他制作标本的指导老师。

当四本树叶标本册摞在面前，他学问渐长，常会得意地考考我和他的妈妈，比如问问榆树和臭椿有什么区别？为什么说铁芒萁是最早的陆生植物？他也会骄傲地告诉我们一叶兰的叶子不像兰花叶子那么窄，而是又宽又长直冲天空，仿佛要摘太阳；鸳鸯茉莉两片叶中有两朵花，一朵白一朵蓝，真像鸳鸯那样紧紧挨在一起那么友好；鱼尾葵真像鱼摇着调皮的尾巴；蜈蚣柏真像只毛茸茸的蜈蚣……

在我出差给他带回的树叶中，他最珍爱的一是新疆塔里木河畔摘的几片胡杨树叶；一是庐山植物园胡先骕墓地摘的几片水杉树叶。

胡杨树叶，是我到新疆去之前，他特意嘱咐我一定要替他找到的。终于见到了心中渴望的树叶，在这一天日记中，他这

样写道:"胡杨的叶子像柳叶,它不美,枝枝杈杈,像个不爱梳头的小孩。但当地人很崇敬它,说它长叶一千年,落叶一千年,树倒后还能活一千年。当然这不符合实际,但说明人们对它的感情。这样的叶子,在北京找不到。"

在他的作文中,他这样描述那片水杉叶:"我最喜欢这枚水杉叶子,它没有什么美丽的装束,然而它有独特的、清秀朴素的美。它被称为植物中的大熊猫,因为它生长在恐龙时代,现在全世界只剩下几千棵水杉,而且是生长在我们中国。爸爸告诉我:'在庐山有一位植物学家胡先骕的墓地,墓前栽着几棵高大的水杉,因为水杉是他首先发现的。'我对这位植物学家敬佩,也更珍爱这片水杉叶了。因为这片水杉叶就是从胡先骕墓前摘来的……"

我读后很感动。我曾想每年树木生长、飘落该有多少叶子,我们何曾仔细注意?尤其是深秋时节,落叶萧萧,飘零满地,被人们聚拢后烧掉,散发着缕缕烟雾,树叶就这样又伴我们一个四季,悄悄地来,悄悄地去。似乎与我们毫无关系。对于一个热爱它的孩子,它不仅装入他的本中,也装入了他的心中。它不仅拓宽了他的眼界,增添了他的知识,而且使得他与大自然亲切地交流。这在嘈杂喧嚣的都市生活里,这在万头攒动的物欲横流中,是孩子才会拥有的一份心境、一个童话、一样收获。真的,我们大人们太匆忙,太疲惫,便也失去了这种美好。我想起最善于描绘大自然的俄罗斯作家普列什文对林中那刚刚萌发的新叶的感情:"我真想听听我那棵白桦上浅黄色、亮闪闪、有一股清香、还不大的树叶的簌簌声啊……"

我们是听不到那树叶的簌簌声的。然而，孩子能够听得到。大自然只钟情于天真无邪的孩子。普普通通、司空见惯的树叶，潜移默化地浸润着孩子的心。这是大自然独特的作用。越来越被水泥建筑、灯红酒绿重重包围之下的都市，离大自然越来越遥远而隔膜，只有孩子还纯真、天然地向往着大自然。

到郊外去，到公园去，成了小铁繁杂学习生活外最富有诱惑力的活动。北京香山植物园和北海植物园，是他常去的地方。他十分后悔那一年夏天我带他去厦门万石植物园时他太小，还不满五岁，要不他会把那里许多北京见不到的树叶带回家，夹在他的标本册中。他梦想重游那里，再踏遍全国的植物园和原始森林，他渴望将所有树叶揽入怀中。少年心事当拿云，是大人们常常意想不到的。

一次，我和他叔叔带他去北海植物园玩。我已经出来了，他和叔叔还在里面久久未出园。我心想他就喜欢看树叶，就让他多看一会儿吧。谁想，不一会儿他急匆匆跑了出来，叔叔跟着跑出来掩着嘴偷偷地笑，不知道他们在里面干什么有趣的事？我问，小铁手捂着衣袋，匆匆往前跑，不说一句话。我也跟着跑过去，跑到很远的地方，小铁用眼睛四下搜寻，见没有游人，方才从衣袋里掏出一个小本本，打开一看，原来夹着的是几片树叶。叔叔告诉我："他让我给他放哨，自己偷偷把人家植物园里的树叶摘下来就跑……"他得意地指着树叶说："这是人心果叶，它的乳汁是做口香糖的重要原料；这叫佛肚竹,这叫缘罗,你没见过吧?都是很难找的呢……"

本想责备他的,植物园里的叶子都让你这么摘,树还不光杆无毛了?可看他那认真钟爱的样子,看他将叶子分别夹在书页中,又飞快地在每一页上写上树叶的名称,那种仿佛偷袭成功的喜悦劲儿,怎么忍心再责备他呢?有时候,孩子常会犯些令大人啼笑皆非的错儿,让你无可奈何。我不想在他的兴头上扫他的兴,却实在没有料到树叶在他心中占据了如此的分量。

回到家,晚饭后,我对小铁说:"以后到植物园可不能再这么干了!"

他说:"还有好几种好看的叶子没有摘,真可惜!"

有什么办法!这就是孩子!有时可爱,有时可气。

相当一段时间里,树叶清新的气息弥漫在家不大的小屋中,那是来自大自然的气息,与饭菜的香味、家具的漆味,以及窗外飘进来的污染的空气气味,绝不相同。在这段时间里,不仅我一个人,而且全家人出差的必要内容之一便是采摘树叶标本。小铁的叔叔前不久到延安,打来长途电话讲的第一件事,是已经给他摘到了延安特有的枣树叶。树叶,使我和儿子的生活增添话题、内容与色彩。树叶,是大自然给予我们共同的书签,一枚枚夹在生命值得纪念的册页中。

雪没有错

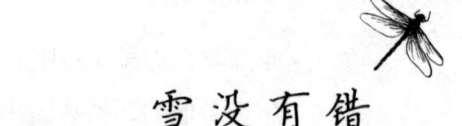

三年级第一学期期末考试作文题目是《写一件事》。这个题目，老师在平常让大家都练习过，而且评改过。每篇三四百字，同学都背过，只要照抄就行。第一年学作文、考作文，这要求不高。

偏巧，考试前一天下起鹅毛大雪，纷纷扬扬的，校园里积起厚厚一层雪。小铁手套也没顾上戴，跑到学校和同学们打雪仗玩儿，玩儿得格外开心。他们男生和女生分成两个阵营对打起来。他一个雪球打在一个女生头上，女生顿时哭了，另一个女生安慰，她破涕为笑，又起劲地和大家打起雪仗来……

昨天刚刚发生的事，写这个不是更好吗？又有意思，又新鲜。小铁便没有照抄原来练习过的"一件事"，写了这次打雪仗。写完之后，数数字：387个，符合要求，壮了壮胆交卷了。回家把底稿拿给我一看，错了四个字。我话还未落地，他先兀自哭起来："还不如写原来写过的练习呢！就不会有这四

个错字了！"

我安慰他："你写这篇打雪仗是对的。写以前写过的，是搁了好长时间的点心，有什么新鲜的？再说又都是老师手把手教过的，全对也没什么！即使这篇错了几个字，老师扣掉几分，你也值得！因为这是你自己想出来的！你自己想出来的错了一点，也比照抄以前老师批改过的一点儿没错要好！这叫有缺点的虱子比没缺点的跳蚤要强得多！"

他笑了，虽然心里还有些难受。第二天还要考算术，这样的心态显然是不利的。我接着又对他说："有一次美国大使和夫人参观上海少年宫，看见学画画的小孩和老师在黑板上画的一模一样，大使和夫人都很奇怪，就问：'孩子画画嘛，为什么非得都一样？'孩子想怎么画就怎么画嘛！这才有创造性呀！画的都一样，让人看着没意思，要是写的都一样，都是上车让座、放学扫地、送盲人过马路……你说和你写的打雪仗哪个有意思？不管这次考试老师给你多少分，我都觉得比一百分还要好！"

他上学去了，脚步又有了弹性和活力。

考试分数从来就是孩子和家长都格外看重的。这分数里自有学习优劣的差别，也有家长的虚荣。分数自然重要，却不是唯一的。尤其是孩子初临考场，不要让分数变成庞然大物，磨平他跃跃欲试的棱角，将孩子本来拥有的一份活泼的创造性淹没在考试的汪洋大海里，让孩子在分数鞭子的驱赶下变成一只只会亦步亦趋的小绵羊。有比一百分更重要的。

雪没有错

成绩册发下来了。老师破例给他的作文99.5分。四个错字没有扣分。他实在是幸运的,遇到的是一位好老师。

雪,毕竟是洁白的。

和妈妈一起
上香山
看红叶（8岁，北京）

孤独的三轮车

小铁早已过了骑儿童三轮车的年龄。虽然他才十岁多点儿，却可以骑着成人自行车横穿车水马龙的大街小巷了。当年他曾经骑过的那辆童车早已送人，已经骑得漆皮斑驳脱落，或许，只能在以往骑着童车露着豁牙的照片中，才能唤起童年的回忆。

一天下午，放学回家，小铁匆匆忙忙上楼，一脸汗珠淋漓，放下书包拔腿又往外跑。我拦住了他："干什么去？这么急火火的？"他说："楼下有个小孩在等我！"我说："那你让小孩上楼来嘛！"他急得一摆手："哎呀，你不懂！"

我不懂什么？在孩子面前，父亲为了尊严还有什么不懂的呢？我挺生气。

"楼下的小孩要我和他一起骑三轮车玩！"见我生气，他才进一步解释。谁知，我更生气了："你都多大了？还骑那种小孩车玩？"这回，我可真是不懂了。

他一把拽住我的胳膊说："好几天放学回家在楼底下

我都碰见这个小孩，他一见我就问：'大哥哥，你跟我玩会儿好吗？'今天，我又见到他，他又这么问，我看他一个人骑着车怪孤独的，就答应了他：'你等着，我放下书包就下来。'……"

我不说话了。孤独！这个词从孩子口中滑出来，显得格外沉重。我拍拍他的脑袋，亮起放行的绿灯。

小铁下楼不久，我也下了楼，看见一个只有四五岁的小男孩拍着巴掌跟着车跑着，叫着。小铁骑在一辆三轮童车上面显得不协调，活像杂技团中大熊骑车一样好笑。他骑得却那么带劲，一会儿冲锋，一会儿拐弯，一会儿又带上那小孩绕过许多障碍，一会儿又让那小孩骑，他在后面追，嘴中不停地学机关枪一样扫射……楼下成了一片战场，他们玩得好不痛快！

孩子有孩子的孤独，尤其是独生子女，父母一上班，面对家中四壁打发漫长的时间，那滋味的确不好受。父母在这个越发喧嚣的世界里，充塞着许多不被理解的孤独时，常常忽略孩子更为可怜的孤独。电视、游戏机、跳跳糖，以及各式各样彩色封面的童话书，都不能完全摆脱孩子的这种孤独。孩子渴望玩，是和自己的小伙伴玩。游戏，从来都是儿童的天性。找不到同龄的孩子玩，便出现四岁小孩找十岁多的小铁来玩了。望着他们欢乐的影子，我心头一阵发酸。我忽然想起小时候小铁曾经告诉我：他一个人能趴在地上看蚂蚁搬家—看一个多小时。当孩子找不到孩子又找不到家长玩时，便会寄托在小动物上面。做父母的却往往责备孩子得陇望蜀，小时候我们哪里有你这样好的条件！……

　　小铁看见了我，骑着那辆显得格外小的童车风驰电掣般奔过来，一脸热腾腾的汗珠，对我说："爸，这会儿我有种返老还童的感觉！"

　　我笑着对他说："你才多大就返老还童？"

　　他笑着不答话，骑着车跑远了。那小孩在后面不停地追啊追。

　　孩子，要让他们成为孩子！做父母的，不见得真能理解这层似乎简单的道理。

豁牙子,

糖吃多了(8岁,北京)

中队符号

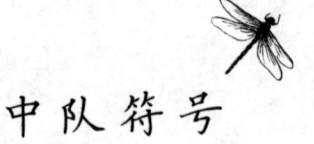

生活中的第一次，可能对于大人并不新奇，司空见惯，常常会让大人磨起厚厚的老茧而刀枪不入。

对于孩子，第一次将意味着什么呢？

儿子第一次坐飞机，是六岁那一年夏天。那一次，我带他到厦门。毕竟不是公园游乐场里的玩具飞机了，蓝天白云间的真正的波音737，对他充满极大的诱惑力。临飞的头一天夜里，他兴奋得没有睡安稳。偏巧，那一航班飞机起飞时间是在凌晨，生怕起晚误机，他早早就把闹钟拧满了弦，生怕到了关键时刻不响，又特意试验了一下，闹钟无误，方才放心睡下。天还是漆黑一团呢，闹钟便惊天动地响起来。一叫他，一个鲤鱼打挺，从来没见他起床这么麻利过。

上得飞机，一切对他都是那么新鲜：舷梯、机舱、机翼、安全带……最让他感兴趣的是飞机上居然还发东西。他坐过火车，从来没见服务员发东西的。虽然不过是纸折扇和面包巧克力之类的小食品，他却很感兴趣。他不住打开折扇，似乎扇子

里面藏有什么秘密；他津津有味地吃着面包和巧克力，其实那些东西平常他并不怎么喜欢。当飞机越飞越高，棉絮一样的白云就在身旁时，他是那样兴奋。

第一次坐飞机，让他充满新奇，像一个梦境。

儿子九岁那一年，我到广州出差，买了两个大椰子回家。他还从来没见过这么一身棕毛纷披的丑家伙，更不用说吃它了。

我把两个椰子扔给他说："你说怎么个吃法吧。"

他说："用头砸！"

我说："好的，你砸！"

砸不动。

全家人望着他抱着椰子，干着急吃不着，都不住地笑。最后，还是他妈妈帮助他一起先将外层的棕毛剥掉，又找来一枚大钉子，在椰壳上凿个洞，乳白色的椰汁才算流出来。喝一口，清新无比。那乳白色的椰肉更让他唇齿留香，储藏在冰箱里，一连咀嚼多日，满房间是飘不散的椰子味。

第一次吃椰子，让他难忘。那一年，老师要求写作文《第一次……》，他便写了《第一次吃椰子》。

四年级第二学期，因为搬家，我给儿子转了所学校。新校是所市重点小学，自然各方面条件都要好些。学生自以为是天之骄子，个个也很牛气。儿子在原校是个中队委，各方面都还拔尖，到了新校后却不显山不显水。那时，他个子又矮又瘦，小豆芽儿一样排在队里，常有专爱欺生的同学欺侮他。他不说这些，只是不止一次对我流露出还是原校好，干吗非要转学？难道市重点就一定好吗？

有一天放学之后，班上中队长走到他的课桌前，当着全班同学的面对他说："老师让我们中队委员会研究了一下，由于班上中队委员配备齐全，你在原来学校的中队委不能在这里继续当了……"

他听后什么话也没说，当即将胳膊上的中队委符号摘了下来，塞进铅笔盒里。

放学回家，见他闷闷不乐，问他为什么，他咬着小嘴唇不说话。他妈妈悄悄告诉我原委之后，我一下子不知该对他讲些什么好。安慰？该如何安慰？

我想起当初他被选为中队委，老师发下这枚两道杠符号那天晚上，我因事外出回家很晚。他就那么一直在小手心里紧紧攥着这个中队委符号等我，以至伏在沙发上睡着。当我叫醒他的时候，他首先扬起这枚符号像是放飞一只白鸽子……

我知道对大人有时是不值一提的小事，对孩子却举足轻重。我也知道长大以后他会为这件小事而脸红，觉得无足挂齿，当时却是沉沉压在心头。如今让他摘下符号，对他的自尊心是一次打击。十年小小生命中，这对于他毕竟是第一次严重打击。如果经不起打击，自尊心挫伤而不能复原，便很可能如折断或伤了翅膀的鸽子，难以飞得高远。我知道该小心为是。

犹豫再三，我对他说："人活着，不管大人还是孩子，都不可能是一帆风顺的。谁都一样，都得经历点儿挫折。经得起

挫折，其实就是磨炼了自己。每一次挫折，就跟跌第一个跟头一样，都无法逃脱的，只不过也许来得早些，也许来得晚些。你别管它！它不像你第一次坐飞机、第一次吃椰子那么美，但比它们都更有意义……"

我不知我自己说的是不是太一本正经，满口大道理了？儿子能够听得懂吗？能够接受吗？能够走出第一次带有苦涩味道的挫折的泥潭吗？

儿子默默地不讲一句话，只是悄悄将那枚中队委符号藏在书柜里的一本书里。他咬咬牙，对任何人再也不提这件事。

我觉得，似乎从那一晚开始，儿子渐渐地长大了。

转学之后

是四月初一个下雨的清早，那一天我和儿子真的很难忘记。雨很小，如丝似缕，是个很清新的天气，但不知为什么，我和儿子都很压抑。我和他的妈妈早早就起了床，将早餐做好后把他叫醒，其实，他早就醒了，只是躺在床上没有睁开眼睛。因为要赶十几公里路，匆匆地起了床，做好的早餐放凉也没来得及吃，就去挤公共汽车了。一路上，谁也没有说什么，只有我沉不住气在不时地嘱咐着儿子这嘱咐着儿子那的没完。

我看得出儿子有些隐隐的紧张，眼睛一直不看我和他的妈妈，只是望着车窗外面。雨丝悄悄地扑打在窗上，眼泪似的顺着窗子轻轻地流下来又悄悄地爬上来。

说老实话，儿子的样子让我的心里有些不是滋味，不住地怀疑自己所做的一切莫非真的不是什么好事。

那一年，是儿子上小学四年级的第二学期刚刚开学一个来月的时候，我替他转了一所学校。这所学校是市重点小学，无论任何条件都要比他原来的学校强许多，只是远了许多，但

是，远只是暂时的，将来总要搬家，离新校就近了，困难不是主要的，是能够克服的。和老师依依不舍告别时，他的班主任姜老师也对他说着这样相同的话，并对他说转到那里好，好多人想转还转不了呢！你会学得更好的！显然，儿子并不是为路远而沉默不语。他原来的学校就在我家的楼后，是一所随楼群建立起来的新学校，站在我家的阳台上就能望见学校的操场。儿子在那里，学了三年半，所有童年的快乐和友谊都在那里。三年半这样并不长的时间，就足以磨起一圈厚厚的硬茧蜗牛的壳一下压得儿子翻转不过身来吗？

　　走进新校的大门，走上了二楼，敲开已经上课的教室的门，老师走了出来，早就准备好了把儿子引进教室，我和他妈妈的任务完成了，不知道里面会发生什么。走出寂静的校园，心里忽然沉甸甸的。我知道是由于儿子的心情引起，总有什么不愉快的云彩笼罩在头顶。

　　这一天放学，我和他的妈妈在校门口接的他，回家的一路上，和来时的一路上一样，他也是沉默不语，心情显得更加沉重。回到家以后好久，都快要睡觉了，我才知道，今天上午的第三节课刚刚下课，班上的中队长，一个女孩子走到他的座位前，对他说："我们中队委员会研究过了，我们的中队委员都已经配备齐了，你不再是中队委员了，你要把中队委的符号摘下来。"因为是刚刚下课，同学都还没有离开教室，顿时嘈杂声安静了下来，所有学生的眼光探照灯光一样聚集在他的身上。当着这么多同学的面，儿子的自尊心受的伤害是可想而知的。他是那样一个个性极强的孩子，怎么能忍受当众这样的刺激？只是他立刻从胳膊上摘下了二道杠的中队委的符号。在原来的学校里，他一直是中队委。他没有哭，把眼泪悄悄地流在没人的地方。

当他的妈妈悄悄地告诉我转学第一天发生的这件事时，我才发现他胳膊上的中队委符号没有了。

儿子睡着以后，我和他的妈妈怎么也睡不着，他的妈妈对我说起儿子被选为中队委那天，吃完晚饭手里就攥着这个中队委符号，一直等着我们回来，偏巧我们回来得特别晚，看见他坐在椅子上已经等着等着就睡着了，手里还攥着那个中队委的符号。这事我当然记得，怎么会不记得呢？那是只有孩子的天真和认真。

那天晚上，我的心里很难受。并不是非要让儿子当这个中队委不可，起码可以让老师先做做他的工作，让他有个心理准备，干吗要当众先给孩子一个下马威？心又一想，毕竟是市重点学校，那里的孩子本来就有一种高人一等的骄傲心态，欺生是早就听说的了，只是儿子一时难以适应。我也后悔没有把问题考虑得更充分些，事先给孩子讲得更透彻些。

过了好几天，我在儿子的铅笔盒底的衬纸底下发现了那个中队委符号。我的心情一下子格外沉重了起来。我越发怀疑自己拼命为儿子转这个学到底是对是错，真的都是那一天的清晨为儿子转学惹的祸吗？我只有一再安慰自己，说通自己，再去说服儿子：人往高处走，水往低处流，眼前的一切只是暂时

的，将来对儿子还是有好处的……

但孩子是先要度过眼前这每一天的。他无法躲过这艰难的每一天而一下子蹦到将来的。

转校后第二天的课间操时，因为刚刚下过了整整一天的雨，操场上凹坑里积了一点雨水，在阳光下闪着调皮的光，好奇又好动的儿子用脚踩了几下雨水。没有想到，下午放学之前被老师严厉地批评了一通。他不明白老师当时并不在操场，怎么会料事如神。后来才知道原来中队长那里有一个小本本，专门记同学这些错处，在每天放学之前交给老师。这是在他原来的学校里不曾有过的事情。他回家告诉我和他的妈妈，心里充满怨恨。本来就对转学有抵触情绪，怕他因为这事加强这种情绪，我便劝他不管怎么说，你自己踩水总是不对的，自己得严格要求自己，你不犯错，她还能再记你吗？市重点和一般普通学校要求就是不一样……之类的话说了一箩筐。

谁知，儿子防不胜防，一再上了中队长的那个小本本，便一次次被老师当众雨打芭蕉一样地批评。以致每天早上他的妈妈送他去学校时，一到校门口，他的腿就打哆嗦，每天上学成了一个严重的负担。这在以前是从来没有过的事情，以前上学是他最快乐的事情，他总是欢蹦乱跳的跑下楼，跑向学校的呀。我真没有想到，本来是为了儿子好的，却转学转出了毛病。每天放学接了儿子先看儿子的表情，再问儿子今天怎么样，又挨记了没有，一家人的心情都因中队长的那个小本本紧张了起来。

他的妈妈对我说要不去找找老师。我说找了说什么,老师能听咱们的吗,闹僵了更不好。儿子总是有毛病,要不怎么不记别人专记他?他妈妈说小孩子能一整天笔管条直的不出一点儿差错?你不去找,我去,我们都当过老师,当老师的能这样的吗?这老师管理学生的法子也太不怎么样的吧?我怕她这样的态度还不和老师闹僵了,那就更麻烦了,这样老师还更不会对儿子雪上加霜更差劲起来?赶紧劝她,人在矮檐下,焉能不低头?真是按下葫芦起了瓢。

没有别的办法,我只好教育儿子把学习学好,硬邦邦的考试成绩拿出来,老师自然就会对你刮目相看了。但是,在这样的心态下学习,越是想学好、考好,越是容易出问题,在原来学校的任何考试都考得不错的儿子,转学后的第一次期中考试就先马失前蹄,数学就错了一道题,100分是拿不到了。在这样的班里,100分学生多的是,儿子一下子被无情地甩在后面,更加抬不起头来。

终于,有一天晚上,不在沉默中死亡,就在沉默中爆发,儿子突然一屁股坐在了地上,大声哭着冲我和他的妈妈喊叫了起来:"你们为什么要给我转学?你们为什么要给我转学?你们给我转回原来的学校吧!……"

那一声声的哭喊,实在是撕心裂肺,做父母的心真是被这样的哭声哭碎了。即使现在十几年过去了,我也很难忘记那一晚上儿子的哭喊声。

我再一次怀疑自己,为儿子的转学到底是对是错。莫非

真的是那一天转学惹的祸，竟让儿子这样的痛苦万分？千辛万苦为孩子转学的并不是我一家，为什么别人家都平安没事？也许，是因为我儿子的性格太特别，而我的这一望子成龙的举动确实是在害儿子，小学还剩下两年半的时间，儿子要总是在这样的状态下学习，说滑下去就滑下去，还不就不可收拾彻底完了？我悄悄地动了走回头路的念头，对他的妈妈说："要不就再给他转回去？"

亏了这只是一时的心软。心里想，舍不得孩子打不了狼，为了儿子将来的前程，先不管孩子理解不理解了，让孩子受点儿委屈和磨难吧。

四年级这一学期的期末考试到来了。虽然我们一再叮嘱并帮助儿子复习，虽然我们两口子都当过老师，对这点儿功课烂熟于心；虽然儿子复习一直很卖力气，但最后考得还是不理想。一个假期都是沉重的，阴影笼罩在全家人的心头。在一个独生子女的家庭里，孩子的事总是牵一发而动全身的。

开学的时候，他的妈妈再也沉不住气了，不再理会我那忍辱负重、奋发图强的老一套，自己找出儿子以前的读书笔记、办的小报、做的树叶标本……一大堆能表现孩子能力的东西，像一个军人抱着一大堆军勋章功劳簿似的独自一人去了学校，找到老师，希望老师能多方面的了解一个孩子，别全是批评，能够多给孩子一点儿鼓励。

老师是一个工作极其认真负责的人，就是脾气急躁，方法简单一些。看了这一堆东西，眼睛突然一亮，因为她以前还

转学之后

从来没看见过一个孩子有这样多的东西。她把这些东西留了下来，第二天上课时，把儿子的这些东西拿出来传给全班同学看，然后说道："你们谁能也像肖铁同学这样做过这样多的读书笔记？做了这样漂亮的树叶标本？还能一个人自己写自己画地办小报？……"

她就是这样一个直脾气的老师。表扬和批评都是这样泼口而出。

有时候，想想，一个孩子其实需要的就是这样一点点的鼓励。尤其是在这样的年龄阶段，孩子不仅需要小环境中家长的鼓励，更需要的是亚环境中老师的鼓励，孩子更看重的是老师的鼓励。这样的鼓励，有时很可能帮助孩子的小船划出搁浅的浅滩而带领孩子驶向一个开阔的水域，将来去融入适应大环境。任何一个孩子都是在这样小环境—亚环境—大环境中成长起来的，在每一个年龄阶段里离不开这样环境的交融和衔接。

儿子就是从这一年开始逐渐恢复了以往的状态。他在五年级这一学年的期末考试中，已经名列前茅，而在六年级时，他把班上原来那些趾高气扬的学生都落在了后面。升中学考试的时候，他以他们学校第二名的成绩考上了他理想的中学。

我心里的一块石头这才落了地。

初一这一年的春节，这所小学的同学约他一起去看老师。他问我去还是不去。我说看你，我知道他对这位直脾气的老师并不那么满意。他想了想，还是去了。

高一那一年的暑假，他约好他转学之前原来的那所学校的

一个当时他最好的朋友杨铭，去看望原来教过他转学之后再没有见过的姜老师时，他忍不住流出了眼泪。

  高二这一年的寒假和暑假，他以自己这段生活写了他自己的第一部长篇小说《转校生》。

总爱向妈妈问问题,

总想考住大人

(9岁,北京)

方寸之间

小学五六年级的时候，我喜欢过集邮，正经集过一大本不错的邮票。事过经年，人生颠簸，那一大本邮票早已随岁月流逝，不知飘散到什么地方。集邮的爱好淡忘得几乎连影子都没有了。谁曾想它又会重新闯入我的生活呢？

小铁四岁那年，忽然对我收到的许多信件上贴着的邮票感起兴趣。他问我这是什么？我告诉他是邮票。那些纪念邮票印得挺好看，他非常喜欢，问我能不能给他玩？我说当然可以。他高兴得立刻伸手要撕那些邮票，我赶忙拦住他："这可不行！一撕邮票就毁坏了！来，我教你怎么揭下这些邮票。"我打来一盆清水，把连着信封剪下来的邮票泡在水中，慢慢地看邮票和信封分家，然后将湿淋淋的邮票贴在玻璃板上风干……

儿子第一次集邮就这样开始。他挺新奇，和他以往玩的游戏不尽相同。当那几枚邮票平平整整地摆在面前，再看看仍然贴在信封上的邮票，他觉得如同小鸟飞下枝头跑到他身旁玩一样有趣。他向妈妈要了一个月票夹子，把邮票装进去。我想大概如同把巧克力糖装进什么袋里一样，并没有注意。小孩子看什么都会感兴趣，过些天也就忘到脑后了。

  这样一件事发生之后，我对他刮目相看。一天，他翻他的宝贝月票夹，发现邮票中少了一张，而且言之凿凿地说是张画着马的邮票。原来那几张邮票早在他心头存了档，熟悉得如同熟悉自己的小朋友。大人们谁也没把这当回事，不就一枚邮票嘛！他的大舅平日集邮，一天偶尔发现月票夹里有张马票，正缺这票便随手拿走了。小铁知道票被大舅拿走，非要追回不可。大舅拿了张猫的票换，那不行，一定要完璧归赵。看着小铁动了情地哭天抹泪、不依不饶的样子，全家人都呆住了，谁也没有料到一枚小小的邮票竟有这么大的魔力，死死占据了孩子的心，如此攻而不克。没办法，大舅赔了夫人又折了兵，不仅白饶上一枚猫的票，而且把那枚徐悲鸿的奔马邮票物归原主，小铁方才破涕为笑。

  我知道，不能小瞧孩子。童年时的爱好，犹如不知何处吹来的一颗蒲公英种子，便悄悄地扎下根。做家长的不该忽视它，更不该损伤它。如果能有意照拂它，或许它便能开出一朵金黄色的花来，即使细小如星，却丰富着他的童年，并会在他今后一生中存留下开不败的记忆与汲取不尽的营养。

  我带小铁到王府井的百货大楼，让他挑一本集邮册。他挑了一本封面画着孙悟空的集邮册。那是我替他买下的第一本邮册，他的邮票从月票夹中登堂入室。他像大人一样也有了自己的邮册，自然高兴不迭。

那时候，美术馆对面的百花美术商店里卖一些外票盖销邮票，一般都很便宜。星期天没事的时候，我常带小铁到那里去，买上几套他喜欢的邮票。他的邮册大大丰富起来，每日摆弄他的邮集，如同蜜蜂嗡嗡飞来飞往于花蕾之间。他真的入了迷，总不满足，总让我帮他找邮票，贪得无厌就像《渔夫和金鱼的故事》中的老太婆。在帮他集起日见其多的邮票的时候，遥远的童年仿佛划着一条小船又悠悠回到我的身边，船上坐着儿子和我两个人，一路乘风而下的快乐弥漫在方寸之间。

邮票伴小铁进入小学，仿佛已经渗入生命而无法剔除。我第一次感受到孩子爱上一桩事情，远远比大人投入更多的精力和更深的真情。大人往往容易迟钝了爱与好，或者见异思迁，孩子却极天真地难舍难分。拥有一份自己真正喜欢并真心投入的爱好，真是非常美好。对于童年便像灌满露水与汁液的小树，枝叶蓬勃旺盛而不委顿。童年便如一只欢快的鸟，永不知疲倦地飞，学校和家的狭小天地便无限宽广起来。

一年级暑假，小铁忽然异想天开，自己设计起邮票来。或许，他的邮票不多，他太不满足；或许，他想要的邮票图案总也没有，他就自己给自己发行？总之，在那个闷热不雨的夏季，自己设计的邮票给他带来无限快感，尽情挥洒他小小男子汉独霸一方的能力与心气。

他设计的第一套邮票，画了四枚不同神态的小白兔，画得并不出色，却有面值、编号和他自己的邮政：樱花邮政。那时，他正在樱花小学上学。我和他妈妈看了都大大鼓励他一番，他妈妈还自告奋勇说他的邮票上少了一圈齿孔，她用缝纫机帮他一轧就会出现，可以更像正规的邮票了。我又帮他找来许多图案供他参考，他画得更来情绪。对照他收集的邮票，他照葫芦画瓢，设计出长的、方的、三角的、菱形的……除了他最喜欢的动物的，还设计出人物的、水果的、风景的……花花绿绿，琳琅满目，摆放在一起，像摘的果实盈筐，让他自己也兴奋不已。尤其是他画的五张一套的世界著名作家的邮票，正经费了一番苦心，人头像在上方，中间写作家的名字，下方写樱花邮政，分别衬以不同的底色，小小画面上画普希金、安徒生、泰戈尔、莎士比亚和马克·吐温的头像，还真有些像，只是普希金的鼻头太尖，莎士比亚的脑袋像肿了个包。他乐不可支，无比珍爱。那是他设计的第十六套邮票。整整一个暑假，这些自己精心设计的邮票，给他的快乐难以言说。我笑着说他："人家国家一年才发行这么多套邮票，让你一个暑假都发行完了，速度可够快的！"他说："我的樱花邮政只有暑假才营业！"他又颇自得地问我："我画的这些邮票要是真印出来，你说有人买吗？"我说："当然有人买，没准有的还成为珍邮呢！"我特意给他买了一本胶粘相册，把他设计的这些宝贝邮票贴进册中。他在册的扉页用彩笔写下歪歪扭扭一行字：我的邮票世界。

他的世界逐渐宽广，邮票载他漂流四海。

这一年，我出国到苏联，给他买回一些邮票。他的小邮册容纳不下，又跑到百货大楼买回一本大人用的邮册。售货小姐

笑着问他:"你有这么多邮票吗?买这么大的邮册?"他一仰小脑袋像小公鸡一甩红鸡冠骄傲地说:"当然有!"

这一回,他的外国邮票一下子来自十几个国家。他好比占据那些国家的统治者,不可一世地伏在墙上贴着的世界地图上,把拥有邮票的国家勾画下来,几年坚持下来,他的地盘扩张蔓延至五洲四洋。上小学三四年级时,他已拥有一百五六十个国家和地区的邮票,地图让他勾勾画画得如同小花脸。这些国家属于哪个洲、首都在哪里,他如数家珍,仿佛他从那些个国家刚刚回来,仿佛他就是那些个国家的君主国王。他找来地理知识的小册子,在他的笔记本中打上表格,把他拥有的国家、首都、人口,以后发展到国花、国鸟、国兽,统统抄在上面。他自己剪下许多小纸片,一面写着国家名称,另一面写着首都,像游戏卡一样自己翻着、背着,仿佛那里面藏着无穷的乐趣,仿佛他比徐霞客还棒,游历了那么多举世闻名的地方!小小邮票竟让他如此富有!

最得意的是他拿着他的邮册、笔记本和小小纸片,考我和他的妈妈。当我们一时答不出这些国家的首都,比如马达加斯加首都,真记不起塔那那利佛这个绕嘴的名字时,他便会手舞足蹈。塔那那利佛,你们都不知道,还是爸爸、妈妈呢!孩子迷上了集邮,竟如此莫名其妙地又迷上地理,真是令我始料未及,邮票方寸之间到底藏有多少幽深莫测的魔力,对我一下子像童话中的迷宫!不过是一次偶然的选择,竟会使孩子的心飞进一片百花盛开的幽谷。如果当初忽视、淡漠或伤害了它,会是一种什么情景呢？我只有庆幸，对于大人的偶然，对孩子却可能是必然；对于大人的瞬间，对孩子却可能是永恒。

如今，小铁的邮册已经有了十几大本。他已经十三岁，童年的集邮，他觉得特幼稚。他早已经不再集地名国家邮票了，而开始像大人一样专题集邮。他的动物邮票分为鱼类、鸟类和哺乳动物三种，已经有了近千枚。他在这方面的知识远远地超过了我，能说得出邮票上这些动物的名称和习性，说得出它们产于哪里。摆弄、翻看这些邮票，他像沉浸在梦幻之中。他在日记中写道："集邮是我最大的爱好。望着这些邮票，我仿佛一会儿漫步在热带雨林，和猴子们玩耍；一会儿又好像来到大草原，和狮子攀谈；一会儿又忽然在原始森林，和成群的野象嬉戏……"

看他的日记，我心头注满温暖。我忽然想起小时候带他到自然博物馆，那一年在那里正搞世界动物邮票展览，并专门请来研究动物的专家为群众解答有关动物的问题。那时，他还没有上小学，挤进人群，钻到一位专家的桌前，胆子挺大又非常认真地问人家："老爷爷，您说大象临死前真的会把自己的牙埋起来吗？总鳍鱼上岸后还叫鱼吗？……"令老专家惊异不已，十分喜欢这个如此爱动物的小孩子！老专家耐心听他把问题一个个讲完，又一一解答，解答不上来孩子提出的怪异问题，便像对待大人一样真诚又认真地对他说："这个问题我也不清楚，你可以再问问专门研究这个问题的专家！"那一老一少伏桌问答的情景，宛若一幅动人的画。阳光射进窗来，轻轻

流淌在孩子稚气的脸上和老人花白的头发上，让我格外感动。也许，在场的人中只有我知道，孩子的爱好与问题都源于邮票，是邮票让他翻了许多书，触摸到由此相连的许多知识！谁能想到呢，邮票竟成了孩子童年无法替代的难得的老师！

节假日，带孩子到集邮市场买邮票，成了比带他到动物园、游乐园更重要的保留节目。在那里，他像一条鱼在海洋里尽情遨游。看他挑选邮票，会使我感受做父亲在别处绝对品尝不到的内心涌起的情感。当他从一堆邮票中一眼看见一枚鲯鳅的邮票，或者从人家邮册中突然翻到一枚几维鸟的邮票，眼睛突然一亮，会毫不犹豫对我说："爸！买这张！"起初，我没有听清它们叫什么名字，他会非常迅速而简要地向我介绍："几维鸟是新西兰的国鸟，珍稀鸟类；鲯鳅能吃飞鱼！"还有什么能比看到知识对于孩子的作用更让做父亲的感到欣慰呢？他长大了，说邮票伴他长大，一点儿不为过。他真的长大了！

他最讨厌邮票市场上那些看不起他的邮商，他们认为他还是孩子，不让他随便翻邮册。不过，他不会像小时候一样立刻不高兴，而是不屑一顾走去。如果人家说："小孩子别乱翻，那里的邮票你买不起！"他会反驳一句："我的邮票比你多得多，大概你买不起呢！"

有一次，他买回三张猪牛羊的外国邮票，印的样子十分好笑，显得又丑又笨。他把它们放在他的哺乳动物邮册的第一页。我知道他的用意，因为那正分别是我、他妈妈和他的属相。

有一次，他忽然心血来潮，抱着他那一大摞邮票，颇为严肃地问我:"爸，将来要是我的孩子不喜欢集邮，把我的邮票都倒出去换了钱花可怎么办？"我哈哈大笑起来，反问他："你说怎么办？"他坚决地说："那我就不给他，我得把这些邮票好好藏起来！"

亲爱的孩子，把它们藏在哪里呢？藏在你的心里，藏在你的记忆里吧！

地图前的游戏

儿子小时候积攒外国邮票的同时，开始迷上了地理。他总磨我要买一张世界地形图，多次到新华书店，都未买到。他自制了小卡片，一面写着国家的名称，另一面写着国家首都的名字，自己翻卡片背。他也画了好多表格，将国家首都、人口、国树、国花、国兽一一列出。这些都是学地理最常见的老方法、笨方法。当然，让我找新且灵的方法，一时也找不到。

有一天，他从学校回家，告诉我班里流传的几句歌谣："早晨喝了碗拉丁美洲，肚子古巴古巴；墙上掉下块日内瓦，正好砸了我的西班牙……"觉得特别好玩，便对我说："我想把各国国名和地名连起来编一段相声，新年晚会去演，爸爸你说行不行？"我正躺在床上看书，随口不经意地应了声："行，怎么不行！"他便翻出地图册，找出地球仪，铺开地图纸……一副大干快上的模样。不一会儿，就编出一套，什么"我骑着一匹巴拿马，驮着一只乌拉圭，牵着一群太平洋，赶着一队万象，来到冰岛上，还真有点儿耶路撒冷……"自以为得意地乐得前仰后合。

　　再一会儿，他编不下去了，跑过来拉我的手，把我拖下床："爸爸，你来帮帮忙嘛！光看你的书，一会儿也不和我玩！"我只好放下书，伏在他的地图前，仿佛一下子四海翻腾、五洲震荡，统统奔到心底了。我说："咱们爬上新加坡，翻过梵蒂冈，来到卢森堡，发现一块锡金行不行？""行！太好了！爸爸，你真行！"得到鼓励，我的情绪和他一样高涨起来："那你说这块锡金四周有什么还直发光？""有金边！""对！有金边……"我又趴在地图前四下寻找，今天的地图里仿佛藏着无数马季、姜昆的相声包袱。我说："咱们再来到名古屋里发现一只神奇的洛杉矶……""还有一只斐济。"我说："不好，什么叫斐济呀！济是四声，不像鸡了。"他反驳道："肥鸡嘛，挺好！""好！就肥鸡！洛杉矶头上长着一对佛得角，你那只肥鸡头上长着什么！""长着一对尼泊尔。"我们都笑得拍起巴掌来，为这世界绝无仅有的一对神鸡，它们大概可进入吉斯尼大全。

　　一开闸门，水便奔涌不断。这一刻，世界在他的手中，他俨然成了宙斯一般，无所不在，灵通无比。最后，他这样收尾："历尽千辛万苦，我终于爬上旧金山，却忽然发现左边的厄瓜多尔有些万隆，赶紧吃了一片苏丹、两片不丹，出了一身武汉，拉了一泡巴西，病才好啦……"我说："这不行！拉了一泡巴西，太不雅！这么结尾，光逗乐了，不行！""那你说怎么行吧？"他不服气，觉得他那"一泡巴西"宝贵得很。我

说:"再找找,想想!"于是,我们的头蒜瓣一样又挤到地图前。那一刻,我们仿佛都成了达尔文,乘坐着"小猎犬"狗,在周游世界,或者都成了哥伦布,在发现一个个哥伦布都未曾发现过的一片片新大陆。我仿佛也变年轻了许多,地图今天撒给我一朵朵新奇的七色花,而不是单调的首都、国名……

我忽然想起自己上中学时,我们那位特级地理老师总是把要背的地名编成一套挺好玩的顺口溜,我们觉得特别风趣,一边笑着、玩着,一边便记下了,牢牢的,今天还记得。是不是老先生小时候也趴在地图前玩过这类的游戏?

记得歌德曾经讲过这样的话:"只有当人充分是人的时候,他才游戏。只有人游戏的时候,他才是完全的人。"游戏,甚至恶作剧,永远是孩子的天堂。死记硬背,只是学习形而下的方法。在游戏中学习,使得学习不那么枯燥而有了乐趣,不用刻意经营皱起小眉头去背却不知不觉地记住了。这并不只是孩子的童话。

生 日

竟忘了给儿子过生日。

当然，可以找到理由。刚刚从刻骨铭心的长江三峡归来，匆匆地，马不停蹄又跑到了大连那绿色的棒棰岛……忙！忙得像陀螺团团转。就是在大连，那个细雨蒙蒙的夜晚，儿子度过他十一岁的生日。

我是回家后从那烧成半截的彩色生日蜡烛中，方才恍然醒悟的。竟然忘了！忘了儿子的生日！

我很内疚。

以往儿子的生日，都是我给他过。四五岁的生日时，我总是提前买些巧克力、泡泡糖、笔、书或者小玩具一堆零零碎碎，分别藏在房间的枕头下、被褥里、书柜间、沙发垫后……然后让他来找。在幽幽的生日烛光下，每找到一件东西，他都会高兴地叫起来。那是他童年的童话，神奇之中会觉得那些生日礼物最富有色彩。

去年，他十岁。生日前，他对我说："爸爸，再像以前

一样给我藏一次生日礼物吧！"这话说得我心头打起一个热浪头。我忽然觉得儿子长大了。长大了，依然需要一个童话。生日，不仅仅为了纪念，更是一个迷人的憧憬……

可今年，我却忘记了给儿子过生日。

今年，说什么也得送儿子一件生日礼物。虽然晚了，也要补上。我知道有些事仅靠弥补是无济于事的，女娲补天只是神话。但我还是好几次问儿子："小铁，你需要什么吗？"儿子只是摇摇头。

儿子并没有责备我，知道穷忙一直是爸爸的命运，风一样漂泊天涯一直是爸爸的行踪。我却常常惦记着这件事。做父亲的就要关心儿子的事。一个人做父亲都做不好，很难做好其他角色。一个人对儿子的事都淡忘或漠不关心，便很难真诚而全身心地爱或帮助他人。

我忽然想起巴乌斯托夫斯基写的《一篮枞果》。挪威作曲家格里格在卑根的森林中遇到守林人八岁的小女儿达格妮，答应小姑娘十年后一定送她一件生日礼物。格里格遵守了自己的诺言。达格妮十八岁的时候，来到奥斯陆，去听音乐会。这是她有生以来第一次听交响乐，格外新奇。令她更加惊异和喜悦的是报幕人竟然宣布下个节目是："格里格的作品——'献给守林人的女儿达格妮，当她年满十八岁的时候。'"

格里格没有忘记送给她生日礼物。格里格送给她一件多么有意义的、无与伦比的生日礼物！

我送给小铁什么生日礼物呢？

星期六，难得的下午空闲时光，难得的秋老虎的燥热流火。正巧，一位朋友陪我到东四隆福大厦。我讲起该送儿子生日礼物弥补一下我的闪失。自然，要送让儿子惊奇一下的，就像格里格送给守林人女儿的生日礼物一样。朋友这样说。可惜，我没有格里格的本领，让那七个音符宛如神奇的小精灵一样超越时空飞腾。

忽然想到快要开学了，而且儿子爱好积攒各式各样的笔，便来到文具柜台前，挑选了四种不同型号、不同造型的自动铅笔。当售货小姐把笔递在我手中，我心里突然涌出一股说不清的滋味。我不知道这礼物如何，儿子是否喜欢？毕竟已经晚了。时过境迁了！

没想到小铁那样高兴。

这一天，他在日记里这样写道："虽然我已经有许多自动铅笔，但我还是很高兴。怪不得爸爸这两天总问我要什么东西呢！我的生日已经过去好几天，今天接到爸爸的礼物，我好像重过了一次生日。"

与其说得到一丝安慰，不如说我感到了更深的自责……

小学三年级家(10岁,北京)

节 日

曾独自一人浪迹天涯漂泊惯了，从不把节日放在眼里和心上。插队时正年轻，青春仿佛如刚刚打开瓶塞的啤酒，有不尽的泡沫可以由我任意喷吐。有一年我从北大荒、弟弟从青海回京探亲，正赶上过中秋节，都想尽尽孝心，给老人买点儿月饼。到稻香村一看，天呀，排队买月饼的人似乎比月饼还多。我对弟弟说："你说这些人怎么这么想不开呢？非得赶上今天吃月饼不可？一过中秋节，没人排这么长的队了，再吃不行？月饼还能两色两味怎么着？"弟弟还未讲话，旁边一人先搭腔："那你明天再买得了呗，干吗今儿来排队？"顿时，噎住了我的肺管子。那队，排得真长，真累！

节日，那时不被我忽略，便成了我的累赘。一直到结婚，一直到有了孩子，节日才逐渐变得清晰、可触可摸、有情有义、含温带热起来。

那一年儿子九岁，中秋节前夕，我到天津讲课。虽然课讲完已经是中秋节的黄昏，主人备下螃蟹美酒连同热情留我过

节，我执意乘晚车赶回北京。那一晚，车厢里很拥挤，到北京我足足站了两个多小时。车厢里的人大多是赶着回家过节的，车厢里的气氛格外浓郁。它是从节令更是从人们心底溢出来的一种无可抗拒的情感和期待。

赶到家时，已是晚上十点来钟。推门一看，一家人正眼巴巴地等我归来呢。儿子先扑上来说道："天黑前我还到路口迎你去了呢！迎了半天没迎着，一路回家一路想，不管到哪儿出差，过节都应该回家来呀……"

儿子说得对！过节就是团圆的日子，不管走多远，这一晚应该千条江河归大海，流回到家的怀抱。我庆幸自己赶了回来，要不真对不起儿子天黑之前到路口焦灼盼我的那一份亲情。薄暮时分，晚霞飘散，路静人稀之际，儿子孤零零垂立街头的情景，如一幅卷不动的画，总悬挂在我的眼前，让我难忘。事后，我常想起曾经看过的一部苏联电影，忘记了叫什么名字，影片最后有这样一个镜头：一位白发苍苍的老母亲在路口的大树旁等她的儿子归家，那也是一个薄暮时分，落日将老人家的白发镀得一片金黄……

我年轻的时候，很少想到节日的黄昏时分会有白发苍苍的父母在盼望我的归来。那时，不惜千金买宝刀，貂裘换酒也堪豪，节日里自有我们的痛快淋漓。多少次喝得酩酊让血液燃烧，而单单忘记节日如同风筝放飞，为什么只顾风筝飘飘摇摇痛痛快快这一头，不顾牵线的那一头？父母是多么盼着儿女不论飘飞多远，在节日这一天都飞回父母的身边！我把多少永难

节日

追回的节日，连同自己的青春一并挥洒出去，还自以为在干什么男子汉的事业！为什么只有在自己有了儿子以后才懂得节日的意义呢？在儿子与父母的天平两端，我会如此一头沉地倾斜！

去年圣诞节前夕，我出差去上海。天长路远，无法归家，心里很觉得对不住儿子。那天晚上，飘着淅淅沥沥的雨，我在淮海中路的一个里弄口，看见一位白发老妈妈打着伞在等人，滴滴雨珠滑落伞下，打湿老人的衣襟和发丝，可她就那么站着，望着，孤零零地，默默地等着。我不知老人家在等她的什么孩子，只觉得自己心里一阵阵犯紧，仿佛老人家就是在等我归家……

是啊，只有身为父母时才懂得父母的心。童年、少年乃至青年，总是阴阴的雨打湿父母的心而不察觉。待自己真正长大了，想把那一轮太阳还给父母了，父母已是夕阳沉沉了。

儿子，你让我想起我的爸爸妈妈和那许许多多本该和他们团聚却无可追悔的节日！

节日之夜

即便儿子有父辈再多的遗传基因，也会有许多迥异之处，不仅不会成为父亲的拷贝，而且有时会令父亲十分无奈。

小时候，逢年过节，到处都是卖烟花爆竹的。我不大喜爱放爆竹。除了几分钱可以买一把的"耗子屎"（一种灰色泥制的小粒花，一点着窜出几星火光，最为便宜）之外，我几乎未曾燃放过任何烟花爆竹。那时，爸爸常对我说："放炮放花都是给别人听响给别人看，傻小子才放！"其实，我知道是家里生活艰难，父亲手头紧，又好拘着面子罢了。他有他那一辈人的生活哲学。我不戳穿他，也知道磨下大天什么用没有。只好在一次次眼巴巴看着别人放花炮中把童年送走。渐渐地，自尊心悄悄长大，连看别人放炮放花都不看了。每到春节来临，只是独自一个躲在家中，越来越冷淡了花炮，甚至一听见爆竹震天价响，心里就有几分反感。大概是吃不着葡萄的心理作祟吧，要不就是从未体会过燃放鞭炮时那种童心洋溢的真正欢乐。

那时候，小伙伴不知其中奥秘，常常嘲笑我胆小，连听放炮都不敢，还有这样不中用的小男孩吗？

一晃，我自己的儿子长到当年我一样大的年纪了。

他可不管那一套，任什么样的烟花爆竹也要放个热火朝天。那里面炸响的雷鸣、喷涌的焰火，似乎是他自己燃放不尽的兴致和劲头。元旦一过，他就开始张罗买烟花爆竹。这些年各种玩样儿推陈出新，越发琳琅满目，买不胜买。他便像要尝遍夏季里冒出来的各式各样冰激凌一样，要把爆竹一样买一点儿尝鲜。独生子女，又是小男孩，占有欲和好奇心永远是两条没有尽头的射线。

每逢看到他这样人心不足蛇吞象的时候，我总要用当年父亲教育我的那一番哲理说儿子小铁。他都要不屑一顾地撇撇嘴，然后照买不误，我行我素。看他抱回一堆烟花爆竹，我常笑自己，也感叹上一代人与下一代人实在是两座遥遥对峙的山，无法重叠一起。小铁对他爷爷那一辈老人无情的嘲讽，让我感到心颤，如冷风袭来一般。

每次春节时放炮，小铁都要拽上我。我真不大感兴趣。他妈妈在一旁劝我："去吧，孩子一人下楼放炮多孤单！"我才和孩子一起下楼，但只是看他放。他让我点个爆竹凑凑热闹，我摇摇头，仍然看他放，不时嘱咐他小心点儿，别崩着眼！他就笑我："爸，你真胆小！"这样几个来回，小铁和我放炮索然无味，索性不叫我，每每只是自己一人跑下楼，独自一人享受火树银花不夜天的乐趣。

有什么办法呢！"这就是你的儿子，一点儿也不像你小时候吧？"他妈妈也常这样笑我。

一年一度的春节买炮放炮，直到去年达到高潮。小铁六年级了，过了节再上一学期课就要小学毕业。他似乎要抓住童年的尾巴好好痛快一番，竟磨着妈妈买回那么多烟花爆竹。一见他采购归来，我心中先兀自冒火，这也太铺张了！他却全然不管，如同刚刚进山挖宝或到森林中采得蘑菇野果盈筐一样，抑制不住喜悦向我一一介绍他的收获："这叫三角菊花，这叫空中舞台，这叫大地开花，这叫黄莺、蝴蝶、绣球、玉兰、坦克、彩明珠、满天星……"

我不忍心扫他的兴，涌到嗓子眼儿的责骂又咽了下去。我没见过也没听说过这么名目繁多的烟花爆竹。小时候，我只知道"耗子屎"。

小铁开始忙活。这些烟花爆竹成了他过年最好的礼物。他像妈妈准备过年聚会的鸡鸭鱼肉烟酒果品一样，将这些烟花爆竹分门别类、搭配得当，摊成四份，装进四个纸盒中。我问他这是干什么？他告我说："大年三十、正月初一、破五、十五，我分四次放！"小孩自有小孩的小九九，将这些烟花爆竹像切年糕一样分成四份，连同自己过年的情致一并分赠与节日的夜空。除了羡慕他，我还能再说什么呢？童年，是一只风筝一只鸟，不可能永远飞翔在自己的天空，说飞走就飞得杳无踪影。

大年三十之夜，整十二点的时候，小铁兜里揣着大地开花、玉兰、绣球几种花炮,像赛跑运动员听到炮响发号令一样,立刻跑下楼。这时候,我真感谢我们的祖先创造了春节这一节日!虽然,它再燃不起我什么乐趣,却能给孩子童话一般的神奇和欢乐!这一夜,将与一年三百六十五天平常的日子截然不同!节日,永远只属于孩子!

不一会儿,小铁跑上楼,气喘吁吁,急不可耐地抱起另三盒烟花爆竹又要跑出屋。我挺奇怪,拦住他问:"这些不是要初一、破五、十五时再放吗?怎么沉不住气了?"他却甩开我的手:"你甭管!"我一听,有些急:"放炮也不能这么放呀!你看你放得心都野了!"他也急了:"你不懂!"我更急了:"我不懂什么呀?我看你就是放炮放得越来越没有节制了!"

火赶火,气拱气,我们俩相持不下。他妈妈走过来:"大过年的,你们这是吵什么呀!"然后先对我说:"你就让他放去吧,早放完踏实,肉烂在锅里,反正一回事!"又对小铁说:"你就告诉你爸爸,怎么突然想起今儿非一堆儿放完!"这是他妈妈的拿手戏,抹抹稀泥,便化干戈为玉帛。

我不拦小铁了。小铁倒有些不好意思,先不忙走,简要截说告诉我:"刚才下楼,香怎么也点不着,风挺大的,急死我了!一个老爷爷走过来,用打火机帮我把香点着。我把七朵玉兰放完,香又被风吹灭,老爷爷又走过来帮我把香点着,我才发现老爷爷一直站在楼角里。我对老爷爷说了声谢谢,他对我也说了声谢谢。我挺奇怪,问他您帮我点香我该谢您,您怎么

反倒谢我？他说我看你放花当然谢你了！说着他摸摸我的头叹了口气！我更奇怪了。我放完花，他还一直站在楼角那里。我要上楼了，他还不走。我就问了一句：'您怎么不回家呀？'他冲我摇摇头，说了句：'回家干吗呀，没一个人！在这儿还能看看放花！'……"

　　我明白了。孩子有一颗敏感而善良的心。他是看到老人的孤单，跑回家抱走原想日后放的烟花爆竹，和老人一起燃放干净。节日之夜本该只有欢乐，不该有寂寞与孤独！

　　绿灯放行。我有什么理由阻拦他呢？虽然他并不认识那位老爷爷，燃着的香火，燃放升空的焰火，沟通着一老一少的心，还有什么比这更让这节日之夜感到温馨与慰藉呢？真的，我头一次感到烟花爆竹还有这样意想不到的功能。俯在阳台上，我看到楼下黑影憧憧中小铁瘦小的身影旁有一位老人苍迈的影子。忽然，火星一亮，显然又是老人帮他点着了香。然后，一老一少蹲下身，只见火花不住扑闪，两人搀扶着跑开，那花便"砰"的一声窜上瓦蓝色的夜空，绽开锦簇花团。我觉得那礼花有着说不出的美丽。我就一直站在阳台上，看这一老一少一次次点燃烟花、一次次跑开、一次次把五颜六色的礼花送上没有月亮却有繁星万点的夜空……

　　事后，我曾问小铁你怎么认定老人一定孤零零呢？他告诉我："谁家的老爷爷大过年的一个人跑到楼下看小孩放花？起码也得领着个孩子吧！"我又问："你问过老爷爷为什么一个人跑到楼下吗？"他说："我没问。大过年的，干吗要问人家不高兴的事？我猜他不会没有孩子，只不过孩子不孝顺，大过年的都不来看看老人，够可恶的！"

　　我紧紧搂住了孩子。我忽然想起父亲当年的话："放花都是给别人看，傻小子才放花！"父亲错了，放花给别人看，有时也是桩美好的事。礼花腾空，虽然转瞬即逝，构成的那彩色世界，却是成人天地中远逝或少有的缤纷童话或梦境。我又带小铁出去买了许多礼花。

　　弹指之间，一年又过去了，春节又到了，小铁升入了初一。奇怪的是，今年他没有买一点儿烟花爆竹。我没有问他，也猜不透，他是怕再在大年夜见到老人孤寂的身影呢，还是已经长大，告别了迷恋烟花爆竹的童年？

圣诞天使

小时候，我挺爱上台演个节目的。逢年过节，学校开个联欢会，我总要表演个诗朗诵、唱支歌，或者和同学们排个小话剧之类的，出出风头。

小铁不愿意上台演节目。似乎，遗传基因并不那么可靠。从上小学开始，赶上学校开个晚会联欢会，他一直是坐在台下当观众。

偏偏，去年圣诞节学校组织和农民联欢，让一位高中的男同学扮演圣诞老人，要敲着鼓迎接远道而来的农民伯伯。按照晚会设计，替圣诞老人拿鼓的小天使要一位小同学扮演。踏破铁鞋无觅处，老师一眼选中了小铁。

这是个许多小同学跃跃欲试的小天使呢，持着鼓，走在圣诞老人的前面，在农民伯伯一片热烈的掌声之中，该是多么风光呀！

小铁却不愿意演这个小天使。

回到家里，他一脸云彩，闷闷不乐。

孩子说到底是孩子，有时候凭着的是个人的兴趣好恶，便如水流漫出堤坝，只管自己的痛快恣肆蔓延。任我和他妈妈怎么劝说，他一准认为这个小天使一点儿意思没有。

"我拿着鼓，还得单腿跪，让圣诞老人打鼓，整个一个鼓架子呀！"

有什么办法呢？大人认为有趣或有意义的事，孩子的感觉却可以恰恰相反，彼此相隔一堵墙。说不通了，大人力气大火气更大，往往会硬性将这堵墙打翻推倒。

我说这小天使演演挺好玩的，你也尝尝上台当演员的滋味！

他妈妈说这是老师信任你，全校同学里才挑中你这个小天使，你不能辜负老师的希望！

小铁依然撅着嘴。

明天就要排练，后天就是圣诞节，要正式演出了呀！

小天使还在撅着嘴哩。

有时候，孩子的成长需要时间，很难像街头崩爆米花，瞬息之间即可崩个满筐满怀。

只好耐心等待！

小铁参加了排练，无可奈何的样子，远不如做几道有趣的数学习题兴味盎然。单调的排练，让他对这个小天使角色更觉乏味。拿着鼓，单腿跪，一句台词没有，简直像个活道具。

但是，他知道他必须参加。明天就要正式演出了。老师不会再找另外一个同学顶替他，他别无选择。

妈妈帮他找出一件红毛衣，一条白裤子，穿在身上，倒是飒爽英姿。只是他照照镜子，做了一个单腿下跪的样子，冲着妈妈和我，嘴苦瓜一样一咧，自我解嘲地一笑，笑得极其苦涩。

"不愿意干的事，但是需要你干，你去干干可能会有另一番收获！况且，这也是为集体做事，既然干就干好！……"

我安慰着他，劝说着他，连我自己都觉得这番话空洞如同雨珠打在水泥地板上丝毫渗不进去一点一滴。

真是强扭的瓜不甜。

有时候，看来事情很小、很简单，就像一加一等于二一样，应该一点就通。孩子偏偏通不了。与其怪罪孩子的不懂事，不如怪家长自己此刻的无能与无奈。

圣诞节到了。

学校的联欢晚会在一家颇具规模的俱乐部举行。众目睽睽之下，小铁生平头一次登台。白裤红衣，小脸上老师还特意给搽上些胭脂，红扑扑的煞是可爱。聚光灯映照之下，小天使和圣诞老人格外醒目。

他们的节目是第十个节目之后。他要和圣诞老人一起上场，农民伯伯将同时从舞台另一侧上场。圣诞老人从农民伯伯手中接过礼物，将是整个晚会的高潮。因为那礼物将是圣诞的特别礼物，与全校师生分享！

小天使和圣诞老人上场了。

持鼓向前，单腿跪……鼓声清脆，全场掌声雷动。演出效果不错。农民伯伯捧着一袋袋大红枣走到台中央了。鼓声更响，掌声更响。只要圣诞老人接过大红枣，小天使随着圣诞老人下场，小铁的任务就算胜利完成了。即便并不情愿当演员，客串一场也算是不负老师的希望。

就在圣诞老人接枣的一瞬间，事情发生了。农民伯伯刚刚下场，圣诞老人和小天使也要转身离开，枣却不小心碰洒了一舞台，叽里咕噜的，到处乱滚。全场都笑起来。

下一个节目是独唱《大街上》，演员已经走到台侧，报幕人已经急急风一样把节目先于枣落之时报了出去。而再一个节目是舞蹈，满场人连蹦带跳，踩在一颗颗大红枣上滑倒，还不让台底下同学笑破肚子！

头一次上台便遇到这样的事，小铁不知如何是好，望望那一舞台乱滚的枣，望望圣诞老人，脑门子渗出一层汗珠。

扮演圣诞老人的毕竟是高中同学，舞台上的老将，反应敏捷，立刻转身跑到舞台中央，弯下腰来，边捡枣边笑呵呵地说道："哟！这大街上怎么这么多枣呀？谁撒在大街上了呀？"

小铁一听就乐了，心想这圣诞老人还挺会给自己下台阶的。无意中洒落的枣，无形之中成了独唱《大街上》的道具和引子。小铁放下手中的鼓，也蹦蹦跳跳地跑了过去，一边帮助圣诞老人捡枣，一边说："今儿真是枣大丰收了，大街上都是枣！"……

台下的观众大笑，并热烈地鼓起掌来。他们被圣诞老人和小天使随机应变的即兴表演弄得闹不清这满舞台撒落的枣，究

竟是无意之中的事故呢,还是特意安排的插曲?

枣,捡干净了。圣诞老人和小天使乐不可支地下场了。独唱和舞蹈顺利演出了。圣诞晚会因这个小小插曲而更加欢快。

小铁回到家,白裤子的膝盖处还留有下跪时蹭的尘土,小脸上还留有上台前化妆时搽的胭脂红。他笑着向我讲述了晚会上这一段有趣的插曲,为圣诞老人和他的这个得意杰作而回味无穷,完全忘记了他昨天和今天离开家门准备演出之前撅着小嘴的样子了。

孩子的记性常常如小耗子撂爪就忘。

孩子的心气往往像夏天的云彩说来就来,说去就去。

孩子的小嘴可以撅成一个橛能挂油瓶,也可以咧开一弯瓢,盛满意想不到的欢乐。

孩子说到底还是孩子!

拔苗助长常会令孩子讨厌。有时候,孩子的成长要靠自己,就像种子萌发要靠自己的力量顶破地皮才能冒出芽来一样。

我们有时候太着急,总想用成人认识问题的深度与速度要求孩子,而忽略或不允许给孩子一点点在黑黝黝的土壤里面伸展腰身、摸索方位、顶破地皮的时间。我们嫌慢,殊不知这慢的速度正是孩子成长的必需,他们需要自己慢慢咀嚼才会消化吸收,是我们替代不了的。

事过之后,我曾经问小铁:"你这次小天使演得比想象的要成功,你自己也觉得有趣了吧?"

圣诞天使

他点点头。

我又问:"如果下一次让你上台演出一个什么角色,你怎么样?有劲头演了吧?"

他一摇头:"我不!"

看!他总是与我们大人的思路不尽相同。我们以为他身历其境,感同身受,一定要改变初衷了。他偏偏守住自己偏执的城堡,守得固若金汤。

不过,我也不尽然相信他的这个"不"字。说不准下次演出又把他逼上梁山,他照样兴味无穷呢!孩子到底是孩子。要让孩子事事都懂也难,真要那样便不是孩子了。想想我们自己,以往事事来到只会重视"意义",而忽略了个性,便极易听从指挥棒的运动,不敢轻易随便说一个"不"字,便也失去了许多本来天真自然的岁月。现在的孩子不愿再成为我们复制的拷贝。看小铁一摇头说"我不"那固执而轻松的样子,仿佛风吹来树枝便随意轻轻一摇,根本不管风的存在。

比比看谁高（一〇岁 大连）

童言无忌

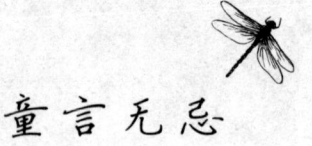

一天,儿子问我"山不在高,有仙则名;水不在深,有龙则灵"这两句话出自何处?我找了一本《古文观止》,告诉他这里有出处,是唐代刘禹锡的《陋室铭》。然后,我又找了一本《古代散文选注》,那里面有古文注释,让他自己去看这篇文章。

不一会儿,他便看完了。他的兴趣不在全文,只在开头那两句话。

他对我说:"爸爸,你随便起个头,我都能照这两句话的形式给你往下编下来。比如说:爱不在深,有钱则行;人不在变,有权则灵。"

原来,是一种游戏。《陋室铭》繁衍成当代世风民情的晴雨表。不过,我不相信,儿子有那么大能耐,可以把世俗一切囊括进刘禹锡区区两句话中。

我随口说了一句:"货不怕假——"

儿子爽口答道,似乎水到渠成,丝毫用不着什么考虑:

"货不怕假，回扣则灵；钱不在多，美元就行。"

我又说："饭不怕贵——"

依然对答如流，不带打卡儿："饭不怕贵，公款就行；酒不怕醉，请客就灵。"

再说："路不在远——"

答："路不在远，有车则行；钱不怕多，报销就灵。"

"调动不怕难——"

"调动不怕难，送礼就行；奖状不在大，发钱就灵。"

"厕所不在大，收费就行；旅馆不在高，有星就灵。"

"分不在高，后门就行；学不在深，有爹就灵。"

……

想想，是那么回事。爱情已沦陷于金银窟中；假冒伪劣产品防不胜防；公款请客一年消耗一百个亿人民币；公费旅游万水千山只等闲；后门成风，无处不在；受贿行贿，明目张胆；货到公事办，火到猪头烂，有钱能使鬼推磨，再不是陈词滥调，而成了攻无不克、战无不胜的箴言；厕所收费花样翻新服务档次依旧，宾馆星级遍布如云服务档次亦如旧，种种只重包装而轻视实质的样子货不胫而走……哪一点儿说得不对？哪一点不在刘禹锡这变种的两句话之中？

总想难住儿子。其实是想求得心理平衡，生活并不像你想得那么糟，也并非真能如你所说把一切弊端囊括在这两句话中。便又问了一句："店不在大——"而且要求一式两份，做一鸡两吃的答案。

儿子嘴角一变，嘲笑于我，说道："爸爸，我再白饶您一份，说三种答案怎么样？"

第一："店不在大，有货则行；货不在多，便宜则灵。"

第二："店不在大，合资就行；货不怕贵，名牌就灵。"

第三："店不在大，有主儿就行；货不怕假，有托儿就灵。"

看来，什么也瞒不过儿子。刘禹锡若在天有灵，知道自己《陋室铭》开头两句话被儿子肆无忌惮改造出如此模样，该做何等感想？想想，又实在悲伤。小小的孩子竟然随口即出，翻云覆雨，将这两句话像玩弄烂熟的两张扑克牌，让你万变不离其宗，两头被堵的耗子一般无可奈何。究竟是人心不古，孩子个个百变成精，一夜恨不高千尺地长大，令我们瞠目？还是我们的社会弊端百出，我们的生活千疮百孔，难以再像变戏法耍魔术一样骗孩子天真一笑了？于是，才使得这两句话成为孩子手中的魔瓶一般，将我们大人的种种毛病乃至罪恶无一幸免地吸进瓶中，变成一只只萤火虫，在停电的夜晚照一丝光亮，帮助他看老师布置的家庭作业？

"爸爸，您再说呀，还有什么难题？"儿子得胜般兴致勃勃。

我说不下去了。这样的游戏不那么好玩。

蔡东藩与刺猬

小铁极喜欢历史,当《上下五千年》《中国历史故事》看过好几遍之后,他开始寻找新的书。一次,我带他到新华书店,他一眼看中了蔡东藩的《元史演义》《清史演义》等一套十来本的厚书。我说:"这书是用文白参半的话写的,你现在还看不懂。"他不说话。晚上看电视,他突然倒在床上,用双手捂着小脸。我知道他在耍脾气,在恨我不给他买书。

我对他说:"我真的不是骗你!"他不信。我又说:"明天,我再带你到新华书店,你自己看看那套书,如果你能看得懂,咱们就把书买回来!"

放学后,我们又来到新华书店,请售货员把那套书拿过来,他仔细翻看着,递还给售货员,不再提出买这套书了。事实告诉了他,他的确看不懂。

又一次,我与小铁到大连,同行的还有阿姨。在旅顺口看到有卖刺猬的,小铁就说要买。我说:"不行!飞机上不准许带活物的!"他立刻一拧小脑袋,说:"你骗小孩,飞机上让带的！我问过阿姨的！"就跑到一边，等阿姨下山。我也不急，让他再去问清楚。

　　过了一会儿，他等到阿姨下山，拽着阿姨向卖刺猬的摊前走去。阿姨说："哎呀，这么大的刺猬，飞机上可没法带！我还以为你说的是那种小刺猬呢，咱们偷偷把刺猬藏起来带回北京。这么老大个儿，咱们怎么藏呀？"

　　小铁回过头，冲我一笑，眼睫毛上还挂着泪珠儿呢，用手不住摸着刺猬身上尖尖的刺。阿姨说："小铁，你这么喜欢刺猬，阿姨回北京后一定给你找一个小刺猬！"小铁信任地望着她，眼光里充满期待。

　　对孩子，不允许有稍稍一点的欺骗。孩子的心是一张敏感的pH试纸，哪怕一丝一毫的欺骗，也会在上面显色。然而要证实自己的真诚，最好用事实说话。

生日礼物

总想起安徒生曾经讲过的那件事情。不是童话，却比童话还美丽。

那年夏天，安徒生住在犹特拉金的一个林区。他为林务区长七岁的小女儿过生日，在林子里每一个蘑菇底下藏了一件小东西：或是一块包着银纸的糖果；或是一束蜡制的小花；或是一枚顶针、丝带、红枣……这些都是安徒生送给孩子最别致的生日礼物。第二天清晨，安徒生带着小姑娘来到林子里，告诉她："我送你的生日礼物就在这林子里面，你去找吧！"小姑娘从蘑菇底找到了神奇的礼物，唯一没有找到那颗红枣，大概被乌鸦叼走了。小姑娘惊喜万分，以为一切是神的安排，是一个身临其境的童话。

安徒生事后这样说："她一生都记得这件事。她的心决不会像那些没有经历过这一件事的人们的心一样，轻易变得冷酷无情。"

小铁的生日也是在夏天。

在他很小很小的时候，我曾经仿照安徒生的做法，在他生日那天，买来些巧克力、泡泡糖、书、笔或者小玩具一堆零零碎碎，分别藏在并不宽敞的房间的每个角落：枕头下、被褥里、书柜间、沙发垫后，乃至他自己的小书包里……

　　我不拥有夏天犹特拉金那一片蓊郁葱茏的森林，也无法寻找那一簇簇肥硕鲜美的蘑菇，我拥有的只是同安徒生一样童话般的心。

　　小铁在房间的各个角落里找到这些生日礼物的时候，如同林务区长的七岁小女儿一样惊喜万分。虽然，这些小东西都不值什么钱，而且是孩子司空见惯的，但他却觉得比生日蛋糕比昂贵的礼物都要兴味盎然、新奇有趣。

　　看来，孩子需要童话；同样，成人也需要童话。尤其是我们和孩子一起面对的生活越发实际、实惠、实用的时候，那蘑菇下小小的礼物便越发珍贵无比。

　　这样的童话，一直延续到小铁整整十岁。那些年他的生日里，我几乎每年"重蹈覆辙"，他却每年兴致浓郁，从未觉得雷同、单调，犹如一枚嚼过多次的杏话梅。

　　十岁生日前夕，他对我说："爸爸，再像以前一样给我藏一次生日礼物吧！"

　　这话打起我心里一个热浪头。虽然，我知道孩子已经无可奈何地长大了，这一出童话剧已明显接近尾声了，多少有些怅然。我却越发相信安徒生的话：经历这件事的人与未经历这件事的人的心是不一样的。无论是孩子，还是我，该多么感谢安

徒生在犹特拉金那片夏日林子里给予我们的神奇!

我永远难忘小铁十岁的那个生日。自此之后,我再没有如安徒生一样为孩子藏生日礼物了。我和孩子告别了安徒生那个在有些人看来傻气透顶的童话,却始终没有走出安徒生善良、美好的心地。我相信这是安徒生给予我,更是给予孩子一生取之不尽的营养。在世俗与市侩喧嚣、物欲膨胀如氢气球袅袅高飞、自私包上漂亮的枕式糖纸畅销不已的眼下,这一些营养虽极其单薄,却也够孩子受用了。

我相信。因为那是孩子童年汲取的营养,是融入生命、刻进年轮的。那是成年之后再服什么青春宝、养命宝、男宝、女宝之类营养液都无可比拟的,便也都是回天乏力的。

是的,作为家长,我无法为孩子铺垫一生的道路,我能够做的,是给他一个美好而健全的童年。当他长大了,飞得再高,再远,不要忘记自己的童年,不要忘记爱是一个圆,无论是父母还是旁人给予的,都不要理所当然像吞冰激凌一样只顾囫囵吞进,都要想到应该将自己的一份爱去回报。无论生命还是感情,都需要而且应该拥有回声。

我四十岁生日的时候,小铁正在天津。他没有忘记寄给我一幅他自己画的生日卡:一只可爱的小狗开着一辆汽车,车上装满各式各样的东西,有伞一样的蘑菇、霞光一样的苹果、星星一样的樱桃、仙女一样的花朵⋯⋯旁边写着一行美术字:"祝爸爸四十岁生日快乐!"在信中,他说小狗拉的那一车东西都是送给我的生日礼物!从天津回来,小铁又送我一张用剪纸做的生日卡，上面用五颜六色的纸剪贴成一个头发长得像野草疯长一样的男孩和一只胡子跟他头发一样长的小猫咪，旁边太阳放射的光也像头发一样的长，怪异却可爱得很……

还有什么比听到孩子感情的回声，更让人的心头感到慰藉的呢？

说实在的，在有孩子之前，我从未过过生日。对于我，那是一个遥远、朦胧的日子，常常让我淡忘于人生的匆匆与嘈杂之中。有了小铁，确切地说，从小铁懂事之后，我的生日才如一匹从遥远天际飞来的马，奔跑到我自己的身旁，让我意识到被我放逐天边的马，原来就是我自己的呀！可以说，从天边牵着这匹马的就是孩子细嫩却温情的小手！

当我在四十岁生日那天收到小铁寄来的生日卡时，除了一股浓浓的亲情袭上心头之外，让我感受到孩子没有只被家长的爱包裹成一个蛋壳，他是一只飞鸟，飞出蛋壳，将自己单薄脆弱却任何他人取代不了的啁啾鸣叫声，给予爱他也是他所爱的人。

有一年的5月9日，是母亲节。前一天，是周末。那时候，赶上我正在上海，家中只剩下小铁和妈妈两个人。他们约好放学后一起去麦当劳吃汉堡包。

放学了，妈妈在学校门口等他。左等，右等，不见他的身影。放学的同学一个个拥出学校大门，像归巢的鸟儿各自归家了，依然不见他的身影。一直等到学校门里门外空无一人，静悄悄，只洒下一片夕阳的余晖，妈妈真是有些生气了。人家别

的同学都出来了,他还在学校里干什么?一定是贪玩他痴迷的乒乓球了,把和妈妈约好的时间干干净净忘在后脑勺了吧?这样的情况,不是没有发生过。玩得心野了,就像跑断缰绳的野马,不知会奔跑到哪里,任你心急如焚也奈何不得!

妈妈气了,心想即使他再出来,也不带他去麦当劳了,她要走进校门,看看这个孩子到底在玩什么!如果真是又玩乒乓球,就拽走他耳提面命教训他一番……

就在妈妈气急交加的时候,看见他从教学楼里跳出来,小鹿一般一跃一跃的。待他走近了,走到校门前了,妈妈看见他手中拿着一枝猩红色的康乃馨。

他跑到妈妈的身旁,摇着那枝正含苞待放的康乃馨,笑着说:"妈妈!这是我送给您的礼物!您等急了吧?我一直等着买花,卖花的刚刚送到学校里来……"

妈妈还说什么呢?再大的气,再盛的火,在这枝康乃馨面前,也销蚀殆尽了。

他见妈妈愣愣地望着他和他手中的康乃馨,迟迟不讲话,忙作解释:"妈妈!您忘了,明天是您的节日——母亲节呀!"

妈妈接过这枝康乃馨,心头漾出从未有过的感动,觉得世上任何一朵鲜花都赶不上这枝康乃馨漂亮。

做家长的,往往给予孩子的会很多、很多,而需要孩子给予自己的,往往很少、很少,只要一张生日卡、一枝康乃馨,就可以了。她妈想起以前小铁送她的一张生日贺卡,那时小铁

生日礼物

还小，是她三十八岁生日。贺卡上一只小鸭和鸭妈妈，鸭妈妈手中捧着一块金牌巧克力，上面写着38。这张生日卡，她一直保存着，虽然很简单，她会很知足，很感动。

孩子，你懂吗？

虽然，这一点很少、很少，却是你给予的。而以往都是他们给予你的呀。独生子女被娇惯的培养基养大，越来越多地变为以个人为轴心的时候，这一点很少、很少，却是多么难得而显得可贵。尽管与父母的给予并不成比例，毕竟是发自你心的深处。

我们要求你的，并不多。十岁前，安徒生曾经给予你的童话，不要如那颗红枣被乌鸦轻易地叼走。

那一晚，他和妈妈从麦当劳吃完汉堡包出来，没有立刻回家，轻轻走在长安街上，享受着并不是每天都能拥有的幸福和欣慰。五月的晚风温馨可人，那一枝康乃馨飘散着清新的香味，萦绕在他们的身旁，一直到我从上海回来似乎还没有散去……

可不是做做样子!

(11岁,北京)

乒乓之恋

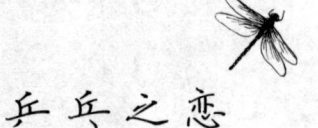

我的脾气很急,有时候,炮仗一样点火就着。

那一年,小铁十岁,和我弟弟的儿子小钢玩着玩着急了眼,一把把人家推倒在地。小钢哭着跑回家告状。当着我的面,小铁粗暴地打断人家的话,怒不可遏地一把又把人家推倒。

我顿时火从心起,急了。我不允许他随便打一个比自己弱小的人。我不管他占有多大的理,这么粗暴地把人家推倒在地是无法容忍的。别说是自己的亲人,就是外人也不行。我以为这是品质问题,一下子上纲上线脑袋发胀,觉得绝不能宽容。

当时,一股火蹿到头顶,连自己也没有料到,我竟突然之间像头发了疯的狮子,劲儿一下子出奇的大,拦腰一把抱起他,像扔麻袋一样把他抛到床上,冲着屁股"啪啪"狠揍几下。他哇哇哭起来。哭后,他承认自己错了。

我说:"你说你错了,以后怎么办才能保证不再错呢?"

一时,他没有答上来,垂着头,咬着嘴唇,泪眼汪汪地不

说话。

不能可怜他，否则他会记吃不记打，宜将剩勇追穷寇般，我紧追不舍逼问他："你说都说不上来，我怎么能相信你以后不会再犯呢？"余怒未消，我指着厨房冲他吼道："你到那里面好好想想去，想好了再对我说！"

过了好久，没见小铁出来，没见他再哭，也没见他任何动静。我心想这孩子真拧，再等等他，不给他留下个深刻的印象，以后难保不重蹈覆辙。

再等，还是没有动静，厨房里静悄悄的，仿佛没有小铁这么一个人。

倒是最后我沉不住气了，先走进厨房。哎呀！我蓦地吓了一大跳。小铁身旁的案板上赫然放着一把锃光闪亮的菜刀，他正靠在案板上。

我立刻为这意外的一幕心虚胆惊了，却依然故作镇静地问："你想好了吗？"

他的眼泪一下子流淌出来，却不讲一句话。

我又问了一句，显得有些战战兢兢了。他说了一句我怎么也想不到、怎么也难忘掉的话："我想找奶奶去……"

那时，奶奶刚刚去世不久。以往，每次小铁犯错，我急了性起要揍他时，都是奶奶护着他，说我："一个小孩子家，哪儿有不犯错的时候？你小时候还不如他听话呢……"

他想起了奶奶。

我禁不住又望了一眼他身旁的那把菜刀。

心,立刻被揪得紧紧的发疼起来。我一把搂住小铁,连声问:"为什么?为什么?"问儿子,也问自己。

他的回答更让我意想不到:"爸爸,你不是知道我爱读历史书吗?历史上的人一重才能,二重信任。你都不信任我了,我还有什么……"

我愣住了,像雷击折的一棵树,顿时矮了半截,矬矬地蹲在地上,更加紧紧地搂住他。

"爸爸,我真的知道自己错了,我以后一定改。可你让我说以后怎么办,一时我真的没有想出来,不知道怎么说……"

我的眼泪怎么也忍不住,扑簌簌滴落在儿子的肩头。我说:"是爸爸不好!是爸爸错怪了你!爸爸怎么会不信任你呢?爸爸希望你是个知错就改的懂事的孩子呀!你可千万不要干傻事呀!"

我指着菜刀问他是怎么回事?他连忙摆手说:"原来就放在这儿的,不是我……"

我一直不相信菜刀真的原来就放在那儿。我一直猜想,一定是儿子为了安慰我,让我放下一颗悬悬的心!

临走出厨房时,他悄悄地对我说:"这事千万别告诉妈妈!"

许久、许久,我总想起那把菜刀。孩子的心有时像嫩草坪,禁不住烈马不经意如风驰过。有些事,后悔是来不及的。

一晃,事过三年。小铁上初一了,小小男子汉了。过去的事,显得幼稚好笑,已经如轻轻翻过一页的旧书。

升入中学后，小铁迷上了乒乓球。当然，这不是坏事，只是迷恋的程度过深，简直如醉如痴，天天拍不离手，下课之后、中午休息端着饭碗都要去占球台打球。我实在担心他的心玩野，让乒乓球粘走而难以归位。几次说他，他都振振有词：又没耽误学习，怎么不能玩？不会玩的人就不会学习……根本说不服他，只是轮回般照玩不误，挨说后依然玩，像球打了几个回合之后不分胜负。

一次，我约好下午放学在校门口等他。左等右等，不见人影，一直等到日落西山，夜幕垂落，他摇着乒乓球拍出来了，原来他早把我在校门口等他的事忘在后脑了！我却在这里等了足足两个小时！

一次，老师也批评他玩心过重，球打得缺乏节制，放学不回家，打球打得时间很晚。老师放学很久发现教室里还有他的书包，知道他一定又去打球，到球场找他，他早钻进球台下面藏起来。

几次这样的事情发生之后，我对他说："你的乒乓球打得太过分了……"

他说："我觉得没过分，恰到好处！"

我说："家长和老师都说过你，你都觉得自己有理，该怎样还怎样，这样下去把玩野的心再收回来可就难了，学习成绩一下来后悔都来不及……"

他说："不打球的同学学习成绩不见得就好，爱打球的同学学习成绩不见得就下去！"

你有来言，他有去语，小小乒乓球竟有如此魔力，气得我火冒三丈，索性一锤定音："从明天起不许你再带球拍上学校！"

他也火了："你有什么权力不让我带球拍上学？有这条法律有这条规定吗？……"

嘴，越顶越硬，就像球越攻越冲，火赶火，气拱气，我像他一样难以控制自己，一把拽过他来，抱起他，把他扔到床上。他一边鱼一样不住扑腾，一边不住喊着："你说不过我就打人，你有什么本事？你凭什么打小孩？……"气得我哭笑不得，直觉得实在是缺乏本事，面对孩子如同面对一座难以逾越的山峰。

没有想到，我把他扔到床上的时候，他的腿正好磕在铁床的床帮上，磕破了血，肿了起来。我不知道，只顾自己出气。第二天到学校上课间操时，班主任袁老师见他的腿不像打乒乓球那样灵便，问他怎么回事？他捋起裤腿告诉老师腿磕了。老师问怎么磕的？他倒直爽，毫不犹豫就把爸爸出卖了："我爸爸昨晚打的！"

这天放学回家，小铁带回袁老师写给我的一张纸条，委婉地批评我：他还是个孩子，不该这样粗暴。

过了些日子，我到学校见到小铁年级的年级组长宋老师。她笑着说我："那天课间操后，袁老师对我说：'你说小铁的爸爸怎么了呀？那么好的孩子，他怎么下得去手呀？……'"

我无言以对。

家长常责怪孩子撂爪就忘，总是一错再错。其实，家长自己也是常常重蹈覆辙，依然故我。指出别人的错，永远比削除掉自己的错要容易得多。在一个封建专制时代过于漫长的国家，父亲身上专制的基因似乎与血共融，而且往往情不由己地表现在对孩子的粗暴上。儿子已经习惯了，只是不再软弱哭泣，而是学会默默承受的同时学会了抵抗。

我想起自己的父亲。他的脾气却比我柔和得多。他主张说服教育，常常在我钻进被窝里后依然诲人不倦，直至我酣然入梦。我生平只挨过父亲一次打，那是我从家中偷走五元钱买了三本书。五元钱，对于一家一月只有几十元收入的父亲来说，并不是个小数字。更主要的，他不能容许我养成这样的习惯。父亲冲我的屁股狠狠揍了一通淋漓尽致的鞋底子。

父亲再也没有打过我。

无能的父亲才会打孩子。

我挽起小铁的裤腿，看见被我磕伤磕肿的腿，心里不是滋味。仿佛想弥补，其实永远弥补不回来了，我问他："还疼吗？"

他摇摇头："没事！"

然后，他迅速放下裤腿，悄悄地嘱咐我："这事别告诉妈妈！"

听 歌

几乎没有孩子不喜欢流行歌曲的。

儿子也喜欢，只是不那么迷。这很对我的胃口。我总觉得对那些流行歌星如醉如痴的孩子实在有些傻。也许，因为我早已不是孩子了。

儿子听流行歌曲时，总是在他写作业或复习功课时。我开始反对，觉得这样分散精力、影响学习。儿子反对我的这种看法，他说每人有每人的学法，也有每人的听法，这样边学边听，写起作业来才不枯燥。我也可能的确不了解现在孩子的心了。谁知道！看他几乎每天写作业时都要拧开录音机，功课并未受影响，便随他听去。走马灯一样的歌星陪伴着他，万千乐队任他调遣，流行歌曲真成了复习功课的润滑剂呢。

儿子的流行磁带并不多。我常到音乐书店去买激光唱盘，他跟着我去，自己看得多买得少。他挺苛刻的。港台歌星里，他居然不喜欢"四大天王"。对别的孩子如雷贯耳，他却不以为然。他说他们边唱边舞肯定影响唱，歌主要是听唱的。他忘

记他自己可以边听边学，却不允许人家边唱边舞。我嘲笑他老鸹落在猪身上，只看见人家黑，看不见自己黑。他反唇相讥，嘲笑我你就是一头猪嘛！因为我是属猪的。

　　港台歌星，他喜欢为数极少的几位，是经过他千锤百炼的；而且并不是喜欢他们所有的歌，只是一两首，是经过千筛万选的。他喜欢叶倩文的《潇洒走一回》；郑智化的《水手》；王杰的《少年的心》。尤其喜欢罗大佑的歌。他极自以为是地给我上课："罗大佑的歌是从抒情到摇滚的过渡。有时慢慢的，极有情感；有时极快了，让人的心都跟着歌声跳动。"那时，我得极专心致志地点头，知音一般好让他继续讲下去。

　　他说罗大佑的嗓音有些沙哑，唱得并不是一流的，但他的歌词好，唱的都是平常的话，却能富有哲理。我便要如学生向老师提问一样认真地问："你能举个例子吗？"他向我举了《盲聋》这首歌为例："有人为了生存而出卖了他们可贵的灵魂。钢板的正面说着世界是清晨，钢板的反面说着世界是黄昏。"又举了《现象》："眼看着高楼盖得越来越高，可人情味却越来越薄。朋友之间越来越有礼貌，只因为大家见面越来越少。苹果的价钱越来越高，或许没有以前的味道好，就像彩色的电视机变得越来越花哨，能辨别黑白的人越来越少……"然后，他向我总结：罗大佑唱的这些"现象"都是我们身边存在的现象。他的歌厉害，揭穿了世界，直戳人们的心脏，我就爱听这种深沉的歌。

听歌

这时候，我要打击一下他过于抬高罗大佑而贬低其他歌手的嚣张气焰，故意问他："什么叫深沉呀？我还真不懂！"他看出我不再是他的知音和学生，便一甩手结束了讲课："去！不跟你说了！"

不跟我说，他会憋不住。他说他不喜欢内地的歌星。男的、女的，基本都不喜欢。男的，有的唱得不错，不能看人，比如刘欢，实在没法和人家四大天王比，人家个个都在一米八以上，长得让人看着就是舒服。咱们长得不错的，唱得实在甜汤腻人，没一点儿男子汉的劲儿，比如蔡国庆，整个一个甜面酱的嗓子。女的呢，他喜欢田震的歌，闭上眼睛想想，除了"黄土高坡"有印象，简直没有一首是她自己的歌，唱的都是别人唱的歌，像吃别人嚼过的泡泡糖。

我说你这么说也忒损点儿了吧？打击一大片，整个一个小脚老太太横胡撸！内地歌手就没一个好的了？我看韦唯就不错，前些日子在上海和西班牙歌手胡里奥一起唱的《鸽子》，我听了就很感动。

他问我："《鸽子》？"我说："对！你没听过吧？学问还是不够呀！这首《鸽子》在全世界唱了几十年经久不衰！为了争夺这首歌到底属于哪一个国的，到现在还打着架争论不休呢！""那你说说，到底是怎么一回事？"这时，他成了学生了，认真而恳求你。我好不容易在他独霸的流行歌坛中插足站了一角之地，得好好运运气，给他上一课，让他以后少这样三下五除二，雨打芭蕉般把歌声正四处飘荡的歌星们都打得个落

英缤纷。我说:"这首歌的作者是西班牙人,于是西班牙认为《鸽子》是西班牙的。他后来又加入了墨西哥国籍,墨西哥认为《鸽子》是墨西哥的。他写这首歌时在古巴,用了古巴的民歌旋律,古巴就说这首歌是古巴的。墨西哥不干,特意从古巴把作者的灵柩运往墨西哥隆重下葬……"

儿子眼皮一眨,仿佛感叹道:"这只鸽子倒金贵起来了!"

我不知中计,还一本正经地说:"好歌永远是这样的!"

他忽然问我:"这只鸽子是公的是母的?"

我一怔。知道我自己连同这只鸽子一起落入了他的圈套。

果然,他自己先忍不住咯咯地鸽子一样笑起来说:"要是公的呢,就送给西班牙;要是母的呢,就送给墨西哥;然后让它们生只小鸽子,送给古巴!"

他笑出了眼泪,鸽子在他的泪花中漫天飞翔……

妈妈不在家的时候

妈妈不在家，是儿子和爸爸最苦的时候，常常会发生莫名其妙或意想不到的事情。

那一年小铁过生日，正赶上他妈妈到天津办事。我给孩子买了个不小的蛋糕，插上红红的蜡烛，望着孩子红扑扑的脸膛，心想他妈妈不在，孩子的生日过得冷清，他平日最爱吃奶油蛋糕，就可着劲儿让他随心所欲饱餐一次吧！孩子吃得挺美、挺多，红嘴唇都变成了白嘴唇，小下巴上也粘上了奶油，像长上了白胡子……

半夜，奶油蛋糕就发酵般起作用了。"哎哟！哎哟！"小铁疼得从睡梦中哭醒。打开灯一看，可吓了我一跳，孩子的半个腮帮子肿得像发面馒头。蛋糕吃得太多了，我却一点儿也没管，还以为是为了儿子生日快乐呢！我轻轻摸着他的小脸蛋说："都怪我！都怪我！"一听这话，孩子突然止住哭声，小胳膊伸过来，一把紧紧地搂住我的脖子，叫道："爸爸，不怪你！不怪你！你是为我！"这一夜，他再没哭、再没叫。我知

道，其实他挺疼，一宿翻来覆去没有睡安稳，就那样紧紧地依在我的怀里。

又一次他妈妈没在家，我又当爹又当妈，赶巧天气变幻无常，我着了凉，半夜里突然高烧不退。孩子睡不着，一会儿爬起来摸一下我的脑门，大概烫得他的手心够呛，吓得够呛，忙问："爸爸，怎么办呀？"我说："没事，就是感冒了！你帮我从柜门里拿点药，吃完就好了！"他跳下床，顾不上穿拖鞋，光着脚丫把药拿来，又替我倒了一杯温开水，看着我把药吞下。他要依着我睡，我说："爸爸感冒了，别传染上你。你自己睡好吗？"他听话地点点头。天快亮了，小铁又醒了，爬起来用小手摸摸我头，还是那么烫，止不住哭了起来："爸爸，烧还没退！我背你上医院吧！"这话让我感动，我不想让他这么伤心，故意开玩笑对他说："你背得动我吗？"他认真地说："背得动！我背得动你！"我一把紧紧地搂住他："好孩子，爸爸没事，一会儿就好的！"他把脸紧紧扎在我的怀里："都怪我！都怪我！"我说："别瞎说！怎么怪你呢！""妈妈不在家，你太累了！我又常常不听话！是怪我……"

我一时不知说些什么了，只是搂住他，他对我说："爸爸，让我就睡在你这儿吧！我不会被传染上感冒的！"我只好点点头。他依在我的肩头，小鸟依枝一般，很快便睡着了。天在渐渐发白，玫瑰色的晨曦染红窗子，我却一直再未睡着。

心爱的铅笔盒

从日本、韩国和中国香港、台湾地区流入大量小学生文具，使得这些文具模样花哨、价格昂贵起来。小铁有一个印有变形金刚的铁制铅笔盒，很是喜爱。那是他用自己的冷饮钱，悄悄跑进商店，把它买回来的。他在铅笔盒背面还贴上一幅忍者神龟的纸贴画，顿时，铅笔盒前后两面异常威武雄壮。他最喜欢的是这挺有男子汉意味的图案。为了它，他少吃了不少根雪糕哩。

他叔叔从西北来北京开会，他缠上了叔叔，说这说那，话如泉水汩汩不断。其中一个话题是问叔叔的儿子小钢的情况，到底是自己的小弟弟呀！他向叔叔介绍北京小学校里最近流行的歌曲、歌谣，包括文具，然后拿出他的这个新买不久的宝贝铅笔盒炫耀一番，似乎那铅笔盒和上面的变形金刚、忍者神龟能保佑他学习所向披靡、无坚不摧。

叔叔笑着说："小钢可没有你这么好的铅笔盒，他妈给他买了一个塑料自动铅笔盒，还舍不得给他用呢！"

他小嘴一撇:"那种铅笔盒早过时了!你快给他买一个这种新铅笔盒吧!"

叔叔忙于开会,一眨眼到了要回去的时候了。临走时,才忽然想到忘记给小钢买一个小铁鼓吹了半天的宝贝铅笔盒。

我对小铁说:"干脆你把你的这个铅笔盒送给小钢吧!等过两天我再帮你买一个!"

"行。"

我没有想到他答应得那么爽快。不仅仅因为这是他用自己省吃雪糕的钱一天天积攒了多月才买的宝贝,一下子他变得这么大方;更主要的是他一向独惯了。两年前叔叔带着小钢回北京,他们小哥俩一起玩,常为一只蝈蝈、一支球拍争得涕泪双流,甚至吃饭为争一个碗、一个调羹而面红耳赤,常让我气恼,不止一次批评他,效果均不佳。一次游泳,只有一个救生圈,小哥俩都要,不相上下,我硬把救生圈从小铁怀中夺过来给小钢,他大哭一场,很让我一点儿辙没有,只好怪自己太娇惯他,独生子女实在太独,孔融让梨的古风荡然无存。事后,我常常掰开揉碎对他讲,没见多大好转。为此,我很伤心。

现在,他竟如此爽快地拿出自己的铅笔盒,并且帮助叔叔将一支支造型新颖的自动铅笔、活动图尺、香味橡皮,一一装进盒中,就如同刚买来这个铅笔盒时自己整理时一样仔细。孩子不知不觉真的长大了!似乎在一夜之间树抖开满枝花蕾一样。我想,或许有这些道理要让他自己消化,年龄的增长才使得道理如水滴石穿吧！做家长的往往着急，孩子却难一下子成为小大人。

只可惜叔叔走后，我再也没给小铁买到那种印有变形金刚的铅笔盒。孩子没有埋怨我。

和爸爸刚刚从美术馆出来(12岁，北京)

阿里山面包

阿里山面包房是台湾人前两年在北京开张的一家店,位于崇文门内,那里的沙茶面包确实有台湾风味。面包房刚开张时,妈妈带小铁去尝鲜,小铁竟一连吃了两个沙茶面包和一个鸡肉面包。妈妈在一旁看着,虽然自己一个也舍不得吃,但看着儿子吃得美美的,心里很舒坦。做父母的,都是这种心理。虽然每个小小的面包要一元二角,钱是辛辛苦苦赚来的,但父母千里扛猪草,为(喂)的还不都是孩子?

有一天,奶奶为了换换口味,给大家做了一锅窝窝头。这种玉米面做成的食品,曾养了老人家几乎一辈子,也是我儿时的家常便饭,对于小铁却显得格外陌生。从小白米白面花插着要吃黄油汁夹面包长大的小铁,望着这宝塔形黄澄澄的窝窝头,感到格外新奇。他见过圆形、猫头形、羊角形、纺锤形等形形色色的面包,唯独没有见过这样绝对是中国特色的食品。他拿起一把叉子冲着窝窝头便叉将过去,没想到窝窝头里有一个挺宽阔的眼,便叫了起来:"哟!这里面怎么是空的?"他

只知道吃过的食品里面总是包着馅，比如沙茶面包里面装着沙茶牛肉。然后，他咬了一口，实在咽着难受，毕竟和沙茶面包是两种味道。

望着他难以下咽的样子，我和他妈妈都不知道说些什么好。逼他吃下去？讲讲我们小时吃窝头的事情？有什么用呢？他会说那一套："忆苦思甜"早已经过时了。窝头很难使国家现代化。

我问他："好吃吗？"他反问道："你说呢？"我说："当然不如面包、馒头好吃。"这是大实话，他望望我，不说什么，本以为我肯定要教育他一番而泛起挑战的情绪平息下来。我也不再说什么，并且不强迫他非吞吃进肚不可。

饭后，我对他讲起自己上初中时的一件小事。那时，正是闹三年自然灾害的年头，肚子没有一点儿油水，空空的犹如无底洞，仿佛吃多少东西也填不饱。有一天上学路过花市一家清真小饭馆，门前排起一串长队，原来是卖窝窝头，每个窝窝头切成两半，每半上面抹一层芝麻酱，每人只买一半，不要粮票。我忍不住这半个抹着芝麻酱窝窝头的诱惑，也排了半天队，终于买到半个窝窝头，吃得那份香就甭提了。真的，现在一想起来，那窝窝头玉米面的香味和芝麻酱的味道，似乎还在唇边……

我对他说："那家小饭馆现在还在花市，离阿里山面包房只有公共汽车一站路，哪天我带你去看看。"虽说艰苦是一座学校，我并不想让他像我小时候一样苦。我只是希望他知道父辈是这样走过来的，只有知道才会理解父辈这一代人，而不是单纯要父母去理解他！这比非要他吃下这窝窝头更重要。

他眨着眼睛。他懂吗？

事情过去两年时光，阿里山面包已不新鲜醒目，北京城一下雨后春笋又冒出比阿里山面包更惹人眼目的食品：比萨饼、麦当劳、汉堡包、加州牛肉面……自然，小铁要一一光临染指。好多次路过花市我小时候买窝窝头的饭馆，我都希望小铁能指着它提起它来。可是，没有。

生死之间

奶奶去世的前一天,小铁跟妈妈学会了骑自行车。他们是在楼前的空地上学的,奶奶趴在窗前看得真真切切,等我回家就高兴地对我说:"小铁学会骑车了,骑得跟风似的,呼呼的。"谁会想到呢,第二天的傍晚快要吃晚饭的时候,奶奶就去世了。她老人家无疾而终,突然倒在了床上,我和小铁的妈妈赶紧把她送进医院的急诊室,以为还能抢救过来,心电图上早已经没有了任何动静。

突然袭来的变故,冲击得我的脑子里像炸了一样。当我料理完一切事情从医院里出来,已经是夜半时分。我和他妈才忽然想起只有小铁一个人在家里,而且厨房的火上还坐着锅。煤气要是一直烧着,这么长时间,可别再锅爆了出什么事!

我俩急如星火地往家里赶。快到家时,远远地就望见我家屋子里所有的灯都亮着,明晃晃的,在已经是一片黑乎乎的楼群里显得格外醒目。我们紧三步慢三步地爬上楼梯,拿出钥匙要打开房门时,房门已经开了,站在房门后面的是小铁。他早就趴在窗户前望着我们呢。

见到我们两人，他第一句话问："奶奶呢？"

我告诉他："奶奶过去了！"

他立刻扑在妈妈的怀里失声痛哭起来。

就让他哭吧，我没有劝他。

我到厨房看了看锅，煤气已经让小铁关上了，心里松了一口气。

哭声止住后，他告诉我们："我害怕，就把屋里所有的灯都开了。"

那一晚，家里的灯亮了一夜。

以前，家里的灯都是奶奶点亮等着我们的归来，现在，我们再也等不到她老人家回来了。

死亡，就是在那一年的夏天这样无情地闯到了小铁的面前。那时，他十岁，刚上三年级。

一个孩子，在童年的时候经历亲人的死亡，心灵上的冲击会是很大的。因为它同别的事情比如丢失了一件东西或死去了一只小鸟一株树木是不一样的，天天生活在自己身边的亲人在突然之间消失了，再也无法见到了，除了悲伤之外，对于一个孩子，同时会有恐惧和忧虑等复杂的感情乌云一样堆积在心头，一时难以化解开。他对生命的认识和态度也会发生变化，起码不会再如以前那样全都是生的快乐了，会不由自主地产生许多大人没有的想象出来，或自己安慰自己，或自己吓唬自己。因为这样的经历我也有过。在我五岁的时候，我的生母突

然去世了。那时，我还不懂事，只会一个人坐在屋子里或院子里发呆，尤其是到夜晚，我盼望着妈妈重新出现在我的面前，又害怕妈妈的出现，我怕出现的是妈妈的鬼魂。因为大人忙，很少顾及我，很长一段时间里，我只是躲开其他人，自己一个人望着夜空中的星星胡思乱想，我的性格就是从那时开始渐渐地变得越发胆小而耽于幻想。

我想起了小铁。小孩子的心大致都是相同的，奶奶的突然离去，肯定对他是个不小的冲击，逼迫着让他去接触死亡和认识死亡。我只想让他能够比我小时候要坚强些。我告诉他奶奶待你很好，很疼你，你一定不希望奶奶死去，我们大家都希望奶奶能够多活几年，但一个人总会有生老病死，奶奶活了八十六岁了，死的时候也没有什么痛苦，按照老话说应该是喜丧。就好好地想着奶奶吧，但千万不要因此而耽误了学习，那是奶奶最不愿意看到的事情了。

他说他知道。

我又对他说，奶奶不在了，以后好多事情需要你自己去做了。首先的一件事，以前奶奶在家，每天中午晚上放学回来，只要你一敲门，奶奶就会给你开门，现在再不会有奶奶给你开门了，你得自己带钥匙了。你开了门，就你一人在家，你得学会别害怕，自己热点饭吃。你觉得你行吗？

他点点头说行。

我给了他一把钥匙，像好多孩子在钥匙上拴一根绳挂在脖子上一样，我把钥匙也挂在了小铁的脖子上。他摸摸钥匙，像是怕它丢了似的总低头看看。临睡觉前,他还特意用钥匙开门试着练习了一番,觉得没什么问题了才去睡的。

第二天中午,我们都不在家,放学之后,他跑回家,学校离家不远,几分钟的路,但爬上楼,他心里的小鼓怦怦直敲。我家的窗前有一条小路,是每天小铁上学放学的必经之路,奶奶活着的时候,从窗户就看见小铁放学往家里跑,早早就等在门前了,不用小铁敲门,听见脚步声,一下子就把门开开了。现在,奶奶不在了,房门显得冷冰冰的。他确实有些害怕,但他必须得面对这个现实,许多的事情必须得由自己去做了。

那天中午,他开开房门,自己把煤气点着,热好饭,吃完以后,按照以往的习惯躺在床上睡午觉。他告诉我屋子空荡荡的,特别的静,他翻来覆去根本睡不着,他还是有些怕。

我摸摸他的脑袋说,你已经做得很不错了。

经历了奶奶的死之后,小铁长大了许多。

十年之后,清明节,我和小铁的妈妈和叔叔准备去给奶奶扫墓。因为我们把母亲骨灰和父亲的合葬在老家,离北京比较远,十年中除了我去扫过一次墓之外,别人没有机会去过。十年了,我们都很想念她老人家。小铁刚上大学一年级,本没想叫他一起去,他知道后,坚持请假和我们一起回了一趟老家。那是他第一次回老家,他跪在湿湿的土地上,在奶奶的墓前深深地磕了几个响头。

一切的事情都好像刚刚发生在身边一样。

妈妈教数学，有数学难题还得请教妈妈（13岁，北京）

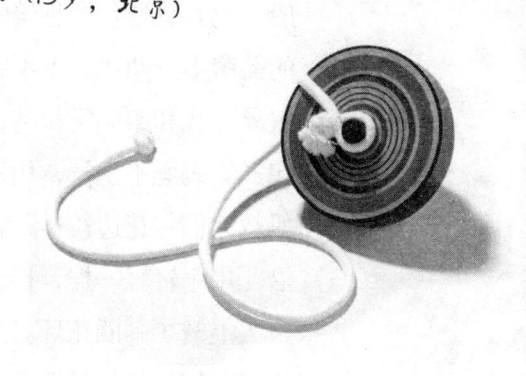

花边饺

我的父亲手记

　　小时候,包饺子是我家一桩大事。那时候,家里生活拮据,吃饺子当然只能挨到年节,平常的日子,破天荒包上一顿饺子,自然就成了全家的节日。这时候,妈妈威风凛凛,最为得意,一手和面,一手调馅,馅调得又香又绵,面和得软硬适度,最后盆手两净,不粘一星面粉。然后指挥爸爸、弟弟和我看火的看火、擀皮的擀皮、送皮的送皮,颇似沙场秋点兵。一般,妈妈总要包两种馅的饺子,一种肉一种素。这时候,圆圆的盖帘上分两头码上不同馅的饺子,像是两军对弈,隔着楚河汉界。我和弟弟常捣乱,把饺子弄混,让妈妈只好茄子葫芦一起煮。妈妈不生气,用手指捅捅我和弟弟的脑瓜儿说:"来,妈教你们包花边饺!"我和弟弟好奇地看,妈妈将包好的饺子沿儿用手轻轻一捏,捏出一圈穗状的花边,煞是好看,像小姑娘头上戴了一圈花环。花边饺给我和弟弟的童年带来乐趣,我们却不知道妈妈是要了一个小小的花招儿,她把肉馅的饺子都捏上了花边,让我和弟弟连吃带玩地吞进肚里,自己和爸爸吃

那些素馅的饺子。

那些艰苦的岁月，妈妈的花边饺，给我们难忘的记忆。但是，这些记忆，都是长到现在我自己的孩子到了当年我那么大的时候了，才开始清晰起来，仿佛它一直沉睡着，需要我们必须用年龄的代价才可以把它唤醒。莫要说我们小时候不懂事，就是到了我们长大成人，就懂事了吗？

自从我能写几本书之后，家里经济状况好转，饺子不再是什么圣餐。想起那些个辛酸和我不懂事的日子，想想妈妈自父亲去世后独自一人艰难度日的情景，我想起码不能让妈妈吃的再受委屈了。我曾拉上妈妈到外面的餐馆开开洋荤，她连连摇头："妈老了，腿脚不利索了，懒得下楼啦！"我曾在菜市场上买来新鲜的鱼肉或时令蔬菜，回到家里自己做，她并不那么爱吃，只是尝几口便放下筷子。我便笑妈妈："您呀，真是享不了福！"后来，我明白了，尽管世上食品名目繁多，人的胃口花样翻新，妈妈雷打不动只爱吃饺子。那是她老人家几十年一贯制历久常新的最佳食谱。我知道唯一的方法是常包饺子。每逢我买回肉馅，妈妈看出要包饺子了，立刻麻利儿地系上围裙。先去和面，再去打馅，绝对不让别人沾手，那精气神儿，又回到我们小时候。

那一年大年初二，全家又包饺子。我悄悄地对小铁说今天给你奶奶一个意外的惊喜。小铁问为什么？我告诉他因为这一天是你奶奶的生日。小铁一听就来了情绪，高兴地问我怎么给奶奶惊喜？我说你给你奶奶包一个带糖馅的饺子，还得让你奶奶保证能够吃到这个糖馅的饺子。他很奇怪这么多饺子怎么能够保证让奶奶一下子就吃到这个糖馅的饺子,我悄悄地告诉了他方法,他一拍巴掌蹦了起来。

那一年,是奶奶去世前四年,小铁还没有上小学。

他包了一个带糖馅的饺子,放进盖帘一圈圈饺子之中,然后对奶奶说:"奶奶,今儿您要吃着了我包的这个带糖馅的饺子,您一准儿是大福大吉大利!"

妈妈连连摇头笑着说:"这么一大堆饺子,我哪儿那么巧有福气?"说着,她亲自把饺子下进锅里,饺子如一尾尾小银鱼在翻滚的水花中上下翻腾,充满生趣。望着妈妈昏花的老眼,我看出来她是想吃到那个糖饺子呢!

热腾腾的饺子盛上盘,端上桌,我让小铁往奶奶的碟中先拨上三个饺子。妈妈第二个饺子就咬着糖馅,惊喜地叫了起来:"哟!我真的吃到了!"

小铁叫道:"要不怎么说您有福气呢?"

妈妈的眼睛笑眯成了一条缝。

其实,妈妈的眼睛实在是太昏花了。她不知道我耍了一个小小的花招,教小铁用糖馅包了一个有记号的花边饺。那曾是她老人家教我包过的花边饺。

如今,奶奶已经去世十八年了,儿子也已经长大了。儿时给奶奶包糖馅饺子,只是他一时的乐趣,并没有使得他像奶奶一样那么爱吃饺子,相反的,最反对的是包饺子,觉得所有食品里最简单的是饺子了,不就把什么都剁成馅统统包进皮里

216

吗？每次包饺子，他只是勉强吃几个，然后宁可去吃康师傅方便面。

　　这是胃里消化着麦当劳、巧克力和可口可乐长大的一代。他们不会了解饺子对于我们这样一代人，起到过多么重要和不可取代的作用。有时候，我也会偶尔讲起当年他给奶奶包花边饺的事情，但是，无法改变他对饺子的态度。花边饺，只在他童年的岁月里。

眼镜的偶然

那一年，我到福州，一位朋友送我一只漆器花瓶，细颈圆肚，黑色底衬有玫瑰红暗色花纹。花瓶是福建的特产，古色古香。回到北京，我把它放在冰箱上面，因为冰箱就在我家的门口，一进门很方便随手就把什么东西都放在上面了。恰巧，那时冰箱上面有一副眼镜，那是80年代初我头一次到沙头角，在那里给儿子买的一个舶来品：白色镜框，黑色镜片，式样挺新鲜的，曾伴随儿子度过好几个夏天，那时候儿子特别爱戴它臭美。可是，我从福州回来的那一年，儿子已经上初一，以为自己都大了，再拿出来让他戴，他觉得未免太小儿科了，不爱戴它了，随手就把它扔在冰箱上，也没人再去理它。

纯熟偶然。如果不是小铁随手把小眼镜扔在冰箱上，便绝不会有我和小铁的"创作"。我想应该算是我们共同的创作，寻常百姓的创作往往在这偶然之间，给自己找点儿乐，也锻炼锻炼孩子的想象力。

那天，我对小铁说："这副小眼镜戴着还挺好的，给你戴

你也不爱戴，咱们也不能就把它给浪费了呀，我考考你，你不戴你看给谁戴最合适？"

刚刚拿回家的那只漆器花瓶放在冰箱上，眼镜也在冰箱上面，立刻，他把眼镜戴在了花瓶上面。意外的效果出现了，全家对它报以异样的目光，觉出一种奇怪的感觉，那漆器不再是漆器，那眼镜也不再是眼镜，仿佛两种不同物质碰到一起，马上引起化学反应，生成了第三种物质。

我问小铁它像什么，他也说不上，全家人都说不上来，只是觉得挺滑稽、挺好玩。黑色的花瓶，和白色的眼镜框，形成了反差明显的对比；黑色的镜片，和黑色的花瓶，融为了一体；暗红色的花纹，又使得一色的黑中有了些跳跃。关键是细颈的花瓶佛肚一般的底座上戴着一个卡通般的玩具，说它像个胖娃娃可以，说它像个弥勒佛也可以。我自己看着它也止不住乐了。

全家人都喜欢上了它，它成了我家一件新工艺品。好几年过去了，它挺着肚子，伸着脖子，神气十足地戴着眼镜，一直待在我家的冰箱上，守护神一般守在我家的门口。一直到八年多的时间过去，小铁上到大三我们搬家才把它们请了下来。

前些日子看报纸，介绍一个叫做诺贝尔·海瑞德的设计家，和一个叫做杰克·舒马彻的摄影师联手合作，为一家广告公司做眼镜广告，为破一破千篇一律的美人头的广告模式，他们在一棵浑身是刺的仙人掌上戴了一副红框黑眼镜，活像一只长耳朵的兔子；在一只黑高跟鞋尖尖的脚后跟的鞋帮上戴一副红色墨镜，活像一条后腿趴着前腿立着的小狗。看这样两幅广告，你不得不佩服他们的创意确实新颖，别开生面，让那些根本没有任何联系不挨不靠的东西突然联系在一起，便碰撞出火花来，便"拉郎配"一般，让你看了想笑。

我想起了我和小铁合作的"杰作"。那只黑漆花瓶上不是也戴上了一副眼镜，出现了奇特的效果了吗？我拿着报纸给小铁看，开玩笑地说真后悔怎么没给咱们的眼镜和花瓶照个相，咱俩也合作一把搞个眼镜广告？他也冲我开玩笑地说：您又错过了机会，又让老外抢了先，占了便宜。

我们都止不住乐了起来。

披长发的修车人

冬末的一天下午,小铁的车闸突然坏了,自行车像撒缰的野马四处乱闯。赶紧下车,找地方修。正赶上下班高峰,车不断溜儿,弄不好,撞上人可不是闹着玩的。

最先看见立交桥下有位修车的师傅,不过他一头披肩长发像个野人,嬉皮士似的倚着桥头叼根烟卷,颇似北京城的地痞子,胡同窜子。小铁先犯踟蹰,直拽我和他妈妈:"咱们找别处修吧!"我也直犹豫,这么个吊儿郎当的人能修好车吗?修完车再狮子开口漫天要价,不给又不行再挥胳膊动拳头?……

无奈车已经推到小伙子面前,小伙子一甩长发,吐掉烟头,已经直奔车而来,而且发了话:"师傅,修车吗?"只好把车推给他,是死是活听天由命吧!

他的手倒挺巧,三下两下把闸卸了下来,镶上块铁片,又安装上去。钳子、锤子、螺丝刀随着他一头长发不住晃动而颤动,干得挺起劲,仿佛表演什么精彩节目给人看。车修好了,他把车推给我:"骑骑看看,不合适再修!"

小铁的妈妈骑了一圈，说："后闸太紧，孩子劲小，不好捏！"小伙子二话没说，把后闸重新卸下来，接着锤子、钳子、螺丝刀一通舞着，依然干得格外来情绪。

这回真正修好了，车又能停驶自如，应该说修得确实不错。一问要多少钱，小伙子一甩长发，伸出三只手指捏在一块："七角钱！"我几乎不敢相信，干了这么半天，前后两个闸一通鼓捣，只要七角，确实太便宜了。小铁也不相信，前几天仅仅是用扳手修了几下脚蹬活动了的螺丝还要了五角呢，这次工作量要大多了，怎么才要七角？小铁便又问了一句："多少钱？""七角！"小伙子打了个榧子："嫌贵还是嫌便宜？"小铁连说："便宜！"小伙子扬扬满是机油的手对小铁说："便宜以后再来！"

付过钱，我们骑着车走了，回头望望，小伙子倚着立交桥头，又叼上了烟卷。小铁对我说："这个叔叔打扮得不怎样，人还不错！开始，我还有点怕他呢！"

我笑笑，没有说什么。世上有些人和事就是奇怪，金玉其外，败絮其中，并非个别。人们买东西看重的是外包装和牌子，看人看重的是脸庞、身条，以至三围的尺寸，却往往忽略了内心本质。

小铁还小，他还需要用自己的眼睛去观察和参悟人生。我高兴他并不那么势利眼，不只看外表而能公允待人。他能渐渐不为表面杂草丛生所迷惑，而能看见草丛覆盖下的一泓清泉。披长发的小伙子给他上了一课。在越发势利和实惠的生活中，

多给孩子一些温馨，比多给巧克力和泡泡糖要重要。

　　披长发的小伙子依然每天坚守在立交桥下修车，风雨不误。这是他的人生，他服务周到价格合理，越来越吸引过往的骑车人，他便也自得其乐。以后，小铁的自行车坏了，总还要找这位披长发的叔叔，尽管有时推着车要走一段舍近求远的路。

刚读中学，得装得斯文一点儿（13岁，北京）

骗　人

暑假一天午睡后，小铁神秘兮兮地告诉我："刚才我做了一个奇怪的梦！"我问他什么梦，他说："我们几个同学玩堆雪人……""外面响晴薄日大热天，你倒梦见雪……""你先听我说嘛！""好！听你说！"

"堆着堆着雪人，我们忽然看见一只大老鼠，足有一米多长，吓得我们赶紧躲起来，在一旁偷偷地看。我还从来没见过这么大的老鼠，只见它把我们刚刚堆好的雪人全弄坏了，气得不行，又不敢出来。这时候，从旁边跑出一只小花猫，虽然大老鼠是小花猫身体好多倍大，可小花猫倒把大老鼠给吃了。我们都高兴地拍起手来……"

"你这梦还够长的呀！"

"当然长！还没完呢！你听我说嘛，我们接着又玩堆雪人，不一会儿又跑过一只大熊猫，突然'砰'的一声，你猜怎么着？从大熊猫肚子里蹦出一个人来，可把我吓了一大跳！梦就醒了。醒了之后，我想起了那只大老鼠叫负鼠，是世界上最大的老鼠。这个人是马可·波罗，他是最早发现大熊猫的人。"

望着他一脸严肃认真的样子，我说："你这梦够复杂的，真是个奇梦！"

他呢，忽然如裂开冰缝喷涌出来的小河水，憋不住咯咯笑了起来。一时，我没有明白这是什么意思。为什么这样好乐？是梦本身好笑？还是我表扬了他让他如此兴奋？

他顿时从椅子上跳了起来，冲我大声地说："爸爸，这些都是我瞎编的，骗你的！"

原来，一中午他根本没有睡觉，抱着一本《动物之最》看得入迷，竟也想入非非，瞎编了这么一个雪中奇遇的故事骗人。能够把人尤其是把大人骗住，是孩子的一件乐事。孩子可以逗人、哄人、气人、恼人、恨人、吓人……

也可以骗人！只是骗人的方法与内涵不一样。品质低劣道德问题性质的骗人，自然是不足取的。但要一些小聪明，瞎编一套离奇的故事，既填充了单调而寂寞的假期生活，又丰富了孩子自身的想象力，有什么不好呢？

我忽然想起自己小时候，那时我和小铁差不多大，才上五年级，我弟弟上二年级。有一天放学回家路上，他对我说："咱们先看场电影去吧，我这儿有票！"我问："什么电影？"他说叫《白山》。我只听说有《白夜》这部电影，没听说叫《白山》呀？他见我迷惑不解，便认真而肯定地说："就叫《白山》，新出的电影，比《白夜》好看多了！"然后又显

出一副急得不耐烦的语气,"你去不去吧?电影快开演了,你要不去,我得走了,该晚了!"这最后一句话,很诱人,逗出了我渴望看电影的馋虫子,高声说了句:"去!""好!电影现在就开演!"说着,他"啪"的一声轻轻扇了我一耳光,转身笑着跑掉了。原来,这就叫"白扇"呀!我追他,他背着书包早跑远了,飞扬起的书包像是鸟儿的翅膀,欢快的笑声银铃般撒满一路……

虽然,弟弟这骗术并不高级,远不如小铁编造的那一通雪地奇遇精彩,却给我们的童年生活增添了情趣。没有情趣的童年,只是一道没有放盐的汤。想想枯燥而紧张的学习,课本和考试一起不断加重,孩子的爱玩、爱幻想的天性被日趋压缩,偶尔将人骗得个着着实实,骗得个痛快淋漓,该是何等惬意。如同紧封盖口的试管中释放出的氢气燃起愉快的蓝火苗,腾起孩子多少难得的想象光彩。

骗人、受人骗,有时候也会是美好的。如同牧羊人的鞭子落在羊身上,那不是抽打,而是一种亲昵的表示,让你感到平淡无奇生活的起伏的弧线。

秘密行动

一天晚上，小铁对我说："爸，明天中午我想带个同学到家里吃饭，可以吗？"我说："可以，不过，你要告诉我怎么突然想起带同学来吃饭呢？"

原来，这一天中午，他的好朋友程力蒙没有回家吃饭，伏在课桌上呜呜地哭。老师和同学都劝他、安慰他，他还是挺伤心。他二姨从外地调回北京，要占他家的房子，其实他二姨不是没地方住，却不容分说把家具拉来，让他家搬走。小铁一听就气炸了，下午放学，他和几个同学到程力蒙家实地考察一番，气得他更是鼓鼓的。本来只有两间房子，已经被他二姨的家具占得满满登登，简直没有插脚之地。他还细心量了量，最宽的距离只有四十五厘米，走一个人都得侧着身，这怎么让程力蒙一家过活？他实在为好朋友鸣不平，便悄悄和同学商量，来搞一次突然的秘密行动，为好朋友出出这口气。

"我们想哪天他二姨在的时候去他家，气气他二姨！那不是他二姨，是二狗！"他一边说，一边胸脯起伏着像在拉着

风箱。

我问他:"你们打算怎么个气法?"

"这我得保密!"

我一时不知说什么才好。在平凡的生活中有这见义勇为的行动,足以让孩子激动,觉得生活有了色彩。心中涌动出的毕竟是一种正义感,对比一些事不关己高高挂起的市侩哲学,孩子的冲动,让人心里暖暖的。但大人的事远比他看到的、想到的复杂得多,清官尚难断家务事,更何况一个孩子!只是一时的冲动,难免干出莽张飞的事情来,于事无补不说,兴许会越帮越乱。这一切该如何对他说呢?他还太小,人生况味需要以年龄为基础才能品味的。而且阻止他这一秘密行动,会拂逆孩子心中萌生的做佐罗、忍者神龟的英雄的心理。

想了半天,我对小铁说:"我真高兴,你对朋友这样真诚,对事情又有正义感!但我不赞成你的秘密行动,气气他二姨能解决问题吗?"

"起码替程力蒙出出这口气!"

"你说这话说明你还是孩子!你信任地告诉我你的这想法,我就得负责地告诉你对你这想法的态度。这样做不好!你看张飞、李逵莽撞干完了事,还不得刘备、宋江去替他们擦屁股?"

"照你说就这么算了?"

"怎么算了呢?大人的事让大人自己去解决,你们孩子管自己的事。现在,程力蒙需要的、也是你们能做的,便是给他安慰和友谊。明天中午你请他到家里吃饭，不是挺好的吗？"

　　孩子终于听从了我的劝告，取消了秘密行动。那顿午饭，小哥俩吃得挺香。

十五岁的生日（15岁，北京）

中学之门

我的父亲手记

我从母校和教育局里出来，彻底失望了。走在大街上，一片茫然，若不是朋友搀扶，竟险些跌倒在马路的栏杆上。

忽然想起从早上到现在还没有吃东西，找了个釜山烤肉馆，胡乱吃点儿饭，满脑子里却是一片空白，眼睛里全是如织如蚁的人流。

儿子今年小学毕业，学校没有能够推荐保送他到市重点中学。原因很简单，偏偏他是后转到这所学校的，未能连续三年评为三好学生。偏偏今年教育局明文规定保送生必须具备几项条件，否则一律没有保送资格。该着儿子倒霉，虽然也曾获得过这样那样的奖项，但无一在此规定之内，捞上网来的都不是鱼，而只是些海藻或贝壳。

每一个家长都想让孩子进入一所好中学，总觉得这一步极关键，关系着孩子未来的命运。我自也难免流俗，更何况那所市重点中学又是我的母校，更寄托着另一份感情。眼瞅着保送名单公布在即，时间紧迫，万般无奈，我只好求救于母校。

母校校长曾是我的老师，情谊弥长，无奈教育局在上。两鬓略已花白的校长言辞恳切对我袒露胸膛，告诉我他的种种难处：他手中掌握的有限后门名额，早已被切西瓜一样瓜分完毕：区里、市里头头的孩子，有关单位比如老师合同医院、校办厂货源单位的子女，本校干了一辈子老教师的孙辈……校长告诉我哪个也不敢得罪呀，尤其是学校正要建400米跑道的大型运动场和科技馆，有的人掌管着批款等等的权力呢。

我不好意思再讲什么了。我知道除了手中的一支笔，我没有任何权力。

校长送我走时，为未能帮上我的忙，抱歉地安慰我："让孩子先考吧，考完了再说，咱们再想办法。千万别给孩子压力……"

除了感谢，还能说什么呢？虽然我是满怀希望而来，却是怅然空手而去。

我的好朋友、著名的儿童文学作家罗辰生听说后对我说："我干了十几年小学老师，教育局那帮人我都熟，明天我带你找他们去！"

第二天早上八点钟，为了赶在刚刚上班堵住这帮人，罗辰生打辆"的"早早赶到教育局。楼上楼下上至局长下至办事员，该拜的佛都拜到了，累了足足一上午。走出门口，他满脸云彩地对我说："老弟，后天保送的名单就公布了，你也太晚了！"

无可奈何！都说你是作家，多少有点名，事情总会好办些。我和罗辰生两个作家的"名"绑在一起也无济于事。在一个重权和钱的社会，徒有的浪声虚名只不过是一层好看而不经磕碰的漆皮。我自知手中无权亦无钱的一介文人，自古而今命运如此，不该抱怨世态炎凉，只能面对残酷的现实。

儿子能够面对残酷的现实吗？他还太小，他知道现实早已经不是安徒生的童话了吗？他知道走后门是门学问，并不是所有人都能够走通，偏偏爸爸一烧香佛爷就掉屁股呀？

他在家里正眼巴巴地等待着好消息。

回家的路，显得那么长。该怎么对儿子讲呢？我一下子茫然无着、漂泊无根一般，像个丢失了什么东西不敢回家的孩子。

回到家里已是夜幕垂落时分。我把儿子叫了过来。从我脸上颓败的表情，他已经知道了结局，一句话没说，静静地站在那里，像以前犯了错等待挨说一样，小狗般耷拉下耳朵垂下头。我心里一下子有些泛酸。错，怎么能怪他呢？他瘦小的肩怎么能承载大人世界的负荷？那么，错在我吗？在我的无能？

我坦白告诉了他结局，望望他。他垂着眼帘，没有任何反应，仿佛早已料到。

我又说："现在有两条路：一是学校准备保送你到区重点中学；二就是参加考试。你觉得哪种好？"

他依然不讲话。房间里一下子静得出奇。

倒是我沉不住气了："依我看，我希望你考试。因为我觉得你有这个能力和水平。如果真正凭自己的本事考进我的母

校，我和你一样会更骄傲。你是在对等的竞争条件下考进去的，而不是凭后门关系走进去的。当然，这样有风险，考试千变万化，万一出现偏差都是可能的，最后考砸了便连区重点中学都泡汤了。你要是觉得没有必要，或者没有太大的把握冒这个险，就争取保送进区重点……"

我尽量把话说圆满，给他鼓劲，又让他放松。他还是不讲话，静静听我把这一堆话砸姜磨蒜说完。我知道，他的心里在倒海翻江。对于一个十二岁的孩子，这是他要迈的人生第一道门槛。对于大人都觉得过于沉重，他当然会觉得非同一般，再不是买张游乐场的入场券便跨进一个无忧无虑的世界。

那一刻，我心里百感丛生。当然，我希望他能说："爸爸，我考！"但如果他不说，我绝不责怪他，我尊重并听从他自己的任何意愿。本来该是件简单的事，是让我们大人弄得复杂了。我实在不忍心看着我们大人世界的污染和庸俗如青苔一样滋生蔓延进他的生活，而让他过早地告别了单纯，告别了天真，告别了无忧无虑的童年。

我静静地等待着。我知道那一刻对儿子、对我都意味着什么。

儿子终于抬起头，只对我轻轻地说了两个字："我考！"

我一把紧紧地搂住儿子。

过了许久，我才想起来要讲的话："小铁，爸爸真替你高兴！你别有任何思想负担，万一阴差阳错没考好，爸爸绝对不埋怨你，爸爸照样认为你是个有能力的好孩子！"

儿子开始准备考试。

保送生可以在家休息，儿子在酷暑中奔波于学校和家之间刻苦复习，如一个抽打得急速旋转不停的陀螺。他憋着一口气。他觉得保送生不见得都好，他看不起有的三好生不过只会向老师小汇报拍马屁；他说是骡子是马拉出来遛遛！他把小闹钟的弦每天拧得紧紧的，一清早就叫他起床复习。他把该背的该默写的都录下音，每天晚上躺下睡觉时听，一直听到自己睡着……佛凭一炷香，人凭一口气。有时候，气挺重要，挺管用。

考试终于来到了。

我看到儿子考前的日记："明天就要考试了，升中学的考试！我并不害怕，我已经准备得很充足了……我已经很累了。该睡觉了，我躺在床上，心里不知什么滋味，久久不能入睡，辗转反侧，哦！我在失眠。"

这大约是儿子人生中第一次失眠，在他迈入中学之门的前夜。看了这篇日记，我的心在疼。为什么把本该大人尝的滋味过早地给予孩子？是我们大人的无能？还是我们有了什么毛病？

最后一天考数学，妈妈到学校门口接他，我在家门口等他，眼睛一直盯着窗外，渴望见到他的身影。说实话，我比儿子还要紧张。虽然一个劲鼓励他不以成败论英雄，毕竟成功和失败不一样，谁都渴望着成功！

听见楼道里传来儿子的脚步声，我已经迫不及待地打开

门,站在门口急不可耐地问:"考得怎么样?"他妈妈先告诉我:"最后一道题错了!"我相信当时我的脸一下子拉了下来,脸色别提有多难看。家长往往极易害叶公好龙的毛病,忘记了早早劝过儿子那些错了也没关系的话了!

大概儿子不愿看见我如此难受的样子,或者是抑制不住内心的激动,笑着说:"我妈开玩笑呢!全对了!"

全对了!心里仍然不踏实。没见最后分数公布,就像没见草绿花开一样,心中还是一片荒芜。盼分数,成了一连多日全家的心情和保留节目,使得电视任何节目都变得没有了色彩和味道。儿子说:"这些天复习虽说不上水深火热,也够累的了,就为了这个既想知道又怕知道的分数。"那时候,我直想起自己上学时流行的顺口溜:"分,分,分,学生的命根儿。"心里充塞着说不清的感觉。

如果等待的不是分,而是一挂金马车、一艘红帆船、一条美人鱼、一朵七色花,那该是什么情景?什么心境?

我知道,那样的一切对于儿子再不会出现了。他将面临的就是这样的竞争、这样的无情。这一次的经历,让他明白了父母不会再给予有的父母能够给予的权势后门或金钱,他只有靠自己的一双手去叩开人生的一座座大门。虽然他还太小,但他必须这么做。残酷的现实已经迅速而有力地磨褪了一切童话的光泽。

分数公布那一天,我早早赶到学校。儿子一直站在阳台上望着,守候着我的身影出现在他的视野里。那焦灼不安的一上午所苦苦等待的,与其说是一个分数,不如说是一个符号、一个象征。我只是无法描摹那个符号究竟是什么,也实在说不清那个象征究竟是什么。我只知道它们如沉重的影子一直罩在我和儿子的头顶,我们未能走出它们的影子所辐射的范围,却在苦涩的跋涉过程中,销蚀掉儿子心中残存的最后一缕童话的光芒,让他过早和童年挥手告别。他或许会少了些孩子应有的欢乐,而多了一份沉重的感觉,不再相信世界上本应该相信的东西。我不知这是本该我们要付出的人生代价,还是我们自身太孱弱、渺小,始终无力走出我们自己制造的磨损我们自己灵性的怪圈?

儿子在阳台上远远地望见我骑着车回来了,没容我喊他,匆匆忙忙跑下楼,劈口便问:"多少分?"

"两门总分196。"我笑着告诉他。这是他们全班的第二名,全校第三名的分数。他终于凭自己的努力考进了我的母校。

他一句话也说不出来。我指着他的脚说:"看把你慌的,鞋怎么穿的?"

他低头一看,鞋穿反了,左脚鞋穿在右脚上,忍不住嘴角一弯笑了,然后一下子扑进我的怀里。我感到肩头湿乎乎的,他哭了。

我不打搅他,让他眼泪无声流淌……

高考之前去了一趟柴达木
(17岁,敦煌)

选举班长

读中学时，小铁上的学校是我的母校，我们应该算是校友。虽然我离开学校已经很多年了，那里的老教师还记得我，因为我在学校里算是个好学生，连年优良奖章的获得者，校学生会的主席。这光荣的历史，给小铁带来很大的压力，更主要的是只要老师一见到他，总要忍不住地提起我："哦，这就是肖复兴的儿子。"然后会很自然地说他几句："你爸爸学习可不错，你得努力，别落在后面呀！"说的次数多了，他就不高兴了，好像他没有名字，成了肖复兴的一个反光或一个说明。

刚上初一的时候，老师让他当学校学生会宣传委员。老师把他带到学生会，向那些高年级的同学作了介绍之后，对他说："你爸爸就在学生会工作过，你得好好干，不能比你爸爸差了呀！"说得他心里很反感，什么事情都和我爸爸联系在一起，走在这所校园里，好像总走在爸爸的影子里，老师总是把他和他的爸爸做着联想和对比。

整整两个学期，他都是疲疲沓沓的，没怎么在学生会里好

好干,如果不是老师布置的任务,或老师一个劲儿地催,他连到学生会去都不去。

老师找我说:"你回家得说说你儿子呀,你儿子怎么跟你一点儿都不一样,劲头不足呀!"我回家就说他:"学生会都是高年级的同学,只有你一个初一的,年龄最小,是老师对你的信任……"

没等我说完,他打断我,把憋了好久的话倾吐了出来:"我不要这样的信任!我不需要老师看着你的面子恩赐给我一个官儿!"

这话真是噎我的肺管子。他们这么大年龄的孩子,知道如今的社会种种的不正之风,吹进校园里来是不费吹灰之力的,校园和社会只隔着一堵并不太高的墙,学生也"要官"、"买官"的事不是没有。他看不起这些。在这所有着一百三十多年历史的校园校史馆里,陈列着许多名人的事迹、照片和实物、履历。他渴望着以自己的实力证明自己的存在,也能够进校史馆里为学校增光,而不需要依靠之外的任何关系和力量。我想,他有这样的劲头也好,我也不希望他像根藤总是依附在树上攀缘,而希望他依靠自己的努力,去长成一棵树。

初二的期中考试,他们班的考试成绩不大理想,班主任老师找到他,想让他当班上的学习委员,便对全班的同学说:"肖铁的学习有方法,你们看,他想学好的哪一门功课都能够学好,我们让他来当我们班的学习委员,大家同意不同意呀?"

同学们的掌声和老师对他的这一番评价，让他看到了自己的力量和价值，树立起他的信心。他要的就是这样的结果，靠的是自己而不是爸爸。他希望的就是这样，别再说他时非得说是肖复兴的儿子，他就是他，他就是肖铁。

他干得不错，和老师一起带领大家努力，班上期末的考试成绩上去了。

高一那一年，开学两个多月过去了，期中考试结束后，班主任老师决定全班同学选举班委。同学们以为还不是老师都捏咕好了，让同学们走走形式。小铁也以为老师的心里肯定早有候选人名单了，以前班上的选举哪一次不是这样的？哪想到这一次老师还真是和以前不一样了，根本没有候选人名单。老师只是说班委一共十一个人，大家竞争，谁的票数最多谁来当班长，然后班长组织开班委会，协商班委委员的分工。

这样做太对小铁的心思了。他太希望能够有这样的机会来证明自己的实力和人缘了。

虽然，他胸有成竹，但还是有些紧张，选举的那一天，他早早就到了，还特意换了一身衣服，希望给自己也给别人留下好印象。全班四十四人，他得了四十四票。他第一次以这样的方式赢得了同学和老师对他的信任，他看到的不再是爸爸那一面镜子所反射出来他的影子，而是自己真实的形象在阳光下发着本来属于自己的光。

回到家，他很得意地问我："爸爸，你当年当学生会主席

的时候是满票当选的吗？"

　　他只是有些小小的遗憾，他投了自己的一票。他很后悔自己投了自己的那显得有点儿不大自信的一票，要不就是一个更完美的结局了。

　　我羡慕地望着他，只有这样的年龄才会有这样的心气。

最后一个儿童节

我的父亲手记

这件事说来也许有些尴尬，却极为有趣。

今年"六一"，是儿子的最后一个儿童节。这一天，学校要组织他们到龙潭湖公园举行退队仪式。

"六一"前一天晚上，他放学回家开始翻箱倒柜，找了一脑门汗也一无所获，急不可耐地问我："爸爸，你看见我的红领巾了吗？"

我说："你的红领巾不放好地方，问我？你这不是当官的把印丢了吗？"

最后，妈妈帮助找，终于从他床头柜的小抽屉里找到了红领巾，虽然面料极好，还是绸子的呢，却已经揉搓得皱皱巴巴的，像牛嘴里嚼过一样。

他已经上初一，马上就要上初二了，自以为不是小孩子了，便也越来越不爱戴红领巾，早已经失去了戴红领巾的兴趣和新鲜感。有时候，老师检查，非戴不可，无奈系在脖子上，总觉得像幼儿园的娃娃系围嘴一样，显得十分可笑。尤其和高

中同学擦肩而过，更觉得自己实在像一年级的小豆包，一打一蹦高。于是，当老师检查走后，他常常赶快摘下红领巾，揉搓揉搓塞进书包里。红领巾能不皱巴巴？

孩子的心都是这样，一夜恨不高千尺，恨不得早点儿长成大人，再不听别人叫自己小孩子。正如父母总企盼自己变得年轻的心态一样，只不过向着相反的两极发展。对于孩子，红领巾成了小孩子的象征；对于父母，各式美容霜、防皱霜、一染黑之类成了返回青春的精神安慰。渴望长大、害怕长大，也许是任何一个人都必须经过的人生历程。

明天，将是儿子最后一次戴红领巾了。他很高兴。不过，这种高兴与刚刚入队时第一次戴红领巾已经大不相同。他现在高兴的是终于可以告别红领巾、告别童年，成为大人了。似乎红领巾成了系着他要飞翔的翅膀的一条鲜艳漂亮却累赘的红丝带。

妈妈特意把红领巾洗好、熨好。无论第一次，还是最后一次，在父母眼里都是值得纪念的。当然，父母心里更清楚，连结最后一次与第一次之间的是儿子成长的足迹，是父母生命的流逝。

儿子的最后一个儿童节。天气很好，阳光灿烂，如同儿子畅快的心情。当大队辅导员刚刚讲完头一句话："我们全体初一同学正式退队……"儿子便立刻迫不及待地摘下了早晨刚刚戴上、几乎还没有焐热乎的红领巾，和同学们一起欢呼起来。仿佛就在这一瞬间，他一下子长大了，再也不是小孩子了！

儿子此刻还难以思悟到，生命的成长并不是时时如庄稼，夜半时分可以听见拔节的清脆响亮的声音；更不会如街头崩的爆米花，"砰"的一声顷刻之间即可崩个满怀。摘下红领巾，只是长大的开始。摘下红领巾这一刻与未摘红领巾之前，并没有多少区别，说到底，还是孩子！

儿子却认为自己已经长大了。走道都有了劲头。他和同学们沿着湖边跑去，像放飞的一群鸽子，不知要飞得多高，多远。

就在这时候，生活和他开了一个小小的玩笑，不经意之间却给他一个有意的忠告。

儿子和几个男同学在湖边看见几个女同学划着船向岸边靠来。女同学想要上岸，让他们上船，自然对他们是件快事。他们都自诩为长大了嘛，自然上船要像大人一样，尤其要像电视里的英雄好汉一样，风度翩翩，艺高胆壮，姿态漂亮、潇洒。

船尚未停稳，女同学尚未下船，他们已经跃跃欲试了。

儿子先跳上船，幸好平安无事。

第二个男同学往船上跳的时候，船正打着晃，他一脚没踩稳，掉进水中，幸好他双手紧紧抓住船帮，才没有遭受灭顶之灾。

可是，他这样死抓船帮，小船立刻向一头沉倾斜。船上的小大人们全都慌了手脚，儿子吓得一句话喊不出来，脚像生了根，一动也不敢动，任凭小船摇摇摆摆。弄不好，船再向一边倾斜，重心偏移，小船就要翻过来，一船人都要折进水中……

这时候，幸亏路过一位年轻的叔叔，伸过来一双有力的大手，先一把把落水的小男子汉从水中拽了上来，又一把拉住船拢岸，让女同学一个个平安跳上岸来。

就在这转危为安的一瞬间，儿子的表现极为有意思，他没有立刻恢复元气，如刚刚往船上跳时的趾高气扬，像只昂着血红鸡冠的小公鸡了。他竟然腿突然软下来，一屁股坐在了船上，瘫成一摊泥。

惊魂甫定，心重新安安稳稳放进肚子里，照料好落水的同学，一并重新上船，将小船向湖心划去的时候，他们才忽然想起救他们的那位叔叔，却已经找不到了。他们想道声"谢谢"都来不及了。湖面上，只有阳光跳跃；岸边上，只有柳荫摇曳……

湖水和小船，和儿子他们开了个玩笑，或者说，给了他们一次小小的磨炼和考验。刚才狼狈得就差没喊救命了，男子汉的劲头一点儿没有了。脱离小孩子长成大人，看来并不那么容易。

划过许多次船，没有这次划船留给他的印象深刻。

过过十三次六一儿童节，没有这最后一次让他难忘。

回到家中，他向我讲了他们这次湖上遇险的经过。儿子什么事都愿意回家说说，不管光彩与不光彩、得意与不得意。凭这一点，他就远远没有长大。他还没有学会遮掩、学会选择、学会报喜而不报忧。他还沉不住气。

妈妈听后立刻说："你看你多危险呀，下次可别逞这份能！"

我不失时机地敲打着他："你不是说你长大了吗？怎么这么一点儿风浪都经不住，吓得尿都快出来了吧？"

他嘿嘿地笑，不讲话了。

以往批评他时，他哪怕占着百分之一的一点儿理，也要和你争得脸红脖子粗，尤其反感你说他是小孩子！他在日记里不止一次地发过牢骚："在父母的眼里，你永远是弱智，永远达不到他们的要求。虽然你已经解出了他们不会的难题，知道了他们不懂的道理，但你永远没有他们好，一句话，你永远是孩子……"那时，他真是一只抖尾振翎的小公鸡。现在，他却一句话也不说了。

我见好就收，也不再多嘴。生命的成长需要时间，思想的感悟需要自己咀嚼才能化为营养为自己身体吸收。其实，细想起来，孩子总过早渴望自己长大，家长何尝又不是如此？在家长的潜意识里，孩子长多大也是孩子；但是，在家长实际教育过程中，却极其自我矛盾，往往容易拔苗助长，希望孩子早日成人，并时常不切实际地用大人的标准衡量、要求孩子。在"渴望长大"面前，孩子和家长的心理同样急切，自然便同样会出现问题和笑话。

生命是一个谜，我们常常被生命裹挟、左右，便很难弄清它。待我们稍稍弄清它一点点时，生命就这样一点点飘逝了。这是儿子和我共同面临的课题。

我应该感到欣慰，时过境迁之后，儿子并没有像撕下一页

过去了的日历，随手抛进垃圾筒里，遗忘得没有一点儿影子。他学会并逐渐懂得咀嚼、反刍。

他在作文里这样写他的这个最后的儿童节："是啊，我们还没有长大，至少刚才在船上那慌慌忙忙的时刻，我们还是小孩子。长大成人并不像退队摘下红领巾那样简单，我们还得努力磨炼，在人生的道路上继续奔跑。但这不妨碍我们正在长大，我们能够长大。有一天，在湖边、在山上、在任何地方再发生这样的意外，我们也会像那位叔叔一样伸出有力的大手，那时，我们便真的长大了……"

亲爱的儿子，我是多么盼望你能够早日长大，又是多么不希望你早日长大！并不仅仅因为你长大了，爸爸就要老了，而是希望你长久生活在大人世界里所稀少的或根本不会存在的唯孩子天地里才会大把大把拥有的纯真、透明和美好！虽然，我知道你会不可避免地长大，一直长得比我还要大，我依然渴望能挽住岁月的流水！让我就那样无可挽回地老下去吧，而你，我亲爱的儿子，你永远是一个孩子！

考上了大学，爬上了慕田峪长城（19岁，北京）

春节聚会

平日里，庸庸常常的杂事、琐事乃至烦事如藤蔓缠身，脱身不得。一年一次的春节聚会便显得十分难得。虽然从北大荒回到北京已经近二十年，曾在一个队里搅过马勺、锄过田垄的"老插"们依然看重这聚会。只是人多，到谁家也坐不开。去公园吧，大冬天的委实不好消受，每年的聚会，为找个宽敞的地方犯愁。

今年春节聚会，找到的是家幼儿园。当年的一位"老插"荣升为幼儿园的园长，算是近水楼台吧。无奈幼儿园的小椅子，实在坐不下我们一个个粗壮的身子，真怕把椅子坐塌了架。只好从邻居工厂借来几十把靠背椅，买来些瓜子水果，清茶一杯，权且坐在明显矮得多的小桌旁，删繁就简的聚会倒也热闹非常。平日近在咫尺也难得一见，好不容易见面，话自然格外稠。一是人到中年，上有老下有小，疲惫的肩一担挑着并不轻松的两头，任你再涂各式防皱美容霜或一染黑之类的，也难消除岁月雕刻在面容上的痕迹。只有聊起北大荒，仿佛心尚年轻，毕竟一生唯有一次的青春岁月是在那里度过的。苍凉也好，苦楚也罢，北大荒是一枚永不褪色的贺年卡，燃起这一代人浓浓的怀旧情绪。

幼儿园，挺好。虽然不宽敞、不豪华，却很符合我们这些人的心气。尽管年过四旬，只要是这样一聚会，心便如孩子一样幼稚和脆弱。这一代人的心理年龄与实际年龄，命中注定永远不成比例。

况且，大家都知足常乐。纵使幼儿园再小再窄再寒酸，想想北大荒，便也苦中有甜了。我们已经无可救药地在脑后长着双眼睛，往后看似乎永远比往前看得清晰。

三天之后，儿子班上小学同学聚会。

虽然他们才小学毕业仅仅一个学期，别情浓郁，聚会兴致浓烈得一点儿不亚于我们。见儿子兴致勃勃地走，哼着小曲踩着乐点儿归，除了感慨人生如流，岁月不再，只有羡慕。

让我实在没有想到的是：儿子的聚会居然在一家堂皇的卡拉OK歌厅。为了他们的聚会，这一日下午卡拉OK歌厅停业，专为他们服务。烛光悠悠，乐曲袅袅，白衣白裙的小姐白蝴蝶般翩翩送来各式饮料，混响器里传出他们童音尚未变声的歌声……

我想起我们的聚会，我们那狭小的幼儿园，禁不住心中陡生一阵悲凉。

问一问儿子全班几十位同学此次聚会该要多少消费，儿子小手轻轻一捻：班上一位同学的爸爸认识歌厅的经理，一律

免费。

我向儿子讲起了三天前我们的聚会。狭窄的幼儿园和豪华的卡拉OK歌厅，明显的悬殊比我和儿子年龄之间的悬殊还要无奈。儿子静静听我感慨完，没有讲话。我想，大概他被我们这一代人而感动，为我们的幼儿园而感动。像孩子常常渴望家长理解一样，其实，我们更渴望儿子的理解。

在这一天的日记里，儿子这样写道："回到家告诉爸爸今天我们的聚会后，爸爸说前几天他们也有个聚会，仅仅在一所幼儿园里，仅仅几杯淡茶，真够寒酸的了。我觉得这绝不是他们没有条件，而是没有意识：现代意识！"

我无话可说，只有瞠目。

当年，满北京城曾经为我们敲锣打鼓，欢送我们去北大荒，满北京城如今却没有一处可以为我们的聚会免费。儿子，我们不仅缺乏现代意识，还缺乏钱、关系、后门，以及敢于将正直与良心切成片或段出售的一把快刀。

城市最容易健忘，生命更崇尚年轻。

明年春节的聚会，我们将选个什么地方？

拥你入睡

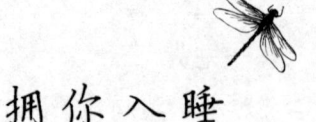

儿子上初一以后，忽然一下子长大了。换内裤，要躲在被子里；洗澡，再也不用妈妈帮忙，连我帮他搓搓后背都不用了。

我知道，儿子长大了，像日子一样无可奈何地长大了。原来拥有的天然肌肤之亲和无所顾忌的亲昵，都被儿子长大拉开了距离，变得有些羞涩了。任何事物都是有一些失去，才有一些得到吧？

有一天下午，儿子复习功课，累了，躺在我的床上看电视。实在是太累，刚看了一会儿眼皮就打架了。他忽然翻了一个身，倚在我的怀里，让我搂着他睡上一觉，迷迷糊糊中嘱咐我一句："一小时后叫我，我还得复习呢！"

我有些受宠若惊。许久、许久，儿子没有这种亲昵的动作了。以前，就是一早睡醒了，他还要光着小屁股钻进你的被窝里，和你腻乎腻乎。现在，让你搂着他像搂着只小猫一样入睡，简直类似天方夜谭了！

莫非懵懵懂懂中，睡意蒙眬中，儿子一下子失去了现实，跌进了逝去的童年之中，记忆深处掀起了清新动人的一角，让他情不由已地拾蘑菇一样拾起他现在并不是真想拒绝的往日温馨？

儿子确实像小猫一样睡在我的怀里。均匀的呼吸，胸脯和鼻翼轻轻起伏着，像春天小河里升起又降落的暖洋洋的气泡。

我想起他小时候。妈妈上班，家又拥挤，他在一边玩，我在一边写东西，玩腻了，他要喊："爸爸，你什么时候写完呀？陪我玩玩不行吗？"我说："快啦！快啦！"却永远快不了，心被笔拽走得远远的。他等不及了，就跑过来跳到我的怀里，带有几分央求的口吻说："爸爸！我不捣乱，我就坐在这儿，看你写行吗？"我怎么能说不行？已经把儿子孤零零地抛到一边，寂寞了那么长时光！我搂着他，腾出一只手接着写。

那时候，好多东西都是这样搂着儿子写出来的。他给我安详、给我亲情、给我灵感。他一点儿也不闹，一句话也不讲，就那么安安静静倚在我的怀里，像落在我身上的一只小鸟，看我写，仿佛看懂了我写的那些或哭或笑或哭笑交加的故事。其实，那时他认识不了几个字。有好几次，他倚在我的怀里睡着了，睡得那么香那么甜，我都没有发现……

以后，我常常想起那段艰辛却温馨的写作日子，想起儿子倚在我怀里小猫一样静谧睡着的情景。我觉得我的那些东西里有儿子的影子、呼吸，甚至睡着之后做的那些个灿若星花的梦境……

拥你入睡

儿子长大了。纵使我又写了很多比那时要好的故事，却再也寻不回那时的感觉、那一份梦境。因为儿子再不会像鸟儿一样蹦上你的枝头，那么纯真天使般倚在你的怀里睡着了。

如今，儿子居然缩小了一圈，岁月居然回溯了几年。他倚在我的怀里睡得那么香甜、恬静。我的胳膊被他枕麻了，却不敢动，怕弄醒他。我知道这样的机会不会很多甚至不会再有，我要珍惜。我小心翼翼地拥着他，像捧着一支又轻又软又薄又透明的羽毛，生怕稍稍一失手，羽毛就会袅袅飞去……

并不是我太娇贵儿子，实在是他不会轻易地让你拥他入睡。他已经长大，嘴唇上方已经长起一层细细的绒毛，喉结也已经像要啄破壳的小鸟一样在蠕动。用不了多久，他会长得比我还要高，这张床将伸不开他的四肢……

蓦地，我忽然想起儿子小时候曾经抄过的诗人傅天琳的一首诗，其中有这样几句——

你在梦中呼唤我呼唤我
孩子你是要你和我一起到公园去
我守候你从滑梯上一次次摔下
一次次摔下你一次次长高
如果有一天你梦中不再呼唤妈妈
而呼唤另一个陌生的年轻的名字
那是妈妈的期待妈妈的期待
妈妈的期待是惊喜和忧伤

我禁不住望望儿子。他睡得那么沉稳,没有梦话,我不知他在睡梦中此刻是不是在呼唤着我?我却知道会有这么一天,拥他入睡的再不是我,而在他的睡梦中更会"呼唤一个陌生的年轻的名字"。亲爱的儿子,那将如诗人所写的那样,是妈妈的期待,也是爸爸的期待,爸爸的期待是惊喜又是忧伤。哦,我亲爱的儿子,你懂吗?此刻的睡梦中,你梦见爸爸这一份温馨而矛盾的心思了吗?……

背后的蹦极没敢跳（19岁，北京）

儿子买书

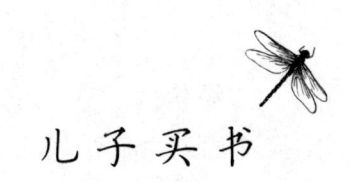

春节逛龙潭庙会，儿子不要我相跟，独自一人闯荡江湖一般，揣上我给他的三十元，大步流星而去。归家时，他没有买任何年货，只抱回三本书来：一本《战国策》，两本《韩非子全译》，花了二十九元五角，所剩无几。

开学第一天，他把众人给他的三百余元压岁钱全部带在身上，放学后径直奔向东单路口的新华书店，倾囊而出，花了二百九十元，抱回家一套三册《二十六史大辞典》来。

我不敢小瞧他。虽然，他只上初二。他再不去买蔡志忠的漫画，也再不去买沈石溪的动物小说。他要啃这些原装大部头，独钟情这些出土文物。

儿子买书，看出儿子长大了，像日子一样无可奈何长大了。

我发现每星期六下午，他都要去书店买书，骑上自行车，先花市后东单然后灯市口，一路所有书店均已被他染指，几乎

"贼不走空"一般，每次都要抱回几本厚书归家。这成了他每个周末的保留节目。

他的书费是从自己午餐饭钱中节省下来的。我很担心他吃得不好而闹坏身体，说他买书可以，饭要吃好，钱不够再给，买书总是好事，比买乱七八糟的东西强。于是，我让他实报实销，他买书有恃无恐，买得更来情绪了。

每次买来书，他都喊便宜，然后翻开版权页给我算明细账，你看一个印张才三毛钱、才四毛钱，现在有这么便宜的书吗？

喊完便宜之后，他又悲天悯人般感慨：这些书都是好几年前印的，像《古文名段今译》是1987年印的，《古文鉴赏辞典》也是1987年印的，所以才便宜，却躺在书架上七年光景没人买！"古人说：松声、涧声、琴声、鹤声……皆声之至清者，而读书声为最。现在，哪里还听得到读书声？满街的叫骂声，使人迷；满街的武侠兵剑声，使人猛；满街的娘娘声，使人欲望增加；唯有读书声，被人忘却！"这是他的日记，一副愤世嫉俗，万般皆下品，唯有读书高的清高与自傲。

于是，每次买书的劲头愈发高涨，仿佛买到便宜货，捡到了宝贝蛋。

儿子买书，让我感到欣慰。世风跌落之际，物欲横泛之时，花花世界琳琅满目之中，他选择买书，正是我期待的。因为我能给予他的没有任何后门、关系乃至权势，唯有书。纵使时下书成为无用的代名词，我依然希望他爱书。

儿子买书，是他的，也是我的万贯家私。

儿子买书，占有欲极强。他恨不得把所有的书都买回家。我说你这样贪多嚼不烂，你买这么些书都看吗？他反驳我：你买的书都看了吗？我说买书不如借书，借书不如抄书，真是不假，要不都成了装饰了。他反驳我：还是买书好，现在不看以后可以看，方便；而且以后只会书价更加上涨，现在买便宜；看现在尽出什么言情武打童话纪实一类的书，这类古书没准以后越出越少，难找呢……

他继续买书。书柜不够用了，只好请出以前摆放的白雪公主和七个小矮人之类的工艺品，让童话让位于他的古董；书竖着插不进去了，便把书横躺在书背上或放进箱子里。那里有他越来越多的兵马。

他说：如果我是百万富翁就好了，用不着百万，几十万也行，我一定把所有的书都买齐！

儿子买书，充满着男人的野心！

儿子买书，特别愿意我去相陪，就像以前陪他去游乐场、去麦当劳、去游泳池。

有我相陪，他可以随便挑、随便买，而钱由我来付，他不必操心口袋里钱不够，而随心所欲。

有我相陪，他气粗胆壮向服务员要这本或那本，再不用受气。独自一人来时，常有人瞧不起，一怕他读不懂，二怕他没有钱。

有我相陪，他可以一显他挑书的手艺和眼光，他的后背和他手中的书，都落有我的目光，他便像演员登台有了观众而自得其乐。

有我相陪，他像个大人，又还像个孩子。两者之间的跳跃，我和他在书架间目光相撞，心心沟通。

我对他说下周六我陪你去琉璃厂的中国书店，那里古书最多。他高兴得要命，一开始盘算买什么书，二嘱咐我多带点钱！

儿子买书，有我相陪，成了他，也成了我的节目。

儿子买书，常对我口出狂言："你应该看看我买的这些书。我觉得你光看你买的那些书没什么太大的价值！"

他又时常用命令或用乞求的口吻对我和他妈妈说："我上学后你们看看我买的书，要不咱们没有共同语言！再说，你们时间比我多，替我挑好的篇章推荐给我看，可以省我一些时间！"

儿子买书，像买回令箭，指挥着一家人围着他的书团团转。

儿子买书，逼着我和他一起长学问。

儿子买书，儿子在书中，我也在书中。

第一次打的

刚上初一那一年，春节过后，有一天，小铁和我、他的妈妈约好中午12点半整在东单路口西面的中国书店门前碰头。他是算好了时间的，12点放学，有半个小时肯定能从学校到东单的。

春节的时候，他有了一点压岁钱垫底，逛书店时气粗了好多。放学之后或星期天一个人或约上同学去逛书店，是他常常的节目。一路从学校出发，花市书店、东单路口这个中国书店、灯市口的旧书店、隆福寺的旧书店……一路风光看不尽，总会有踏花归来马蹄香般的收获。就在上个星期天，他和同学来到东单这个中国书店，看到了一套三大本《二十六史大辞典》，非常喜欢，兜里有三百多块压岁钱，买这套书正好还有点儿富余，便将售货员叫了过来拿了这厚厚一套书，刚要掏钱，同学悄悄拽了一下他的胳膊说："290元呢，太贵了吧？……"便没买，怕回家挨说。

回到家，想想那套《二十六史大辞典》，心里还是痒痒，忍不住对我说起这套书。看孩子想买书，又不是买别的，所有的家长都会高兴、支持的，万般皆下品，唯有读书高，说家长什么都行，家长就是这样愿意看见孩子读书。我和所有家长是一样的心思，便对他说："那哪天咱们一起去买吧，用不着花你的压岁钱。"他当然高兴，立刻约好了这一天的中午12点半。

12点半整，一辆黄色的面的驶来，正好在我们面前的马路牙子前戛然停住，没想到拉开车门跳下来的正是小铁。这让我真是奇怪，他既没有骑自行车，也没有坐公共汽车，偏偏要打的而来，太奢侈了吧？我有些生气。那一年，面的刚刚兴起不久，有这样的民谣流传：逛燕莎，打面的，吃肯德基，是北京的三大时尚。这孩子也太追逐时尚了吧？从他们学校到东单撑死了也就两三公里，这样短的距离，也非要花10元钱打的士过过瘾摆摆派头吗？

况且，这是他第一次自己一个人打的，以前要是打的士也是跟着我们大人，现在刚刚上中学就翅膀硬了怎么着？就敢一个人说打的就打的了？这样的大少爷习惯要是养成了将来还了得？

当家长的就是一事当前考虑得长远，立刻能将问题上纲上线严重化起来。望着小铁一步步向我们走来，黄色的面的远去的影子，我的气先不打一处来。

都说知子莫如父，其实也可以说，知父莫如子，小铁早料到我会这样的，先笑了起来说："您先别着急，今天中午老

师压堂，下课晚了，我怕到车棚取自行车耽误时间，肯定就得晚，12点半到不了啦，就赶紧打了一辆面的……"

他妈妈说："你可真是的，12点半到不了，晚点儿就晚点儿呗，怕什么，还非得打的？"

我拦住了他妈妈的话头。虽然，她说的都是我想要说的。但是，孩子毕竟是事出有因才打的的，这"因"就是别误了时间，怎么说也是难得。现在还有多少孩子把时间当回事儿？尤其又是和父母约会，让父母等会儿会是什么了不起的大事吗？

我想起了小铁在小学时读过的一篇课文，是苏联作家卡莱耶夫写的《诺言》，讲的一个小孩在公园里和伙伴们玩军事游戏，他是一名上尉还是少尉，负责守卫。天都黑了，公园都要关门了，这个小孩还守卫在那里，而其他孩子包括他的长官都早回家了，把他忘在这里了。公园的管理员让他也回家，他就是不回家，说是有诺言在先，没有长官的命令他不能离开这里。管理员没办法，只好跑出公园，在大马路上找到一位少校还是上校来到公园里，真正的军官向这个孩子敬了一个军礼说："少尉同志，你的守卫任务已经完成了，你可以下岗回家了。"这个孩子回了一个军礼，才离开了漆黑一片的公园。

这篇课文，在我上学时也读过。小铁很感兴趣，也很感动于这篇课文。

其实，这只是一个游戏。

现在，谁还在乎一个游戏中的诺言？就是生活中真正的诺言又如何？

第一次打的

一个小男孩，对自己说出的话，就是要一言九鼎，就是要如泼出去的水钉上天的星。

一个小男孩，就是要信守自己的诺言。

我很高兴小铁对诺言的态度。

我们买回了那套《二十六史大辞典》。那套书和诺言伴随他一起度过了天真却也认真的少年。

在北大校园，背后是宿舍楼（19岁，北京）

聪明只是一张漂亮的糖纸

我的父亲手记

有一天下午，我和他妈妈出门，问他去不去，他摇摇头，一人闷在家里。晚上，我们回到家，他显得很兴奋地问我："你发现咱家有什么变化吗？"我望了望四周，一切如故，没发现什么变化。他不甘心，继续问我："你再仔细看看。"我还是没有发现什么蛛丝马迹，倒是他妈妈眼尖，洗脸时一下子看见脸盆和脸盆旁边的水管上贴着小纸条，纸条上写着它们的英文名字。

我这才发现屋子里几乎所有的地方，柜子、书桌、房门、厨房、暖气、音响书架……上面都贴着小纸条，纸条上面都是英文单词。每一张小纸条剪得大小一样，都是手指一般窄长形的，不仔细看还真不容易看到。

他很得意地望着我笑。

不用说，这是他一下午的结果。

我表扬了他。

那一年，他上初二，对外语突然感了兴趣。他就是这样

开始他的外语学习的，他所付出的努力一般是在家里，是默默的。那些贴在家里的小纸条，仿佛是安徒生童话中神奇的手指，抚摸着那些东西，使得那些东西花开般有了生命，和他对话，彼此鼓励，让枯燥而艰苦的学习有了兴趣和色彩，有了学下去、学到底的诱惑力。

所以，当许多人夸奖小铁聪明时，我的虚荣心当然得到满足，其实我是很清楚的，孩子是以他的刻苦方式取得他应有的成绩的。

应该庆幸的是，小铁一直很清醒。即使现在读大学了，同学都认为他很聪明，总是很轻松地就把学习学好了；读中学时，他的老师当着全班同学表扬他说，只要他想学好哪一门功课，他总是能把它学好。他从来只是笑笑，没有骄傲而忘乎所以。他知道要论聪明，比他聪明的同学有的是，比如当时他最佩服的男同学任飞、女同学刘斯庸，后来都考上了清华大学。他所要做的就是认真，而且重复，把要学的东西弄得牢靠扎实。

有一次，和另一所学校的同学开座谈会，有个同学问他为什么能取得那么好的成绩。他回答："没有别的好办法，就是得学，得背。比如历史，高考前老师带领大家复习之前，我已经把书从头到尾背了三遍，而且要注意背那些图边上和注解的小字，要背得仔细，让它万无一失。"

那天座谈，我坐在他的身边，听到他的话，我很高兴，比他取得好成绩还要高兴。也许，只有我知道他是如何刻苦的。

小学毕业时我整理他书桌的抽屉，光从四年级到六年级三年的作文练习的草稿，就装满了一抽屉，每一篇都改过不止一遍。小学毕业准备考中学，他把所有要背的准确答案都录在录音机里，每天晚上躺在床上时把录音机打开，一遍又一遍地听，哪怕是睡觉前那一点时间也绝不浪费。而光他抄写别人文章的本子、所做的笔记的本子，不知有多少，虽然许多本子都只记了半本就扔下换了新本子，我批评他太浪费了，他就是愿意一个本子一个内容，他就是频繁地跳跃着他的新内容。

有时候，他很贪玩，读中学时最迷恋的是NBA篮球，哪怕考试再忙时，每晚的电视只要有NBA的比赛，他是必看不误，你怎么说他，他也是雷打不动。为此，我和他发生过冲突，你想想都快要考试了，还在整晚整晚看电视，做家长的心里能不慌？做家长的都希望孩子是个听话的小羊羔，到晚上了都要赶进圈里去学习，不要受外面的种种诱惑，外面尽是大灰狼。冲突到了极点，弄得他哭着对我说："我什么时候因为看NBA把功课耽误了？我现在看电视耽误的时间，我会安排时间补过来。"

现在，我相信他了。现在，他读大学了，时间更紧张了，偶尔回家一趟，或是陪他妈妈逛商店，或是陪我聊聊天，其实都是很耽误他的时间的。我知道我们大人的时间显得越来越慵散了，但孩子正是忙的时候。而且，我发现我变得爱唠叨了，也许好不容易看到孩子回一趟家，总想和他多说说话，便缺少节制，而他变得懂事了许多，从来没有不耐烦过，总是放下手

中的书本，听我没完没了地说。等我说完之后，他会和妈妈开句玩笑："妈，你看我爸又耽误了时间，我得晚睡几个小时了。"

有一次，他让我帮助他买盏应急灯，说晚上一过十一点宿舍就熄灯了。我劝他少熬夜。可他说同学们都这样，每个人的床上都有一盏应急灯。

应急灯要是妨碍同学了，他会骑上车跑出校园，到学校外边的二十四小时营业的永和豆浆店买点吃的，一坐就是半夜或一个通宵。

虽然我不赞成他熬夜，但我赞成他必须这样付出刻苦努力的代价。在智商方面，孩子之间的差别不是很大的，聪明只是一张漂亮的糖纸，外表可能闪闪发光挺好看，但包裹在里面的东西才是最重要的，这重要的东西之一就是刻苦。

前几天的晚上，小铁打来电话告诉我和他妈妈："英语六级成绩出来了，我得了89.5分。"他知道做家长的就是一根死筋认成绩，他只是很遗憾地说，"就差半分，要不就90分了。"这个成绩是他们系里的第一。他的四级英语考试也是全系第一，得了92分。

我忽然想起初二时他贴在家里几乎每个地方的那些小纸条。

我发现居然厨房、房门、厕所……好多地方还保留着那些小纸条，只是已经颜色变得发黄，但蓝色的圆珠笔写的英文字迹依然清晰，好像岁月在它们上面没有留下什么痕迹。

百忍成金

高一那一年,是小铁最春风得意的一年。因为是全班同学选他当的班长,他干得如鱼得水,长风恰遇顺风船一样,行驶得格外的畅快。

也有老师认为他有些傲气,小尾巴有点儿往上翘。他却自我感觉良好的不管那一套,依然我行我素,带领着班上的同学自以为是地干这干那的,一天到晚跟个打足了气的皮球似的到处蹦,想把班上搞得生龙活虎,样样事情都恨不得拔尖。

那一年,学校组织了一场辩论会,以班级的形式选出代表队来比赛。这给了他显示自己能力的一个好机会。他回到家,自己先找材料,然后布置同学分别写稿子,再把同学分成对阵的双方实战演习一样,每天放学后在教室里一遍又一遍地练,有备无患而胸有成竹地走到赛场上。在场上,他们的表现确实不错,赢得同学们的阵阵喝彩和掌声。他们都以为胜券在握了,谁想到,最后评比老师亮出的分数,胜利判给了对方。

这让小铁无法服气。班上的同学炸了窝,都在气头上,他

作为班长，不仅没冷静，相反火上浇油头脑发胀带着同学直向老师的办公室冲去。找到了负责评比的老师——一个教高二语文的女老师评理，不容老师解释，他先发制人一般冲老师说自己班的辩论的水平、场上的反应情况，以及对方的漏洞……机关枪似的一口气说了许多，一副非要把冠军重新拿回来不可的劲头。

这一下惊动了政教处的老师，他们怒气冲冲地批评小铁，太无师道尊严，太无大将风度，身为一班之长，不做同学的工作，相反还要带头闹事，要他先回去写检查，然后向评比老师道歉。

一帮孩子灰溜溜地走了，心里充盈着愤愤不平之气。

不用老师告状，他回到家先急不可耐地把老师给告了，憋不住对我一通诉说老师的不公平，把憋了一肚子的气都倾吐出来。他就是这么一个直脾气的孩子，肚子里从来存不住隔夜的屁，有话憋不住肯定回家要讲的。我一时不知该如何说他才好。

想了想，孩子正在气头上，我只能站在老师的立场上，委婉地对他说："小铁，你们以为有你们的道理，老师一定也有老师的道理，不管怎么说，政教处的老师批评你是对的，你是缺少点儿大将风度，也忘记了师道尊严，老师还要尊重的，哪能像你们这样的找老师一通乱嚷嚷的？你是应该写个检查，向老师道歉。"

说完这番话，自觉无力得很，整个政教处老师的话的翻版。我知道，被迫无奈写了检查的小铁，不再说话，却一点儿也没服气。

过了两天，放学过后，他们的班主任段老师找到小铁，他以为肯定还是要说辩论会的事，心想肯定是再接着批评他一番罢了。段老师却从办公桌里拿出一件东西，对他说："还想着辩论会的事情吧？还不服气是不是？没关系，我也知道判得可能不公，但也在所难免啊，辩论本身就弹性很大，你说是不是？再说，人家老师无偿地为你们裁判，我们也得尊重人家的劳动，也要为人家想一想呀！"

然后她把那件东西打开，是一幅横幅的书法，四个隶书大字"百忍成金"。老师又对他说："那天政教处的老师把我找了去说你的事情，我就想我家里有一张这东西，我得给肖铁带去呀。少年气盛没什么不好，可大了以后你就明白了，随意地发怒，不冷静带来的后果很不好，我以前经历过许多这样的事情。以后办事多想一想，别那么着急！"

段老师和他谈完话，把他一直送到学校大门口，又不放心地再一次嘱咐他说："肖铁呀，少年气盛没什么不对，但以后做事一定要三思而后行。"

那一晚，他回到家拿出了那张"百忍成金"的字幅，对我讲了段老师对他讲的话。他说他没有想到老师会以这样的方法来待他，让他非常感动。我也非常感动，我想起事情发生后我对小铁那苍白无力的说教，再看看人家段老师，我看到自己的差距。好的教育方法，从来不是居高临下或盛气凌人，也不是

仅仅成为大道理的罗列，平等而亲近的潜移默化，好比润物细无声的细雨，总会比暴雨倾盆更容易让孩子接受和吸收。

那一晚，段老师送肖铁到学校门口，一直注视着肖铁远去背影的慈爱目光，成为肖铁中学时代的一个定格，在记忆中永远是那样的温暖。

我真是要感谢小铁的好多类似这样的老师，他们让我学到好多东西，帮助小铁在健康而有力地成长。

高二时，也巧了，班上换了一位语文老师，正是高一时那次辩论会负责评比的老师。小铁的心里犯起了嘀咕，这老师还不得找自己的茬儿呀，给自己穿小鞋呀？他想错了，老师对他不错，经常表扬他的作文。

高三时，北京市评选十名杰出中学生，这是由香港企业家胡楚南先生赞助的一项活动，不仅有纯金制作的金牌，还有5000元奖金。荣誉和物质的奖励，都不轻。学校推荐了小铁和另一个同学——他们学校学生会的主席，最后由政教处的老师进行考察后，定下一个人报到市里，再由市里进行评选。小铁觉得自己没戏，这样的好事怎么能够落在自己的头上？他想的道理很简单，因为名单最后落在政教处老师的手里，他不由得想起高一那次辩论会，就是政教处的老师对他批评最狠，他们一直都认为他太傲气，觉得肖铁见了他们不是不理，就是故意绕着走。

他对这几位老师太有成见。事实上，正是这几位老师权衡，最后觉得还是小铁更有特点，到市里进行最后的评选更有竞争力。是他们最后报上了小铁，才使得小铁有机会而获得了北京市十名杰出中学生这一奖项，让他的中学生活有了一个如此美好的结尾。

小铁应该感谢这么多老师对他的厚爱。一个孩子在成长的过程中，需要批评、帮助、劝诫、提醒、耐心，更需要的是这种爱，带有宽容、期待和信任的厚爱。在这些方面，学校老师起的作用，是家长起不到的。因为一个孩子的成长，需要家庭小环境、学校亚环境和社会大环境三者相互的作用，缺一不可，而且是彼此无法替代的。小铁是幸运的，他遇到了不止一位好的老师。

在以后许多的日子里，我和小铁还常常想起他高一、高二、高三发生的这一连串的事，便会常常想起小铁的那位高一的班主任段老师和她送给小铁的那张"百忍成金"的字幅，怀念那过去的却难以忘记的时光。

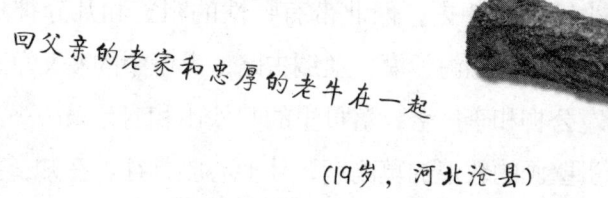

回父亲的老家和忠厚的老牛在一起

(19岁，河北沧县)

西北之行

我一直认为古人说的读万卷书，行万里路，是有道理的。小孩子能够到他没有去过的地方，会开阔他的眼界，滋养他的精神世界。

高二的暑假，我要去西北，小铁非常想和我一起去。从小到大，只要有机会，我都愿意带着他到处转转的，这一次，我有些犹豫。因为暑假过后就高三了，紧张的高考迫在眉睫，哪一个家长不把考大学当成唯此为大的事情？我劝他说还是先把考大学的事情放在前面吧，以后有机会时再去西北不迟。全家别的人也是这么说，纷纷劝着他。

小铁还是想去，西北带有野性的粗犷和几分神秘，早就吸引着他。那瀚海沙漠，丝绸古路，戈壁中的芨芨草，西出阳关的左公柳和李广杏，落日里的鸣沙山和月牙泉……尤其是藏有珍贵壁画的敦煌的莫高窟，让他心驰神往。在知道我要去西北的消息之后他就悄悄地翻看地图，查看资料，憋足了劲要和我一同前往。现在，让他以后再说，他噘起了小嘴，说："以

后，不知得等到多长时间的以后了。再去还有什么意思！"

这句话，在我的心里打起一个漩涡。孩子今年十八岁上高二，等以后再有机会去西北，他能够还是十八岁，还在上高二吗？时间对于我们大人来说已经无所谓了，今天和明天，只是日子的累加和重复，现在去西北和过几年以后去西北，眼睛里看到的风景和风景在心中的感觉，不会有多么大的不一样。但对于一个正在成长的孩子来说，他的眼他的心和他的骨骼一起，每分钟都在变化着，他就像一棵正在发育成长着的树，现在的枝叶所吸收的阳光雨露，和以后再有阳光的倾洒和雨露的滋润，哪怕是再充足的阳光和丰沛的雨露，意思是不一样的。现在的都化为他的成长着的生命，而以后可能只是他的头前辉映的一种点缀。也许，对于一个成长着的孩子来说，现在进行时，比过去时和未来时都更重要。

与其在他以后水分充足的时候为他肥肉添膘，不如现在他正口渴的时候给他一罐他渴望的清凉的水喝。

我的心有些动摇。小铁看出来了，马上给我添薪加火，好把我的犹豫彻底地烧干净，他对我说："爸，耽误的时间我回来补，你还不放心呀？哪一回我因为玩把功课给耽误了？"

这话倒是，他会堤内损失堤外补，把时间安排好。我还能再说什么呢？绿灯放行。

家里人还是有些不放心，不劝小铁，改为劝我别大意失荆州，孩子考大学事关重要。不过既然答应了孩子，就权当给小铁来一次高考前的加油吧，或者让他在紧张之余放松放松散散心。

上了飞机，他一直趴在窗户上往外望。一个多小时后，飞机飞到了甘肃的境地了，我看见小铁从书包里掏出一个新的笔记本，开始在本上记着什么。我偷偷地歪过头，看看他在记什么。我看见他开头的几句话："再次睁开眼睛，拉开塑制的窗帘向下望时，飞机已经起飞一个半小时了，知道该到甘肃的境地，在汉代已是边陲了……"

他就这样记着，我没有打搅他。他的头几乎埋在笔记本中了，写得很投入。飞机在兰州降落了下来，要在这里加油。走到候机室，突然狂风大作，他离开我，坐在远一些稍稍安静的沙发上，一点儿也没有注意到窗外的狂风，旁若无人地继续往本上写着，一直到飞机重新起飞。我的心里忽然漾起一阵感动和安慰，也许，只有十八岁的孩子才会有这样的投入和认真，才会和陌生而新奇的一切在邂逅中彼此诉说着真切的感受。我还会像他一样做到用笔迫不及待地写下刚刚看到的一切吗？不会，我已经做不到了，不是因为懒，而是麻木迟钝了。年龄，就是这样拉开了岁月一样长的距离。

上了飞机，小铁继续写着他没有写完的笔记，记述着西北给予他的第一印象，一直到飞机快到敦煌机场，灿烂的晚霞辉映得机舱里一片辉煌。

他就拿着这个笔记本走上了西北之路。等我们回来时，他已经记了大半本。

因为好心朋友的盛情，不仅去了甘肃和青海，还去了山

西的壶口和陕北的延安，我们此次的西北之行的时间是耽误大了。回来之后，好多人都责怪我，谁家的孩子就要高考了还绕世界去玩呀？马上就要开学，一暑假的时间怎么补吧？

唯一的收获，是他带回了这大半本笔记。高考也不考这笔记呀，这笔记有什么用呢？

也是，这笔记对于高考一点儿用也没有。但我相信在他十八岁时的西北之行对于他的一生都会是难忘的，留在生命记忆中的，除了高考，毕竟还有同样重要的东西。

我永远不会忘记，我们从壶口回来的路上，天突然下起了倾盆大雨，汽车窗前的雨刷拼命地刷开遮挡视线的雨柱，外面被暴雨撕扯得几乎什么也看不见，小铁还趴在车窗前使劲往外望着。不一会儿，再也顾不上大雨了，除了司机，全车疲惫不堪的人都昏昏沉沉地睡着了。等我一觉醒来，回过头一看，坐在我后面的小铁，还在颠簸中往本上记着什么。车子在大雨中一颠一颠地行驶着，他的身子和手里的笔也随之上下起伏着，那一刻，真是一幅动人的画。

那一刻，我庆幸自己在出发之前没有再犹豫而是带上小铁有了这次西北之行。

一票之差

前年的冬天，我作为评委参加了一次宋庆龄基金会搞的儿童文学评奖的活动。活动的后期，有人提出应该增设一个青年奖，专门奖励青年作家，最后规定了一个年龄界限：十八岁到三十一岁。当时的评委之一中国社科院的儿童文学评论家樊发稼先生，是评奖委员会的负责人之一，他在会上力荐小铁，并详细介绍了小铁的创作情况，因为他读过小铁在高二时写的长篇小说《转校生》，印象不错。小铁正是凭借着这部长篇小说的创作加入了中国作家协会，成为作协目前最年轻的会员。樊发稼先生以为小铁如果能够获得这一新增设的奖项，将是最年轻的一个，会对鼓励年轻作家的创作有帮助。那时，小铁刚上大二，二十岁，符合年龄的标准。

那天开会时我正巧回家，等我回来，樊发稼先生找到我，告诉了我这个消息，并告诉我同时还推举了其他几个年轻的候选人，但小铁还是很有希望的。不过，能否获奖，还得看最后评委投票的结果。最后投青年奖这一票时，按照规定，我得退

出会场，没有投票权。不过，我觉得小铁还是很有希望的。等投票结束，我回来时，刚进门就发现大家的眼光都投向我，有一种异样的感觉。我敏感地觉出小铁获奖一定是没有通过。我的心里一沉，我当然希望小铁能够获奖了，而且希望挺大。谁想最后是这样的结果呢？

宣布票数的时候，小铁仅以一票之差失去了这次的机会。

最后的总结会上，大家对小铁鼓励有加，有评委坦率地讲，第一次设立这个奖项，还是应该照顾年龄大一些的人，便把一票投给了一位已经三十一岁的人，因为他下一次就没有机会了，而小铁还有机会。

那个星期天，小铁从学校回家，我告诉了他这个不幸的消息。我想看他是什么表现，会不会是一个沉重的打击？

他想了想，对我说："爸，没什么，这很正常，为什么非得是我获奖呢？本来，咱们也没有想获得这个奖嘛，因为本来也没设立这个奖。那位评委讲得对，我还年轻，确实还有机会。爸爸，您不用安慰我，我以后好好再写一本长篇小说就得了呗！"

我很高兴，这样的态度，比我想象的要好。在获奖的问题上，他比我想得开，他不大看重这些虚名。有时想想，倒是做家长的往往近视得很，更看重孩子眼前的名利，好像孩子获了奖，比自己获奖还高兴，孩子的前途就像贾宝玉脖子上的那块石头，一下子便有了抓挠，有了什么看得见摸得着的东西似的，心里就一下子踏实了似的。有时候，本来挺明白的事情，一落到了孩子的身上，做家长的就糊涂了，智商比孩子还差。也许，都是独生子女闹的，家长变得小气自私了许多。小铁以前不止一次地对我说过，现在他还年轻，以后要干的事情有许多，写作只是一种选择，或只是一种业余的爱好，千万别把他往一条路上推，那样就非把他弄臭了，弄毁了。现在他要做的就是好好学习，把学问打扎实些。以后有时间了，还愁没东西写吗？

我想起他曾经对我说过的话。他说现在的作家分为这样四种：一种是先做学问后写书，一种是边做学问边写书，一种是先写书后做学问，一种是光写书不做学问。这是他很早说的话了，大概是上初中的时候。那时候，他崇拜那些学富五车的学问家，看不起那些只会写书而不懂得做学问的人，他指着我说："爸爸，你顶多也就我说的第三种人。"

那时，我听完哈哈大笑，只把它当作笑话听。现在，他把自己当初孩子气的话当成督促自己的力量。我很高兴，孩子到底是长大了。上了大学之后开阔了他的视野，比我望得远些了。

星期天晚上，离家到学校前，他忽然对我说："爸爸，差点儿忘了，你再见到樊发稼伯伯，替我谢谢他。"

那一年的寒假，下那么大的大雪，他非把他们宿舍的那电脑搬回家。那是他们宿舍的五个同学凑钱新买的电脑，型号比我的老掉牙的电脑要高级。起初，我不知他要干什么，后来，我看见他是抽出了一段时间悄悄地在那台电脑上写东西，在写

他的下一部长篇小说。可惜,刚刚开了个头,只写了两万多字,开学的时间就到了。那个寒假因他的这个新的长篇小说的开头而显得格外短了起来,那么的不经过。他只好把电脑又搬回学校。他只好把新写的长篇小说的开头打进软盘里,暂时保存起来,就像一只冬眠蹲仓的熊。

曾经梦想走遍祖国的河山
（20岁，云南丽江）

纸 的 生 命

儿子每个星期天从学校回家几乎都要问我们："这礼拜都干了些什么？"想一想，这一星期忙忙叨叨，没干什么，心里总有些惭愧。儿子便说："爸，妈，什么都不干，人就容易变老。我不在家，你们自己得干点什么。"说着，他从书包里拿出厚厚的一本精装书，"今天学校图书馆处理外文书，我给你们买了一本，很便宜，才三块五。"

这是一本专门谈剪纸的书，英文的名字叫做《New Ideas In Card And Paper Crafts》，美国1973年出版的书。封皮已经破了好几道大口子，但里面很好，很厚的道林纸，黑白和彩色的图片，一张张都是用纸剪的各种花草、房子、脸谱和小动物的造型。简单的纸，在这里一下子有了生命，活泼了起来，有了立体的感觉和动的姿态。

儿子翻开书，指着其中的一页，是两个刺猬，上面的一个是白纸做的纸刺猬，刺猬身上的每根刺都是用剪成的尖尖的纸条插上去的，刺猬显得很厉害的样子；下面的一个是在硬纸板上粘的各种颜色毛线做的线刺猬，毛线有的弯，有的直，有的缠着圆圈，刺的感觉很异样别致，刺猬显得格外温顺。儿子对我说："你和我妈做做这刺猬多好。以前你们不是经常做剪纸吗？当然，那时是为了陪我，现在你们得自己找点儿事做。"

他说得没错，小的时候，我和他妈妈没少陪他做剪纸，那时他才上小学不久，有一次我们一起到美术馆参观一个剪纸展览，很吸引他。那些剪纸很简单易做，又都特别新奇好玩，流畅而简洁的线条，夸张而变形的造型，有几分童话里才会出现的劲头，非常对孩子的心思。现在想起来展览中有一些剪纸完全就是这本书里的翻版，一点都没怎么变，剪纸的作者当年肯定看过这本美国专门研究剪纸的书。回到家，我们就一起照葫芦画瓢帮儿子动手做，几乎天天放学就是拿起剪刀和纸，一下子做了好多剪纸，悬挂在墙上和柜子里，其中有一个就是这书里面那个戴着王冠的长胡子的老头。

剪纸伴随儿子童年许多时光，让我和他的妈妈熟能生巧、巧能生花般剪纸的手艺见长。在很长一段时间里，剪纸成为我业余生活的一部分，尤其是心情不好或身体不好的那一段时间里，我用各种杂志的封面和画报那些硬硬的彩色铜版纸，随心所欲地剪了许多剪纸。那时，我家的地上总是有扫不完的彩色纸屑。后来我挑选了其中一部分装进一个粘胶的照相册里，给自己留份纪念。去年，辽宁人民出版社出版我的一本散文集，书中的插图用的都是我的这些剪纸。想想：这都是十多年前的事了，儿子今年都读大三了，日子过得真快。是这本剪纸的

书，让逝去的日子迅速地粘连在一起。

儿子还在说："做做这刺猬吧！你们肯定会做得很有意思。"

我和他妈真的做起了剪纸，我们知道儿子的心意，孩子总要长大，总要有他自己的事情和天地，不可能总是陪着父母，做父母的有了自己充实的生活，孩子才会放心。想不到，我们已经开始需要孩子的牵挂了。

家里又出现十多年前的样子了，杂志的漂亮封面又开始无一幸免地派上用场，地上又开始出现了总也扫不尽的纸屑。他妈真的照这书上的样子做了一个纸刺猬和毛线刺猬。我也做了一个剪纸，还取了名字叫做《女人和花》，是照着美国画家汤姆·韦塞尔曼的那幅油画《了不起的美国裸体》改造成的。

我知道，人生不同时刻出现的生活景象的雷同，并不会真的是往日重现，而只会提示我们除了日子在如水长逝以外便是其意义的不同。如果十几年前的剪纸是我们更多地关心孩子，那么如今的这一次剪纸则是孩子更多地关心我们。

牛皮鱼

现在的孩子，一般都是独生子女，在蜜罐里娇惯长大，从小到大的生日，都是爸爸妈妈或爷爷奶奶给过，生日的礼物想尽办法地买，不怕花钱，不怕高级，宠得是孩子指着要天上的月亮，不敢给摘星星。很少听说孩子给爸爸妈妈大人过生日的，等到孩子想起给大人过生日了，一般都是在孩子长大以后，而爸爸妈妈大概都已经老了的时候了。

我的孩子也是如此，想想从小到今年他长到二十一岁了，我的生日时只接到他一次送给我的生日礼物。是他四岁的时候，那时候，他和他的妈妈在天津，没有在北京，他寄给我一幅画。大概是唯一一次的生日礼物，我记得很清楚，画的是一条小狗拉着一列车，车上装满了蘑菇、苹果、樱桃……之类童话般的东西。不管怎么说，是他的一片心意，当然我很高兴。

不过，我心里很清楚，这一定是他妈妈的特意提醒，告诉他你爸爸的生日快到了，你应该给你爸爸画张生日卡寄去，你爸爸肯定会高兴。与其说是他，不如说是他的妈妈想起了我的

生日。况且，那时候，孩子正迷上了画画，见到人就会向人展示他画的画，他送给我的生日卡，同样也是为了显示显示他的画，满足孩子的骄傲的自尊心，一举两得。

我的这种想法并不是要拂逆孩子的好心。我的推测不是没有道理的，验证的最好方法，就是从这一次生日之后，我再也没有收到过他送给我的生日礼物，哪怕再是他画的一张小小的画片。

而他每一年的生日时，他都会收到我送给他的礼物。

有时候，我会感到一些不满足，对孩子会生出一些意见，为什么会家长总是想着你，而你却总是不想着父母呢？

这种心理不平衡的时候，让我常常想起从孩子小时候懂事时开始，我和他的妈妈总是在他生日那一天，模仿着安徒生在犹特拉金林区为林务区长七岁的小姑娘过生日的样子，过得让孩子高兴无比。安徒生是在森林的蘑菇下、树根旁、花朵边埋下一粒糖、一颗枣、一条丝带，或一枚别针……然后让小姑娘到森林来寻找，给小姑娘一种意想不到的惊喜。我们也是在当时窄小家中的沙发背后、枕头底下、书桌夹缝，或是孩子自己的书包里面……凡是能藏东西的地方藏上橡皮、尺子、铅笔、巧克力或小小的玩具。每一次这样的把戏，总让孩子在生日的那一天充满快乐。这样重复的把戏一直延续到孩子十岁那一年的生日，他虽然已经上四年级了，是大孩子了，还是求我和他的妈妈再为他最后藏一次安徒生式的生日礼物。

父母的能力和条件也许是有限的，但总是在尽力希望给孩

牛皮鱼

子的生日礼物花样翻新，能让孩子在高兴的同时不忘记每一个伴随他长大的难忘生日。当然，也是希望他不忘记做家长的一片苦心和爱心。

可是，我再没有收到过一次孩子送给我的生日礼物。

双方就是这样的不均等。也许，这就是做孩子的和做家长的差别，家长总是贱骨头千方百计的为孩子着想，而孩子总是撂爪就忘，将家长的包括生日在内的事不放在心上。

说心里话，想起这事，心里会掠过一丝遗憾。并不是要求孩子也像家长一样在你每一次生日时想得都是那样周全，也并不希望孩子非要照葫芦画瓢展现安徒生式的别样心意。在一个失去童话色彩的时代，这一切要求都显得有些奢侈，我只是希望孩子哪怕再有一次想到家长的生日，而不是在别人的提醒，或是家长自己沉不住气之后的一种被动、一种弥补。我想这要求并不高吧？

但是，没有。在我的孩子从小长到今年二十一岁时，没有。

今年春天，我的生日的那一天，孩子在学校，没有回家。我本来是一直等他的，希望他在家中的突然出现，给我一个意外的惊喜。但是，一直到晚饭过后，一直到躺在床上睡觉了，他的影子也没有出现。

再忙，总该打个电话吧？我心里隐隐有些不满。第二天白天上班，呼机在响，是有人呼我，打开BP机，顺便看看前面的信息，忽然看到一行字："爸爸，我爱你，今天是你的生

日，祝你生日快乐。"一看时间，是昨天半夜时分。后来，我知道那一天晚上他有课，上完课已经是半夜了，他怕再给家里打电话影响我们的休息，特意打来一个呼机。只是昨天半夜没有听到。说实在的话，当时看到呼机上这一行小字，我非常感动。也许，是糖少才觉出甜来，因为孩子长到二十一岁时我唯一一次收到他的生日礼物，才格外感到珍惜吧？虽然只是一句祝福。

那个周末，孩子回来得很晚，天早已经黑了，才见疲惫地回到家，还没吃晚饭。他提着一条牛皮做的鱼的工艺品，造型很奇特，棕色的牛皮纹路，使得鱼古色古香，仿佛从远古时代游来。孩子一边饿狼似的扒拉着饭一边说是朋友帮助他一起挑，从西单到王府井整整跑了半天，才买到这件满意的生日礼物送给我。

我忽然想起孩子小时候曾经抄过的诗：童年是雨，老打湿妈妈的心；童年是风，老刮走妈妈的梦；童年是雪，染白了妈妈的头发，多么希望啊再来一次童年，把太阳还给妈妈。

也许，到孩子长到二十一岁的时候，才稍稍懂得了这首诗。

也许，是我们当家长的心太迫切，一个孩子的长大，不会像街头崩的爆米花在顷刻之间就能够完成，得需要耐心的等待，需要时间。十二岁，是没有到达长大的时候，二十一岁才稍稍长大一点点？

牛皮鱼

放飞白鸽，放飞心情
（20岁，昆明）

吹着口哨走过来

儿子上高中时，曾经有一天忽然很虚心地问我："爸，口哨怎么吹？我怎么总也吹不响？"这给了我一次好为人师的机会。因为儿子上了高中之后，长大了许多，很多时不再像小时候那样什么事都会请教我了，学的功课尤其是外语，是我远远不会的，让我很是失落。

那一次，我教他如何吹口哨，虽然我吹的口哨并不嘹亮，但吹个曲子还是绰绰有余。他却怎么也过不了这一关，任我怎么教，他只是翕动着嘴唇，把嘴唇吹干，也只能吹出像是蛐蛐叫唤般的细细的声音。弄得我失去了耐心和信心，嘲笑他说："你算了吧，不是这虫别爬这树了！"他也只好苦笑，甘拜下风。从心里讲，我认为他实在是够笨的，这么使劲地教他，连这样简单的口哨都学不会，就别费这劲了。以后好多天，偶尔听他独自在屋子里还在练吹口哨，但仍然是蛐蛐般的细声，没见任何长劲。我知道，他是不大甘心，又无可奈何。

我们家有儿子的笑声哭声喊叫声和驴吼马叫般的唱歌声，

但一直再没有儿子的口哨声。

　　一晃，儿子就长大了，这么快读到了大学。岁月毫不留情地流逝，光看着孩子的个头和着日子一起飞快地蹿，不知不觉地高过了我。

　　去年春节，我们北大荒插队的一些朋友到南方聚会。儿子破天荒同意和我们一起同行。我知道，他是个懂事的孩子，这次南方之行完全是为了陪陪我们。其实，他和家住南京的同学早约好春节期间到南京玩的。第一站在无锡的聚会中，大家拼命唱歌，当然也要他唱，他却脸皮薄得厉害，说死说活就是不敢上台。我觉得他平常在家里吼唱得惊天动地的，唱得不错，但我知道他就是这么一个孩子，凡事要好上加好有绝对的把握才敢在众人面前亮相，这样的性格，真是不知是好还是坏。实在没办法，也实在塌我的脸面，我没有了耐心，就刺激他说怎么这样胆小，一点也不男子汉，整个一摊稀牛屎糊不上墙……把他说急了，拍拍屁股走人了，气得我一点辙也没有。

　　从无锡到上海，一天晚上，多年未见的上海知青朋友请我们到锦江饭店的巴西餐厅吃饭，饭间有巴西的黑人击鼓弹琴唱歌助兴，不断邀请进餐者和他们一起共歌共舞，气氛很是热闹。本来就是玩嘛，又不是到这里来比赛唱歌的。我们想起在无锡的情景，有朋友非要让儿子在这个场面唱唱歌，就故意指着儿子对走下台来邀请进餐者唱歌的黑人歌手说："这个小伙子唱得最好！"黑人歌手高兴地用英文对儿子说："下一个你来上台！"大家冲他开玩笑说："黑大哥都请你唱了，看你怎

么办吧？"这一下，把儿子弄得格外紧张，巴西烤肉也吃不下了，小脸涨得通红。我猜得透他的心思，这回他是没法子逃脱了，他是顾脸面的人，当着这么多外人，尤其又有黑大哥这样的外国友人，算是把他逼上梁山。不过，我心里有数，虽说平常没怎么正经练过唱歌，但他唱得不错，乐感也不错，黑大哥的歌本来就都是即兴的，只要放开喉咙和胆子，就没问题。

台上的黑大哥弹着吉他，唱着唱着，忽然坐了下来，对着麦克风吹起口哨，是一支南美的民歌，熟悉的旋律，让满场兴奋起来，感到格外亲切。这时候，我们谁也没有想到，儿子竟然离弦的箭一样从座位上弹起，打足了气的球似的一下子蹦跳到台上，将嘴对着麦克风，跟着黑大哥一起吹起了口哨。他的口哨声从嘴唇刚一出来，就是那样嘹亮，清爽得如同天外刮来的清风浩荡，在偌大的餐厅里清澈地回荡，不仅立刻让我为之一惊，也让别人吃惊而有了兴趣，立刻全场安静了下来。他清亮透明的口哨声完全盖过了黑大哥，黑大哥便也自动让贤，把麦克风推给了他，自己不再吹，而只是弹着吉他为他伴奏。两个人配合得极棒，口哨吹毕，赢得满场掌声。

我真是为儿子的口哨惊讶了。他是从什么时候开始学会了口哨？而且吹得竟然这样出色？我想到还是他读高中时那只有蛐蛐般细弱的口哨声，那情景还恍若昨天一般，怎么就一夜恨不高千尺成长得如此飞快，以至让我有些认不出来了？

事后，我曾经问过儿子："什么时候学会的口哨？"他说也忘了具体是什么时候，反正，高中那阵子总也学不会，不知哪一天突然就吹响了口哨，立刻就告别了蛐蛐般的细细声音，嘹亮得让他自己也有些吃惊，仿佛那口哨声是藏在他嘴唇边上多年的老朋友，突然在那一天天晴日朗地跑了出来，给他意外的惊喜，和他蓦然重逢。

前些天的一个晚上，儿子和一个同学在校园里吹口哨，排遣一天紧张学习带来的心绪。两个人的口哨吹得都不错，高低音两个声部配合得也很得意。忽然，一只大手从背后拍到他的肩膀上，回过头一看，是个陌生人，对他们说："兄弟，口哨吹得不赖呀！够专业水平。周末愿不愿意到我们酒吧来吹？一晚上200元钱！"这让他们很是意外。回到家，儿子高兴异常，分外得意地告诉我这一消息。仿佛英语考级得到通过似的，得到这次的认可，比在上海和黑大哥合作那次还要级别高上一等。

我和他一样的高兴，真是没有想到，他将口哨居然还吹出了水平，而以前我是认为他肯定不是这虫的呢。看来，什么时候也别把话说绝，每一个孩子的潜力都像是埋在地底下的煤，我们不要暂时看不见就以为什么也没有埋下，或者只是以为那只是埋的一些枯树枝。那煤层不知什么时候就会燃烧起腾腾的火焰，只是需要时间。做家长的，最沉不住气的，就是这个孩子成长的时间。面对这个时间，我们不少家长往往所做的，不是拔苗助长，就是怨天尤人。

我不知道儿子到底去没去酒吧吹口哨。我问他，他只是笑。他将这个秘密保留在他的心里，也将悬念留给了我。

占有欲

　　大约小铁三四岁的时候,有一天他忽然看见寄给我的一封信的信封上贴着漂亮的纪念邮票,挺好看的,便问我:"这是什么?"我告诉他这是邮票,你要是喜欢,可以把它们都攒在一起,就叫做集邮。他似懂非懂,上手就抓起信封要撕上面的那枚邮票。我忙拦住了他,告诉他:"这邮票可不能这么撕,得放在水里。"他很惊奇地望着我打来一盆清水,把邮票沿信封上大小一起剪下来,放在水里。像变戏法一样,他不知道我为什么要这样做,蹲在脸盆旁,好奇地望着和信封粘在一起的邮票,一直望到邮票和信封分了家,邮票像是一条金鱼,在水中漂浮起来。

　　他伸手像要捞鱼一样要从水中抓这枚邮票,我对他说:"别急,慢慢来。"我帮他把这枚邮票从水中轻轻地捞了上来,然后贴在书柜的玻璃上面,告诉他,"等邮票上的水干了,邮票自己就会从玻璃上掉下来的。"他便开始趴在玻璃前等邮票干,等啊等,总也不见它干,心里急,就噘着小嘴冲邮票吹气,希望能让邮票快点干。一直到晚上他睡着了觉,邮票也没从玻璃上掉下来。

第二天一清早,他爬起来就跑到书柜前看,玻璃上的邮票不见了,低头一看就掉在他的脚下。他捡起邮票冲我喊:"爸爸,爸爸,邮票掉下来,掉下来了!"好像从树上掉下来一枚熟透的果子,让他兴奋不已。

小铁的集邮史就从这时开始。

他向他妈妈要了一个月票夹子,把他的第一枚邮票夹在里面。

他开始注意我的来信,凡是有漂亮的邮票,他都要如法炮制,放进水中,再贴在玻璃上,再让它们一个个像是熟透的果子一样落在地上。

他的邮票很快就撑满了月票夹。

有一天,我带他到百货大楼卖集邮册的柜台前,让他挑一本集邮册。他挑了一本封面画着孙悟空的集邮册。卖货的阿姨见他还没有柜台高,故意逗他:"你买这么大的集邮册干吗?你有那么多邮票吗?"他挺不高兴,认为人家有点瞧不起他,噘着小嘴说:"我有。"

当他把他的邮票攒满了这一本集邮册时,我带他到美术馆对面的美术用品商店。当时,那里有卖外国邮票的,除了少数外国新的邮票外,都只是一些盖销票。我帮他挑选了几套,顺便告诉他是哪几个国家的。这下坏了,他开始希望将世界上所有的国家的邮票攒全,他开始每买一套或一张新的国家的邮票

之后，放在他的集邮册之前，先用一张小纸条写上这个国家的国名，塞进集邮册里，再把邮票放进它的旁边。这样，一个国家一个国家的邮票排着队，挤进了他的集邮册里。如果碰上我有出国的机会，我问他需要带给他什么礼物时，他保证会说："邮票，我没有的国家的邮票。"

我发现他的占有欲，就是从这时开始的。

那时，我家有一张世界地图，他将他所拥有的邮票的国家，都在地图上标明了出来，以后每买一套或一张新的国家的邮票时，他会再在地图上标出来。当时，我家的这张世界地图贴在床旁边的墙上，看着他站在床上踮着脚尖找他新买到的邮票的国家在地图上的位置时，那样子好玩极了。

上小学时，我帮他买了一本世界各国在邮票上的名称，按五大洲分的国家，每个国家在邮票的标记和名称分得很清楚，而且还有各国邮票的图案附在后面。他开始对着书将他所有的国家的邮票一一在书中画上了钩。再买邮票时带着这本书，找没有的国家的邮票买。那时，星期天，他常磨我去的地方就是邮票市场，宣武区文化馆、月坛、东单……北京当时的集邮市场，都去过了。

小学毕业前夕，他积攒了有一百六七十个国家的邮票了。他恨不得将世界上所有国家的邮票都占为己有。

也是在小学的时候，他有了另一种爱好——积攒树叶标本。这要感谢他的生物老师，老师要求学生们做树叶标本，他从公园里找了杨树、枫树、银杏树、柳树、松树五种树的树叶，圆形的、五角形的、扇子形的、眉毛形的、针形的，一一贴在本子上，得到老师的表扬，便让他一发而不可收。

到公园，到街上，到外地，到一切有树的地方，他都不会忘记寻找他没有的树叶。如果我到外地，他除了邮票之外，还要我再给带上没有的树叶，这成了他的宝贝。

他自己买了一本《少年生物百科词典》，那里面介绍的众多的树木，分纲分目分科分得很细，他便照葫芦画瓢也在他的树叶标本中写上他的树叶的纲目科。而词典中介绍的那些他没有的树叶，是他最梦寐以求的。我很难忘记他叔叔带他到北海植物园中看到了人参果叶、缘罗叶子，不顾人家根本不让摘叶，让他叔叔替他站岗放哨，他偷偷地摘下这两种叶子之后立刻跑出植物园，心里狂跳不止的样子。我也很难忘记我从新疆带回给他胡杨的树叶，和从庐山植物学家胡先骕墓地前带回给他的水杉的叶子，他那种激动而敬仰的情景。

小学毕业时，他拥有了五大本树叶标本。

他恨不得有一天能走进一座莽莽的森林，将世界上所有他没有的树叶采撷在他的标本册中。

初二时，他迷上了蔡志忠的漫画，蔡志忠用漫画的形式深入浅出地介绍我国古代的诸子百家和文学名著，特别适合他那种年龄孩子的心。他一本一本地买，一直到将蔡志忠的漫画集全部买齐。

这一年，他在《儿童文学》杂志上看到了一篇名字叫做《第七条猎狗》的动物小说，看了一遍又一遍，每看一本都会

钻进被窝里悄悄地落泪，他在日记上说是为了人间少有那第七条猎狗的忠诚。他第一次看见的小说前面作者沈石溪的名字，一下子就迷上了。他开始寻找他的小说，便一本一本买回家，几乎买全了当时沈石溪写的所有的动物小说……

一晃，孩子就长大了。真的，孩子长大，好像就在一瞬间。因为我的眼前总还是晃动着孩子小时候的样子。好像他蹲在盆旁看邮票从水中漂浮起来，他蹦着高从比他高许多的树上摘树叶，一本接一本地买蔡志忠、沈石溪的书的样子，就在眼前。

前些天，小铁从学校回来，一边吃着晚饭，一边对我说："爸，我新买了一盘山羊皮的带子，唱得非常好听，你可以听听。"

我知道最近他迷上了音乐，许多流行音乐，我是从他那里得到的启蒙。"山羊皮"是一支乐队的名字。当然，他是不同意我这样把他喜欢的音乐都叫做流行音乐的，他认为流行音乐只是为了赢得大家的喜欢，是浅的，比如ABBA，比如马克斯。他喜欢的是非主流音乐，是他们自己作词自己演奏自己唱，有他们自己的性格和风格。

他接着说："山羊皮唱得非常好，我准备把他们的磁带买全。"

我知道我们家快要充满着"山羊皮"的味道了。这很符合他的性格，他要是不把"山羊皮"都搬回家来，才不是他呢。

我没有说话。

占有欲

果不其然，没几天的工夫，他就把"山羊皮"都请了回来。他为自己如此迅速地找全了"山羊皮"而兴奋不已。那些天，我家里到处是"山羊皮"的吼唱。

然后，他把"涅槃"几乎都买了回来。不过，他很快又不喜欢了，说是现在是个人就拿"涅槃"说事，一开口就是柯特·科本（"涅槃"的主唱）的自杀，把他们都说俗了。又把U2、死能舞、草莓卡巴利、英格玛、比约克、披头士……的磁带全都搬了回来。像小时候买一本《少年生物百科词典》一样，他又买回上下两册两本外国流行音乐词典，作为他入门的拐杖，好像这学期他改学音乐了。

有什么办法呢？他就是这样一个孩子，只要想学想看想听的，他都是这样尽可能地占全。有时候，你会觉得他的野心也太大了，想劝劝他说其实一个人的能力其实是有限的，怎么能够什么都想占全呢？一个人浑身是铁能打几根钉子，一口再大也吃不掉天嘛！有时候又想，算了，这样说也太中庸了，一个男子汉在小时候和年轻的时候就应该有一种占有欲，就应该有这样的雄心！都说无欲则刚，其实，是无欲不刚呢。有了这样强烈的占有欲，给地球一个支点，就让他企图把整个地球全都转动起来吧。

就是在这里开始了研究生的学习（23岁，美国麦迪逊市）

半途而废

孩子落生以后,做父母的想象力一下子都会激发起来,都会想象自己的孩子个个是天才,将来长大后都会出人头地,起码不会像自己土埋半截子还两手空空一事无成。于是,做父母的便都会在孩子刚刚懂事的时候,为孩子充满非凡想象力地去设计未来,然后马不停蹄地带着孩子学这学那,舞蹈、美术、钢琴、体操、外语、表演……孩子美好的未来仿佛就闪耀在眼前,看得见,摸得着,激励着家长和孩子一起陀螺般地旋转不已。

作为家长,我自然也一样难免脱俗,毕竟只有一个孩子,谁也不希望人家别人的孩子是"洋刺子",自己的孩子就非得是"土鳖虫"。

我同样让孩子学过大字,颜体柳体的字帖买了一大摞,王羲之的鹅池一池清水染成墨色的古训一通讲,墨汁染黑床单、染黑孩子一张小花脸,孩子到头来字没有多大长进,兴趣大减,最终半途而废。

然后让孩子改学电子琴，那时正值电子琴热门，特意买了一架雅马哈，开始学习五线谱。架势端起来了，声音弹出来了，后来莫扎特的曲子也能歪歪扭扭地奏出来了。但还是三分钟的热乎气，渐渐随风飘散，雅马哈上落满了灰尘，最后只好忍痛送给了别人，孩子是半途而废。

然后改学摄影，这回是孩子自己来的情绪，交了学费，每星期天早早起床去听课，专门买了台照相机，带上笔记本记听课笔记。正经忙了好长一段时间，老师讲理论，我陪孩子去实践，到动物园去拍天鹅和白熊，照片洗出来，高兴过一阵子。可没过多久，天鹅和白熊就退色了，课也懒得听了，照相机都找不着了——当官的把印都丢了，还不半途而废等着什么？

又到过数学奥校学习，路远，星期天要起个大早，都还忍了，毕竟是老师的推荐，小学时老师的话是比家长重要的，也起作用得多，熬了一个学期，参加萌芽杯数学比赛，只拿了个鼓励奖，兴趣陡变，再不去奥校，又是半途而废。

算算孩子坚持时间最长的是学画画，从四岁开始学，上过正经的美术班，齐白石、吴作人、王雪涛、尹瘦石、李苦禅……不少大师，那一阵子云集我家，大小白云笔、各种色彩墨、生宣熟宣纸，还曾经特地请人篆刻过一大把大小不一长圆均有的闲章，龙飞凤舞，泼墨大写意，工笔细勾勒，好一通招呼。别说，功到自然成，火到猪头烂，孩子的画正经有不小的进步，居然有两幅画被送到美术馆展览过，后来又送到日本去展览。不管怎么说，也算小小的成功吧。但这成功只是冬天里的哈气，瞬间就飘逝而去，并没有结冰冻成结实的冰柱或耀眼的冰灯。读到中学之后，这伴随他时间最长的美术不知不觉地丢失了，到底还是个半途而废。

开始，我的心里怎么也想不明白：为什么孩子有这么多次的半途而废？莫非是孩子真的没这份才能没这份毅力？还是自己的教育不得法？

后来，想到了自己的小时候，慢慢的，也就想明白了。

我的小时候，先是学二胡，后来学笛子，又去学埙，一样样学得不错，但到头来还是半途而废。

然后是学乒乓球、学篮球、学话剧，一样样学得也有成绩，还被送到北京体育馆的少体校篮球训练班，最后照样也是半途而废。

这样的回忆，不是为了让孩子和我作个均称平衡的对比和首尾呼应的照应，也不是说孩子只是惯性地重蹈了我的覆辙，只是我的一个隔年拷贝。我只是想，为什么我和孩子有着这样惊人的相似？我自己一次次半途而废，而未能挽狂澜于既倒，怎么能要求孩子非得一次次马到成功而不能半途而废？

我便也就想明白了，一个人最后学什么是有定数的，这个定数就是主观的条件和客观的因素在一次次的选择中对上了榫子，这样一次次的选择，便是一次次无可奈何却又是必须经过的半途而废。这个定数，在我看来，命中注定是贪多嚼不烂，只能有一个学会学得不错就了不起了。这就像传说中的狗熊掰棒子，掰一个夹在怀里，又掰一个又夹在怀里，但到最后抱在怀里的只能是一个棒子。

　　关键是要把这唯一的棒子紧紧地抱好在自己的怀里，不要随意或轻易地丢掉。

有这样两个地方

我的孩子小的时候,我常带他去的地方是美术馆。那时候,他很爱画画,正在和我的同学的一个孩子,他的小姐姐学画国画。他的两幅画——一幅熊猫和一休,一幅老师和学生——还曾经在美术馆里展览过呢。在他童年的生活里,涂抹着绘画活泼而鲜亮的色彩。许多个星期天,我和他都是徜徉在美术馆里。

北京的美术馆在闹市区中,繁华热闹的王府井和隆福寺离着都不远。但走进美术馆,一下子就安静了下来,凉爽了下来,喧嚣被遮挡了,阳光被遮挡了,温柔的光线只能透过天窗细微地折射进来,那情景像是走进浓荫匝地的树林,让你的身心沁透着一种清新凉爽的感觉,仿佛滤就得澄净透明。

在美术馆里,我和孩子一起看过李可染的牛,看过吴作人的骆驼,看过齐白石的虾,看过徐悲鸿的马,看过吴昌硕的山,看过林风眠的花,看过郑板桥的竹,看过八大山人的傲骨铮铮的莲;也看过伦勃朗的肖像、莫奈的睡莲、米罗点彩的抽

象和毕加索夸张的变形……

美术馆对于我们，是一部打开的、流动的中外美术史。

走在那里，我们不说话，但心里涌出的话却有很多很多。那些美术大师和那些绘画，都在向我们说着许许多多的话，碰撞在我们的心头，像水流激荡在礁石上，迸溅出湿润的雪浪花。

如今，我的孩子已经长大，他没有学成绘画，但美术并没有离他而去，却是铭刻进他的生活和生命里。那些缤纷美好的色彩永远挥洒在他的眼前，那些绘画所洋溢的生命气息，永远流动在他的心里。

他曾经不止一次对我说，他最大的遗憾就是没有坚持把画学到底，要是学会了绘画，那该有多好！

我问过他：你后悔吗？

他摇摇头：毕竟我是真诚地喜爱过绘画。不见得所有喜爱绘画的人都能会画画，但美术培养了我的素质，让我懂得了一些怎样去欣赏美、珍惜美。

我带孩子进音乐厅听音乐，是很晚的事情，到了孩子读中学的时候。起初，他不大喜欢去，因为看不见的音乐毕竟没有绘画那样如描如绘形态毕现在眼前真真切切。他说他听不大懂那些没有一句歌词的交响乐。到音乐厅去，不如买盘磁带又可听音乐又可看歌词。我对他说，听磁带和到音乐厅听音乐是两回事，听带歌词的流行音乐和听古典音乐是两回事。这就和看画家的原作，同看画册里复印的画是两回事一样。这就和走进开阔的原野，同走进公园人造景观里是两回事一样。

许多事必须身临其境，人才会明白而变得聪明一点。

许多事必须等待时间，孩子才能渐渐长大一些。

在这个世界上，人心越来越浮躁，情感越来越粗糙，道德越来越动摇，信仰越来越苍白。是因为我们刚刚经历着从政治时代走进经济时代这样新旧交替的阶段，我们渐渐变得只会低下自己的头看得越来越实际、实惠与实用，而忘记了应该仰起头来看看头顶的蓝天；我们已经折断了自己飞翔的翅膀，而成为只会匍匐在地的爬行动物；我们已经失去了耐心倾听看不见摸不着的音乐，而只会去看那些近在眼前逗人一笑的小品。我们现在常说的所谓喜爱听音乐，其实只是喜爱听带通俗歌词唱男欢女爱的流行歌曲，我们把音乐在内的一切艺术已经削足适履只适合世俗的口味。我们常说的音乐发烧友，不少只是喜欢摆弄或炫耀自己拥有的高级音响和占有的唱盘。我们离真正的音乐已经越来越遥远。

但是，我告诉我的孩子：在这个世界上，一切都染上了功利甚至铜臭色彩，包括艺术在内，只有音乐除外。真正的音乐不靠语言，不靠外在的一切东西，只靠心灵。一切的艺术，只有在音乐的面前，人和音乐一样通体透明。好的音乐，并不在乎你真的能听懂听不懂，而在乎你是否真心去感受；好的音乐，让你的心净化，让你的头垂下，让你的精神飞翔，让你的眼泪纯净得露珠儿一样晶莹，让你觉得你的周围再物欲横流、再污浊窒息、再庸俗不堪……毕竟还有着美好与神圣的存在。

我的孩子前些天突然这样对我说：将来我要是找女朋友，

我一定先带她到美术馆和音乐厅去。如果这两个地方她不愿意去，那就得吹了……

我笑他一时孩子气的话。但他说得没有一点道理吗？一个人成长过程中，需要多种营养，没有音乐与绘画营养的人，照样能长大成人，但他和她肯定会缺少些什么。缺少些什么呢？缺少心灵上和精神上那一点轻柔、湿润的东西。这一点东西也许一时不会显山显水，但关键时刻它会支撑着你的生命的存在。生命中需要坚强，有时也极需要柔韧，坚强如果是生命的高山与大地的话，柔韧是生命的水脉和天空。

在越来越繁华热闹的都市里，商厦会越建越多，饭店会越建越多，酒吧和咖啡馆会越建越多……美术馆和音乐厅不会很多。但它们两个是城市的双胞胎，对于一座城市来说的作用是不可取代的。在繁忙之余，在嘈杂之时，在污染之际，在种种诱惑与侵蚀扑面而来的包围之中，走进美术馆和音乐厅，会让我们的心稍稍沉静下来、纯净下来，起码暂时得以逃脱和安歇，是同走进商厦、宾馆、饭店、酒吧、咖啡馆里绝对不一样的感觉与感受。

我对孩子说：你说得对，选择女朋友时别忘记了去这样两个地方，以后你长大真正走进了社会，无论多么忙多么闷多么烦躁多么挫折重重多么艰难不顺心，也不要忘记到美术馆和音乐厅去。它们起码是我们心灵的一帖伤湿止痛膏和去皱护肤霜。

常到美术馆和音乐厅这样两个地方去的人，和常到饭店酒吧去的人，和常到银行证券交易所的人，内心深处泛起的涟漪是不一样的。

永远的校园

我离开校园的时间已经很长了。我是1982年大学毕业，留校教了三年的书，而后自以为是要闯荡更广阔的生活，那样毅然离开校园的，算算至今有十三个年头了。在我人生五十一岁中，我上了十六年的学，当了大中小学的老师十年，一共二十六年，校园的生活占人生一半还要多一点。命中注定，校园刻印在我生命里，而我却离开了它。我常想起校园，常责备自己当初那样的选择是不是对校园的一种背叛！

1978年的冬天，我是粉碎"四人帮"后恢复高考制度的第一批大学生。我到这所中央戏剧学院报到，是二进宫，因为在1966年时就考入了这所学院，"文化大革命"爆发了，让我和它阔别了十二年，和校园阔别了十二年。当我重新回到校园，已经三十一岁了，虽然有些苍老，但感觉还是那样年轻，这种感觉来自我自己，也来自校园。我总想起报到的那一年冬天，躺在宿舍的二层铺上睡不着觉时听窗外白杨树被寒风吹得萧瑟的声音，我总想起第二年的春天，一眼望见校园里的藤萝架缀

满紫嘟嘟的花瓣的情景。

我第一次走进这所校园参加考试，就是先看见这一架紫嘟嘟的花瓣的藤萝的，那时我才十九岁。重现的旧景旧情，往往能使人产生幻觉，以为自己和校园都依然像以往一样年轻。实际上，岁月无情地流逝，我和校园都已经青春不再了。尤其是逝去的岁月并不是在校园里流淌，而是渗进在荒芜的北大荒的黑土地，校园里没有留下我的足迹，校园只给予我一个伤痛的符号。

那时候，我才真正地对校园产生一种珍惜之情。校园对于一个人的青春是何等的重要，是任何别的地方别的事物都无法取代无法比拟的。如果说青春是一条河，那么，这条河流淌过的树木芬芳、草丛湿润的两岸，应该大部分属于校园。在我三十一岁青春只剩下个尾巴的时候，失去了校园十二年之久，才体味出校园对于一个人生命的意义。就像诗人早说过的：失去的才懂得珍惜，拥有的总不在乎。

记得刚刚入学的时候，无论在校园还是出校园，我总要把学院的那枚白底红字的学生校徽戴在胸前。其实，按照我的年龄应该戴老师的那种红徽章才是，戴这种白校徽，和年龄不相适应，有些范进中举式的可笑。但我还是戴了好些日子，虽然有不少虚荣感，它让我产生对校园的亲切感，也让人知道我和校园是同在一起的自豪感。

如果说我这一辈子什么最让我留恋？那就是校园。离开校园之后，这种感情与日俱增。在以后的日子里，偶然之间，我也曾到过一些大学,或者说大学闯入我的生活,更让我涌出一种故友重逢、他乡遇故知的感情。

其中最让我难忘的有两次,一次是到厦门大学,一次是在天津大学。

我的一个学生在厦门大学读物理系,她带我参观整个校园,鲁迅先生的雕像,陈嘉庚先生建造的体育场、教学楼、实验室……到处是年轻学生青春洋溢的脸,到处是南方特有的高大葳蕤的树,到处是亚热带奇异芬芳的花。青春时节像是一只鸟或是一粒种子,能够在这样的环境里飞翔或种植,该是多么美好和适得其所。她带我推开礼堂的大门,偌大的礼堂空荡荡的、静悄悄的,只有台上亮着灯,几个老师和学生在布置着舞台,大概晚上要有演出。那种安谧的气氛、空旷的空间,以及几粒橘黄色灯光童话般的闪烁,没有喧嚣、没有纷扰、没有倾轧……只有门外南方蓝得像水洗了一般的高远浩渺的天空,和流动着的湿润带有树木的清香,弥漫在身旁,都是只有在校园里才会拥有的境界。只有在这里,一切才变得如此清新,心才得以超凡脱俗的净化。能够在这里读几年的书,该是多么的难得,青春的血液该像是过滤透析一样,清水般清澈。那一刻,时光倒流,我像又回到了学生时代。

那次在天津大学,是我到天津人民广播电台播送我的一篇长篇小说,那么巧,电台的朋友把我安排住在校园。我住进去时是夜晚,四周被浓郁的树木包围,林间有清脆的鸟鸣,不远处有明灭的灯光,间或能碰见几个正谈情说爱迟归的学生,

空气中没有那种在别处常有的煤烟味和烧菜的油烟味，弥漫着的是淡淡的花香和潮潮的泥土的土腥味道。我知道这是只有校园才会喷发的气息，它让我感到熟悉，感到亲切，它和别处不一样，别处有脂粉味或铜臭味乃至剑拔弩张的冷兵器味，它没有，它有的只是这样的清淡和清新。

第二天清早，我漫步在校园的甬道上，一直到主楼前的飞珠跳玉的喷水池旁，我更体会到只有校园才会拥有的独一无二的氛围。看着那么多年轻的学生或捧着书在读，或拿着饭盒急匆匆在走，或抱着球风一样在跑，身影消失在操场上、饭厅里和绿荫蒙蒙的树丛里、晨雾里，让我很羡慕他们。我想如果能让我重返校园，无论是读书还是教书，我一定会比以前要珍惜，要认真。我当时真的这样想：还有什么地方能比得上校园这里更美好，更让人感动呢？

也许是走过了一些别的地方，看到了一些不愿意见到的事物和嘴脸，才对校园别有一番情感？也许校园本身确实相对清纯清白一些而让人产生一种世外桃源的错觉吧？因为这个世界实在污染得越来越严重了。同时，我也想：青春真是一刹那，稍纵即逝。我眼前的这些可爱的学生只能在校园里呆四年，即使读研究生、博士生，也就八年，他们很快都得离开校园，都得和我一样迅速被这个强悍的外部世界同化而变老。那次，我在天津大学住了十多天，一直到把那篇长篇小说录音完。十几天的清晨和夜晚，我和校园和学生在一起，便也和世外的喧嚣隔绝了十几天，感受到久违的青春气息，虽有些伤感和怅惘，但美好难再。后来我把这部长篇小说的名字叫做《青春梦幻曲》。

前些天,我的儿子被保送北大,学校要家长直接递送保送的表格,我第一次走进这个校园。未名湖、三角地、五四运动场、新建的图书馆……我都是第一次见到,却让我感到是那样的熟悉,仿佛以前在哪里见到过。我知道是校园才会让我涌出这种感觉和感情。绿树红楼、蓝天白云、微风荡漾的湖水、曲径通幽的甬道……还有那些远不如街头纷至沓来的年轻人漂亮和衣着时髦的学生,纯真可爱,文质彬彬,——让我感到是那样亲切。我几次问路,学生们都是那样彬彬有礼,然后用他们青春的手臂指向前方的路,消逝在柳荫摇曳的前方的路,便一下子绿意葱茏,飘荡起动人的绿雾,而立刻变得明晰起来。这种感觉是只有在校园里才会拥有的,虽然我知道只要走出校园,这种感觉便会像是惊飞的鸟一样荡然无存,但我仍然为这种瞬间的感觉而感动,想想儿子就要在这样的校园里读书,心里漾起祝福,也隐隐有些嫉妒,同时想他能够和我一样在经过了沧桑之后对校园充满着珍惜之情吗?

星期天,儿子到学校复习功课,我去找他,特意带了相机。这所有一百多年历史的中学,也曾是我的母校。过不了几天就要毕业了,儿子就要离开它了,便和中学时代告别,我希望给他留下几张照片作为纪念,也想和他一起同母校留影,留下校园的回忆。

校园异常安静,百年历史的老钟还在,教学楼巍峨的身影

依然，儿子小鹿一样蹦蹦跳跳地跑下楼来，跑出那座曾经我也无数次跑出跑进的楼门口，青春的气息和满园馥郁的月季芬芳一起在校园里洋溢。

三十二年前，我和他一样大小，一样高中毕业，一样青春洋溢而所向空阔，一样的会挽雕弓如满月，一样的一夜恨不高千尺，一样想从这个中学的校园蹦到自己心目中理想的大学校园……但梦就是在这样的年龄时破灭了，"文化大革命"突然爆发了，一个跟头，我跑到了北大荒，青春蹉跎，大学梦断，校园与我阔别了十二年。

我很想把心中涌出的这一切想法，告诉给儿子。可是，我不知他是否能够理解。时间隔开了一道宽阔的河，我们站在河的两岸，两代人就是这样形成。我希望他比我们这一代人幸福，少一些我们那些无谓的或人为的挫折；我也希望他能够珍惜这得来不易的一切，珍惜人生只有一次的青春时光和校园生活。但是，这些话是不是有些说教的味道？孩子最不爱听？我有些犹豫，心潮却澎湃着。

我和儿子站在了教学楼前的校牌旁。三十二年了，校牌依旧，我和儿子一人站在它的一边，两代的梦在它身旁际会。照片会留下岁月和历史，留下心情和记忆。即使我们都不在了，照片还在，校园还在，永远的校园会为我们作证。

感恩节在美国同学的家（23岁，美国北达科他州诺迈特）

愤怒的衬衣

大约是小铁上初二的那一年，小男孩这个年龄，开始懂得爱美了。记得以前你让他穿什么衣服，他就穿什么，不管是长是短，是花是素，他脑子根本没有什么概念，总会很信任父母，认为你让他穿的肯定都是好的或是合适的。记得他四五岁时，他的妈妈用两个花绸子的布头替他做了两件短袖衬衫，他很高兴地穿上了，带他到哪儿就到哪儿，还穿着它们照了好多照片。那绸子花得要命，我想现在要是让他穿，你就打死他，他也不会穿上它们去跟着你招摇过市了。

初二那一年，一个星期天，全家要出去玩，正好赶上他的叔叔也跟着一起去，本来挺高高兴兴的，谁想到他穿上一件新买的衬衣时，矛盾突然爆发了，高兴的劲一下子变成了愤怒。

开始，我对着正对着镜子来回照的小铁说："你把那件衬衣塞进裤子里。"他没听见似的，根本不塞衬衣，还在美不劲儿照镜子。

我又说了一遍："小铁，你把衬衣塞进裤子里。"

他一回头，问我："为什么？"

我说："你看不见那衬衣的后摆多肥多长，都盖过屁股了，显得多难看。"

他扭过头看看衬衣的后摆，是一个圆后摆，当时新式样的。

我见他还是不动，心里有些着急，冲他有些发火："听见没有？"

见我发火，他也有些急了，拧着脖子冲我说道："怎么了？我穿衣服你也管？"

我又说："当浪在屁股后面像什么样子！多难看！"

他立刻反驳我："难看什么难看，我看挺好看！"

这话激我的火，冲他喊了起来："你看看大街上有你这么穿衣服的吗？"

他紧接着我的话反唇相讥："您看看大街上谁穿衬衣还非得塞在裤子里面？"

这话赶话可是够噎人的。我更急了，火一冒上来，立刻走上前去，一把拽过衬衣的后摆，说死说活就要往他的裤子里塞。

他立刻挣扎起来，本能地反抗，不让我塞，你来我往，像是过去天桥摔跤的都要使劲地对抗，你要拽住他的后腰，他就拼命地躲闪。明显地感到孩子的力气渐大，要是以前，我还不三把两把就把他制服了，按住了他的后腰，不塞也得塞了。可是，现在，他的手不住地拨拉我的手，手上的劲儿挺大的，拍

打在我的胳膊上，挺疼的。

一直站在旁边的他的妈妈和叔叔，本来是等着我们走的，没想到我们竟争执起来，他的妈妈就在旁边劝着我说："他愿意把衬衣放在外面就放在外面得了，你管他干什么？"

小铁一看有了同情者，立刻来了情绪："就是，什么都管，连穿衣服也管，凭什么？"

我也沉稳了下来，想耐下心来继续阐述我的道理："放在外面多难看……"

没等我说完，小铁立刻说："你认为好看，我就也得认为好看怎么着？是我穿衣服还是你穿呀？"

我强耐着性子说："不是认为好看就好看，你自己看看放在外面，逛逛悠悠的，像什么样子嘛，跟个小玩闹似的……"

看他也不说话了，以为是他认为我说得有道理，有点回心转意，态度渐好，便砸姜磨蒜地没完没了地说，希望把他说服。

谁知我这一说，说得小铁彻底是没耐心了，一副死猪不怕开水烫地冲我说道："你再怎么说，我反正是没法把衣服塞进裤子里。"

见他说下大天来，还是犟得可以，依然故我的样子，我的火又蹿了起来："你不把衣服塞进裤子里，咱们就不去了！"

他也火了："不去就不去！"

气氛立刻僵了起来。两张愤怒的脸干脆谁也不看谁。

他的妈妈赶快救火："什么大的原则的事？你们爷俩这

是干吗呀？他不塞就不塞，走，快点走吧，都耽误多少时间了。"

他叔叔都走到门外了，又走了回来，劝我说："你也真是够犟的，穿个衣服，他愿意放在外面，你愿意塞进里面，干吗非得针尖对麦芒……"

劝了半天，走吧，本来说好了到外面玩的，挺高兴的事，别弄得别别扭扭的。这么一想，不再和他较劲了。

说到最后，他还是把那件衬衣放在了裤子后面，肥肥大大的，逛逛悠悠的，被风吹得鼓鼓涨涨的。

如今十多年过去了，小铁已经长成大人，再穿衬衣或T恤，从来不会把后摆放在裤子里面。有意思的是，现在我穿衬衣或T恤，也把后摆放在裤子的后面。有一次，小铁指着我甩在屁股后面的衬衣对他妈妈笑着说：你看我爸现在不是也不把衬衣塞在裤子里面吗？

在往事中，有时显得可笑的不仅仅是孩子，而是家长。

现在想想，家长对于孩子的本事，不在于你挣的钱多少，不在于你的力气大小，不在于你的关系有多硬，不在于你的手有多巧，不在于你的脾气有多横……

家长对于孩子的本事，主要体现在孩子成长中的两个阶段。在这两个阶段里，最能体现家长的本事，最能发挥家长的才智。

一个阶段是孩子刚刚懂事的时候，世界对于孩子充满疑团，天空挂满的不是一颗颗星星，而是一个个的问号。这时，

孩子需要的是解答，需要的是帮助，需要的是将那一个个的问号变成句号或叹号。

这时候，好的家长就是孩子的第一个老师、万能的上帝。

另一个阶段是孩子刚刚步入青春期的时候，生理和心理急剧成长，比骨骼长得还要快。青春期独有的逆反心理，让孩子对越是权威越是不可动摇的世界充满叛逆的挑战。往往这时候孩子反对的第一个权威，就是原来他们认为是无所不能的家长。这时，孩子需要的是宽容，需要的是理解，需要的是设身处地的交流和沟通。

第一阶段，孩子是仰视家长；

第二阶段，孩子是平视家长。

如果第一阶段，要求家长的是学识和耐心；

那么，第二阶段，要求家长的则是艺术和尊重。

学识、耐心和尊重，也许都还好办；对于孩子教育的艺术化，实在弹性太大，浩如烟海，却是衡量家长本事的关键。

舍得用板子

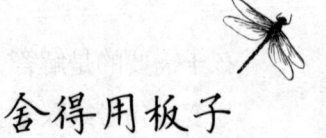

梁实秋先生在谈人生时，说过这样的话："西谚有云：'舍不得用板子，便会娇纵坏孩子。'约翰逊博士不完全反对体罚，孩子的行为若是不正，在他的身上肉厚的地方给几巴掌，他认为是最简捷了当的处理方法。"

我是同意梁实秋先生这种对体罚的态度的。对于小孩子，仅仅用说服教育的方法，有时候说破了嘴皮子也是难以奏效的，适时而必要的打是应该的，所能起到的作用是意想不到的。这是因为孩子年龄小，说服教育说的道理，光是道理，小孩子有时是听不懂的或听不进去的，而必要而适时的打则是给他以突然的警醒，给他一种强制性的制止，从身体本能上意识到再这样做是要付出疼的代价的。这就像森林中的小动物，在出去觅食时或跑动时，可能会碰上树桩什么硬的东西，身上突然疼了起来，再碰见这样硬的东西，自然就长记性了。你不用跟它说要绕开这些硬东西，它自己也明白了。孩子在小的时候，一样存在着动物性中本能的特点，有些问题不光是道理能

够解决的。体罚当然不是唯一的，说服教育，同样也不是万能的。

在我的小时候，我的父亲一直是主张说服教育的，他讲道理时苦口婆心的耐心和法子，在我们大院里是有名的，谁见了他在对我或我的弟弟进行说服教育时，或是别人家有的家长急躁地打孩子时，都会这样说："看看人家肖先生的耐性！"但是，就是这样有着极好耐性的父亲，生平也曾经打过我一次。那是因为在内蒙古的姐姐寄来了贴补家用的30元钱，我趁着父母没在家的时候从这30元钱中偷偷地拿走了一张5元钱的票子，跑到新华书店买了三本书。父亲把我按在床上，用一种做父亲最常使的法子——脱下自己的鞋，用鞋底子狠狠地打在我的屁股上。那是一双用麻绳纳的千层底的鞋，很结实地打在我的屁股上，疼得不轻。那一年，大概我上三四年级。父亲是让我知道不能不经过家长的同意就随便拿钱，养成了习惯就容易有偷的毛病。况且，家庭并不富裕，当时5元钱对于我们一个仅仅工资70元钱的家庭来说，是一个并不小的数字。

我从那时明白了这一道理，这道理不是从父亲的说服教育得到的，而是挨打醒悟的。

小铁小时候，一般我还是秉承着我父亲说服教育的传统，但我也曾经打过他。当然，是在孩子犯并不是一般错误的时候。记得最清楚的是有一次，是在孩子大约九岁十岁的时候，他和比他小两岁的我弟弟的孩子小钢在楼下玩，玩着玩着忽然都跑上楼来，我弟弟的孩子哭着向我告状，说小铁在楼下打他了，小铁立刻反驳说他的不是，我弟弟的孩子不服气，又反驳他，谁想小铁急了，根本不允许人家解释，当着我的面一把上前把人家推倒在地。我一把抱起他，把他扔在床上，用的是我父亲几乎同样的法子，狠狠地打在他的屁股上，只是没用鞋底子——做父亲的，多少年来惯用的法子并没有多少改进。

孩子不说话了，他知道他挨打的原因。我就是让他明白，对于比自己小的孩子，什么时候都要爱护，而不能因为自己大就欺负人家。

在孩子小的时候，说服教育和体罚都是需要的，单打一哪一方面都容易让孩子营养不良。这里需要注意的是——说服教育和体罚不是一对翅膀，能载孩子飞翔。要以说服教育为主，打，一定要掌握时候，不能动不动随便上来就打，打得次数多了，作用就没有了不说，还会起到逆反的作用，让孩子心灵受到不应有的伤害。所以说，说服教育需要法子，打也需要艺术。这就像做菜搁盐，搁少了没味，搁多了就该糇嗓子了。打，只能是说服教育的辅助手段，起到的是画龙点睛的作用。

另外，要注意的是舍得用板子可不是真的要拿板子朝孩子身上招呼，要记住梁实秋先生提醒的，打，要往孩子身上肉厚的地方给几巴掌就行了。千万要记住，打人不打脸。所以，当父亲的选择的一般都是孩子的屁股。

家庭忌语

家庭应该有而且必须应有忌语的,这样的话是不能说出口的,特别是做家长的,无论是多么气不可耐,或只是无意之间的随口流露,都不可说出的。并不是到了家里关起门来,就可以无所顾忌,随心所欲,如同进了澡堂子一般可以脱个精光,毫无遮拦,雨打芭蕉一样什么话都可以泼洒出来的。

比如夫妻之间最忌说的是:"当初我真是瞎了眼,找上你我算是倒了一辈子霉!"之类悔不当初的话。即使你真后悔了,也只有埋怨你自己。早知道尿炕,就该睡筛子去!而不该将这样的话伤及对方,而且让孩子听后莫衷一是,对家长产生了怀疑。

比如对于孩子做家长的最忌说的是:"你怎么这么笨?你看看邻居谁谁的孩子,我们单位谁谁的孩子学习多好,都考上重点中学了,考上清华北大了!"

前者先不说,只说后者,我以为这是家庭中对孩子最忌讲的话。孩子都有自尊心,再小的孩子也有自尊心,而且孩子的自尊心是最娇嫩脆弱不过的，像是葡萄珠只要稍稍一碰就会流水。说孩子笨这样的话，如同说一个女人丑说一个男人性无能一样，是最伤孩子心的。

应该客观地说，孩子之间的智力是有差别的，但这差别除了个别孩子有先天性的障碍之外，这种差别是不大的，从某种程度而言，孩子都是聪明的，而且都是蕴涵着极大的潜力以及可塑性的。之所以后来孩子之间学习成绩拉开了距离，原因更应该从家长方面找，而不是把责任都推给了孩子。凡是孩子学习出现了问题，尤其是出现了较大的问题，无论什么样的问题都不是孩子与生俱来的，我是相信人之初，性本善的。

孩子在成长的过程中出现这样或那样的问题，一般都是可以找出家长自己这里出现了这样那样的问题，而且大多数是在孩子小时候对孩子的教育出现了偏差，以至日长月久水滴石穿的。孩子身上的问题，一般都是做家长身上的一面镜子，因此与其骂孩子，不如先责备自己。而不是在孩子小好玩的时候把孩子当成玩具，当孩子学习出现问题不那么好玩了，就把孩子当成了出气筒。

家长尤其需要切记的，是在孩子小的时候，绝对不把自己的孩子和别人家的孩子比。即使别人家的孩子再好，是别人的孩子；即使自己的孩子出现的问题再多，是自己的孩子。不作横向的比，只将孩子自己和自己比，哪怕有一点进步和长处，都值得赞扬。旧时民间有谚语说："一畦萝卜一畦菜，自己的孩子自己爱。黄鼠狼养的孩子是香的，刺猬养的孩子是光

的。"排除溺爱和偏爱，这谚语告诉我们如何维护自己孩子的自尊，如何看到自己孩子的长处，而不和别人家的孩子进行不对等或刺激性强烈的比较，是自古以来我们的一种传统。

孩子的心理是敏感的，也是脆弱的，你总是拿别人家的孩子和他或她比，他或她便会觉得你的爱从他或她的身上已经转移到别人家的孩子身上了，他或她会更加抬不起头来，甚至将委屈乃至恨转移到别人家的孩子身上。恨铁不成钢的家长们往往就是这样无意中伤害了自己的孩子，他们以为这是恨铁不成钢，是对自己孩子的一种爱，却不知这样的爱最让孩子消受不起。

二十一年前，我曾经到天津采访过当时有名的小诗人田晓菲的父母。田晓菲十岁出版诗集，十四岁考入北京大学，如今已是美国哈佛大学的教授，可以说她的父母对她的教育是成功的。

成功的秘诀在哪里？她的母亲告诉我其中重要的一条就是："我从来不对她说你怎么那样笨？这么简单的问题都不会？也从来不拿她和别家的孩子比，你怎么不如人家？"这位母亲还给我举了一个例子：晓菲四岁的时候，还不会写字，却在哥哥新发的作文本上胡涂乱抹整整划拉了四大页，全是谁也看不懂的乱七八糟的符号，如同天书一般。她回来了，晓菲兴致勃勃地把本子递给妈妈说："看我写的作文！"做家长的，一般一看挺好的新本子给弄成这样，即使不骂孩子，也一定要说孩子几句，这是一般常情。她本来也想说孩子几句，话到嘴边又咽了下去，一想这是孩子模仿哥哥写作文，是对学习写字的兴趣呀，马上改嘴对晓菲说："真好，这是你写的吗？妈妈都写不出来这样好的作文，等你爸爸回来让你爸爸看看！"爸爸回来了，看到这样一篇恐怕全世界任何人都读不懂的作文，也表扬了晓菲，并且给她买了新本子，鼓励她认字、多写。

这位母亲的话给我留下了深刻的印象。她的这一做法，起到了良好的效果，激发了田晓菲的学习兴趣，从很小的时候就种下了热爱学习的种子。她多会抓住教育孩子的时机，将一次本来该对孩子的批评迅速地转化为对孩子的鼓励，便起到了化学反应一样，结果发生了根本性的变化。有时候，我会这样想，如果她拿到这样一个被孩子弄得一塌糊涂的本子骂了孩子一顿，说你怎么这么笨，这叫写字吗？这不是胡糟蹋吗？挺好的一张纸都让你给糟蹋了！你看看谁谁家的孩子多懂事，像你这么大都认多少多少字啦，还会弹琴画画，哪有像你这样瞎胡画之类的话……结果会怎样呢？孩子第一次天真幼稚的学习兴趣，面对着无情的狼牙棒，还会伸展出腰身来吗？

从田晓菲的母亲那里，我知道了，做家长的要切记：在家庭忌语中，最不要说孩子笨，不要拿自己的孩子和别人家的孩子比。

应该感谢田晓菲的母亲和父亲，二十一年前，我恰逢其时地从田晓菲的父母身上学到这样重要的一条教育孩子的原理和经验，并牢牢记住了它。那一年，我的孩子小铁刚刚七岁。这样年龄的孩子，好奇心正旺盛，常常会做出一些令大人匪夷所

思的事情来，是鼓励，还是一个狼牙棒砸下，常常是家长不经意间的选择。而这样的选择一定要慎重呀，孩子这时候需要的是鼓励呀！

即使在以后孩子成长岁月中表现得并不是那样绝顶聪明，甚至也有过不少失败的时候，虽然心里暗暗起急，但我还是按下了急躁和生气，从来没有说过孩子一次笨；也从来没有拿他和别人家的孩子比，即使我的心里隐隐的羡慕过别人家的孩子。我总是鼓励他，表扬他，面对出现的问题，帮助他一起找原因，然后对他说这点问题你完全可以解决得了，下一次你肯定会好的。即使下一次他重蹈覆辙，我便再一次重复着对他鼓励和信任的话。鼓励和信任的话，在家庭中是不怕多不怕重复的。

——这是我从田晓菲的母亲那里学到的一招。

寒假时去了纽约（24岁，美国纽约）

土城公园

我的儿子小铁小的时候,我曾经带他到过外地的许多热闹的旅游胜地玩,也曾带他到当时北京刚刚兴建的游乐场玩过过山车、激流勇进之类现代化的电动时髦玩意儿。

像许多做家长的一样,唯恐自己的孩子的童年比别人家的孩子落下一些什么而受了委屈。我们紧紧抓住了时代和城市流行的影子。

暂短一瞬的童年,终会在有一天如水长逝。儿子小铁上高二的那一年,有一天兴致来了,和我聊起天来,主要内容是回忆他的童年。突然,他这样对我说:"其实,对我童年印象最深的并不是你带我去玩过的那些名山胜水和游乐场,你猜是什么地方?"

我猜不出来。

他告诉我说:"是原来咱家住过楼后面的土城公园。"

儿子的这番话,我没有料到。

他所说的土城公园,不过是元大都遗址残留下的一段旧土城墙。儿子四岁，我家刚刚搬到那里的时候，除了一片新楼之外，连道路都没有修好，土城墙一带野草丛生，一片荒芜。随着楼群逐渐住进人家，随着道路的逐渐修通，沿着那段旧土城墙——其实就是一道破败凋零的土坡上下前后栽种了树木，修建了亭子，铺上了鹅卵石的蜿蜒曲折的小径，最后在四周围上一圈铁栏杆，修了一个大门口，便成了土城公园，简陋得可以，原始得可以，却也草绿树茂，生机勃勃。它不要门票，人们可以随便进进出出。我没有想到，它竟成了儿子从四岁到十一岁读四年级时转学离开这里为止整个童年的天堂。

设身处地是个常见的词，但是，真正做到设身处地是很难的，因此，大人一般很难理解孩子的心。对于好与坏、高级与低级、好玩与不好玩、平常与不平常、丰富与简陋……孩子的价值标准和家长的并不一样。难怪罗曼·罗兰这样说过："谁能看透孩子的生命，谁就能看到湮埋在阴影中的世界，看到正在组织中的星云、方在酝酿的宇宙。儿童的生命是无限的。"

我翻看儿子的日记和作文，那里有许多地方不厌其烦地记述着、诉说着、倾吐着、回忆着、留恋着土城公园那一片他童年的天地。

小时候，我住在和平里，楼后便是元大都遗址，虽也算是文化古迹，其实没什么可以游览的，只有一座不高的山坡和树木。但那里昆虫特别多，也就成了我的乐园。童年像梦一样，我的童年是这大自然中和小动物和昆虫一起

度过的。夏天，是我最快乐的时候。因为昆虫在这时候特别多。

　　雨前捉蜻蜓、午后粘知了、趴在草丛里逮蚂蚱、找来桑叶喂蚕宝宝……但最有趣还要算是捉瓢虫了。我钻进铁栏杆，就来到了这元都遗址的后山，树荫下是一片小草，草尖是青的，草根是绿的，草中夹杂着蒲公英，黄色的小花像米罗随意撒了几点黄。远远地，就能看见在那绿和黄中间零星的几点红，走近了却不见了，这就是瓢虫，像玩魔术一样和我捉迷藏。

　　蹲下身，睁开眼，啊，就在身边的花上、草上呢！瓢虫的壳大多是红色的，但壳上的星的多少却不同，有一星、二星、七星、二十八星的，星数决定了它们的种类，二十八星的是害虫，小时候极富于正义感，这片草地就是我伸张正义的舞台。

　　小心地把瓢虫从草叶间和花中挑出来，仔细地数它们背上的星。小孩的心总是更善良，生怕害了好人，如果是二十八星的，我就就地处决，攥起小拳头狠狠地说："让你吃小草！"心里轻松极了，像做了一件大好事，大快我心。有一次错害了七星的，心里真实难过了好几日，发誓下次要再认真数星星。如果是七星的，我就一只只捉来，攒到一大把，张开手向天空一扔，就像放了星星，放飞了一颗颗红色太阳。天便红了，脸也红了，我便醉了，醉在漫天飞舞的瓢虫之中了……

土城公园

这是孩子初三时的日记。说实话，看完之后，我很感动。只有孩子才会有这种感情。我们大人还能有这种心境吗？我会精心去数二十八星的瓢虫然后把它们就地处决吗？我能充满童话一般的感觉和幻想，放飞那一只只七星瓢虫而感觉出是在放飞一颗颗红太阳吗？在孩子童年那些岁月里，我和孩子其实是一样天天也从那片土城公园走过，细想一下，极其惭愧的是，我却从未看见过一只瓢虫，自然也就看不见漫天飞舞的红太阳的童话世界了。

小时候，家里没什么玩具，更没什么游戏机。和我相伴最多的也是我最爱的就是楼后元大都遗址土坡上的树、草和树间草间的小生命了。

或许，小孩都是爱小动物的，望着、捉着、再放走那些小生命，总让我想起普里什文和列那尔写过的树林和动物的文字，幻想着身边的这个废弃的小土坡会不会变成他们的文章中写的那种样子呢？晚上会不会也"没来由地飘下几片雪花，像是从星星上飘下来的，落在地上，被电灯一照，也像星星一般闪亮"？晚上十点左右，会不会"所有的白睡莲也会各各争炫斗巧，河上的舞会就开始了"呢？……

那里不高的山坡，山上那一片浓郁的树林和山下几丛常绿的地柏，以及藏在草丛里那些小生命，就是我童年全部美好的回忆了。它影响我整个的审美情趣和对人生理想

的探求方向。我认为我童年那美好的一切，都在那一片不大公园、一座不高的山上山下了。

这是孩子高二寒假里刚刚写的作文。他的心磁铁一般依然紧紧指向那座土城公园。他把那里看得那样重要，不仅对于他的童年，而且影响他整个人生理想的探求方向。天呀！就是那座毫不起眼的土城公园？就是永远比不上植物园植物丰富、动物园动物热闹、游乐场游戏设施完备高级的那一片小小的草丛和树林？

我忽然发现，自己对孩子是多么的不了解呀！

前不久他对我说："真不知道如果小时候咱家不住在那里，没有那个土城公园，会是一种什么情景？"

对于他的问话，我不知道如何回答。

他却自己这样回答道："像现在咱家出门就是大马路，好多人家都是住在这样的城市生活环境中的。也许，我会变成另一种样子。"

会吗？会像他所说的这样严重吗？

他又说："小孩就要亲近大自然，这是书本上知识无法能够给予的。小孩应该养一些小动物，这不仅是和大自然亲近的一种方式，更重要的是那些小动物都要比孩子弱小。孩子总是在大人的关怀之中，显得自己总是很弱小，有比自己还要弱小的小动物需要自己去关心了，孩子就会懂得生命中许多有意义的东西，这些是从大自然中学来的，不是从书本上从老师爸爸妈妈那里学来的！"

他所说这些，让我有些吃惊。我没有想到过这些问题。起码我忽略了大自然对于孩子成长的作用。我们大人关注更多的是孩子的书本知识的学习，说得更确切更关注的是孩子考试的成绩和名次。我们便极其容易并且理所当然地将大自然忽略掉，不懂得大自然其实对于孩子来说是一个极其重要而且更为亲切的老师，我们便自然而然不懂得或没有意识到，孩子和大自然之间的关系有着天然的儿童心理特点的沟通，其优越性是家长和老师无法比拟的。

他的这番话，让我久久反思自己，让我想起他小时候的两件小事。

一次是他还没上学的时候，春天和妈妈一起到香山去玩，在眼镜湖里捉了几只小蝌蚪，想带回家看看它们是怎样变成青蛙的。不想在爬山的时候装蝌蚪的塑料袋破了，小蝌蚪顺着水流到山坡上。妈妈说那就别要它们了，接着爬山吧！他不干，说："这些小蝌蚪变不成青蛙就要死了呀！"说什么他要把掉在山坡上的小蝌蚪捉起来，自己无法带回家了，一定得把它们重新送回湖里。

一次是他刚刚上小学的时候，一天放学，正是大雨过后，地上有好多水坑，里面落着不少只蜜蜂，翅膀被雨水打湿飞不起来了。调皮的同学就用脚踩水坑里的蜜蜂玩，好几只蜜蜂被踩死，他怎么劝说也没用，急中生智他大喊了一声："老师来了！"同学们才如鸟兽散。他和另一个同学把水坑里的蜜蜂一

只只放在一张硬纸上，然后跑回学校，把它们放到花坛的花丛中，看着它们被阳光晒干了翅膀，嗡嗡叫着飞走为止。

我们大人还能做这样的傻事吗？我们还有这份童心吗？我们还会把大自然的万物视作同我们人类一样有着情感和疼痛的生命吗？

只有孩子和动物、植物，和大自然有着天然的联系。只有孩子能听得懂动物的语言，看得懂花的舞蹈，嗅得到树木的呼吸，能够和七星瓢虫对话，幻想着树林中的童话和河上的舞会，心疼离开水的小蝌蚪、淋湿了翅膀的蜜蜂，会再无法在夏天敲响满湖的蛙鼓，再无法和花朵说着悄悄话……

没有一个孩子不爱动物和植物，这是孩子和大自然联系的纽带。这种联系，是人类童年和大自然关系的再现。孩子提醒我们，要珍惜和大自然的关系，增强和大自然的联系。家的环境再优越豪华，把孩子仅仅关闭在水泥和钢筋的楼房里，等于割断了这种纽带，让孩子缺少了这种自然的教化，孩子的成长便缺少了自然的因素，而越来越多社会物化的锈斑。

来自大自然的气息，毕竟和饭菜的香味、家具的漆味、玩具和电视散发的气味，以及窗外飘来的污染的空气的气味，绝对不一样。这是大自然独特的教育功能。

我应该庆幸，在孩子的童年拥有元大都遗址土城公园，那一片繁华都市中已经越来越难见到的清新的大自然。

土城公园

自己开车闯荡美国南方（25岁，美国）

YES和NO

对于我们中国的孩子，一般的家长和老师愿意听的是孩子说yes，而不愿意听孩子说no。不管怎么说，听yes就是顺耳，听no就容易让大人皱眉头。我们自己当孩子是这样，我们当了家长也是这样，希望孩子顺从于大人，已经成了一种惯性，渗透在我们的血液之中。有时，我想为什么我们当中贾桂式的人太多，站惯了再让坐下都不习惯，也就明白其中原因了。我曾经当过整整十年的老师，见惯的是那些顺从听话尤其是听老师的话的孩子最得宠，不是当班上的干部，就是理所当然地被选为三好生，也就明白了其中的必然。我自己当老师时其实喜欢的不也是这样的好学生吗？

一代代就这样的延续下来。

到了小铁长大的时候了，我不希望他仍然和我一样，只会服从而不会反对，更不会反抗，而将一个孩子天然的个性在他成长的过程中被我们大人惯性而无意地扼杀掉。在他的小时候，我就对他说："爸爸讲的话，如果是对的，你必须要按照爸爸说的去做。如果爸爸说的是错的，允许你反对，你要敢于说话。只要是你说得对，我愿意承认错误。"我希望起码在家中能造成一种平等的氛围。可能是我这样的话起了作用，小铁在他小时候就个性比较强，如果说不服他，不管什么事，他会拧着脖子不做的。这给我做家长的有时造成很大的难处，你要砸姜磨蒜地来回对他讲道理，真是费心费力费时。但我想这是做家长的事，不因麻烦就将其推给孩子，而让孩子只做你的一头顺毛驴，将孩子自己头上本来长着的犄角都退化乃至磨光。

印象深的有这样几件事——

小铁上幼儿园的时候，每天老师会让一个叫做刘小颖的小女孩发各种各样的玩具。一连几天，发到小铁手里的玩具都是一种式样的积木，而他发现刘小颖却总能挑她喜欢玩的插片等其他的玩具玩。有一天，他举手问老师："老师我提个问题。"老师让他讲，他说："为什么刘小颖能够挑玩具？"老师一愣，没想到一个四五岁的孩子能够提这样的问题，不过，老师立刻表扬了小铁。他妈妈接小铁时，老师还对他妈妈说："小铁这孩子说话挺冲，敢说话，明是非，挺好！"小铁应该感到幸运，他碰见了一位好老师。因为并不是所有老师都愿意听孩子说no的。

小铁上小学后，我坚持让他和我们大人分床而睡。开始，一到晚上让他自己单独一人去睡时，他躺在床上就跟杀猪似的大哭大叫，闹得他妈妈心先软，然后是奶奶出面："孩子才多小，干吗让他睡不好觉？"但是，我还是坚持了，舍不得孩子

打不了狼，没有这样的锻炼，孩子永远长不大。有好多孩子上到中学了，恋母或恋父情结依然浓得化不开，心理出现障碍就麻烦了。

孩子哪懂什么心理障碍？只知道眼下跟着爸爸或妈妈在一起睡踏实、舒服。有一天晚上睡觉的时候，小铁又开始杀猪似的又哭又叫。全家人谁也没法睡，因为我态度的坚决，谁也不敢出面救小铁，就听他一人哭叫。他像和大人拉锯战，就那么一直坚持不懈地哭，希望用他的哭声软化你，让你向他走来。他妈想动，我拉住了她，如果大人一软，立刻前功尽弃。最后，小铁哭累了，渐渐睡着了。第二天清早醒来，我问他："昨晚上你哭什么呀？真没有一点儿男子汉的味！"他说的倒直爽："我想我妈。"我说他："你呀太软弱。"他立刻反驳我："你说得不对，这不叫软弱，这叫感情！"这话说得我真是一点儿思想准备也没有，忍不住笑了起来。

小铁上小学四年级的时候，正赶上亚运会在北京举办，学校天天练队，准备参加开幕式的团体操表演。但学校心里有数，并不是所有的学生都能够参加，只是在这样的练习中挑选一部分。于是，每天的练习成了各班的比赛，班主任老师尤其重视，生怕自己的班落后，小铁的班主任当着全班同学的面说："现在天太热，哪个同学觉得坚持不了，现在可以举手，就可以不参加练队了，别到练队时坚持不了出洋相。"全班同学没有一个人举手，老师又问了一遍，这时，只见小铁举起手来。

事后，我批评了小铁，你也太蝎子独一份了吧，别人都不举手，你充什么大尾巴鹰呀？小铁不服气："老师说得很清楚嘛，让举手我才举的手。再说，老师也没说我什么。"

小铁上高一时，是他们班的班长，正是年轻气盛的时候。一次，他带领他们班的几个同学参加学校的辩论比赛，经过了精心的准备，比赛时明显的优势在他们班，但结果老师却把优胜给予了对方。全班同学都觉得不公，他那样从小养成性格的人，哪能平静下心来，立刻小公鸡似的高昂起鸡冠子，带领同学冲到办公室找老师去评理，要求讨回一个公道。一路声势浩大，颇为引人注目。结果是可想而知的，他赢得同学的敬重，却遭到教务处老师严厉的批评，让他收敛了不少高傲不驯的劲头。在一个一直听惯了yes而不是no的世界里，怎么能允许轻易而且是如此大张旗鼓的no的喊叫呢？

一个孩子就这样长大了起来。他养成了这样的性格，同时付出了必要的代价。他渐渐在被我们大人说成熟的同时，也渐渐少说了不少no，而渐渐地多了一些yes。

可以这样说，在yes和no之间反复的磨炼，一个孩子才渐渐长大了起来。

刻进年轮的感情

小铁小的时候,刚懂事但还不会写字时,他的妈妈特地为他记了一本有关他的日记,把他有意思的事随手记下来,和他的照片一"文"一"武"合在一起,给他留下一点儿童年的纪念。

五岁那年四月的开春,他妈妈记下了这样一则日记——

早上,复兴穿衣服时,小铁发现爸爸的衣服袖子开线了,就问:"爸爸,你怎么穿破衣服呀?"复兴开玩笑对他说:"爸爸的钱都给你买好东西了呀!"小铁的小脸一下子就变了,小眼睛里含着泪,伏在爸爸的身上。

如果不是这则日记提醒,我真不记得这件事了。孩子仿佛一下子就长大了起来,一切的往事便染上一种不真实的感觉似的,曾经真的发生过这样的事吗?但我却真的让这则日记弄得有些感动,想想孩子从小就重感情,对家人尤其充满爱恋。如果连家人都不爱的话,你怎么相信他能爱别人?这不是我在他小时候就希望他的吗?爱心,是孩子最可宝贵的品性,也是对家长最大的回报。

这则小小的日记让我想起另一件事,那件事给我的印象很深。是在小铁刚刚上小学不久,那天早晨,天就有点儿阴,我先去上班,小铁紧接着去上学,他妈妈等我们走后不久去商店退一条新买的裤子。没想到没过多大一会儿,突然阴云密布,倾盆大雨顷刻之间铺天盖地而来,天一下子就黑得跟锅底一样了。中午,他妈妈回来,小铁已经放学在家,正趴在玻璃窗户上望呢,见他妈妈一进门,就扑了过来说:"妈妈,我在学校上课时就想了,天下的雨太大了,妈妈要是不去商店就好了。妈妈去没去呢?要是去了准得挨浇了。放学回家一看,妈妈果然去了,我真担心,就哭了,怕妈妈浇坏了。"

妈妈一把搂住孩子,不住说:"好孩子!好孩子!"

奶奶在一边说:"小铁直哭,趴在窗户上喊妈妈快来……"

妈妈很感动,问他:"在学校害怕了吗?"

"没怕,只想妈妈了。"

那天突然而至的倾盆大雨,突然带给我们全家的温馨,让大家体味到亲情的难能可贵,也体味到孩子的感情对于大人的重要。

如今,这一切显得是多么久远,孩子上了大学,尤其是上大三之后,大概是因为繁重的功课使得时间紧张,也许是有

了女朋友的缘故，他回家的次数越来越少，以至很少回家了。缺少孩子的家，一下子让大人不适应，好像孩子真的是翅膀长硬的一只鸟，已经不顾我们而单独飞走了，小时候那种浓郁的感情终有一天会交付别人了，就像小铁小时候抄过的傅天琳的诗："如果有一天你的梦中不再呼唤我，/而是呼唤另一个陌生的年轻的名字，/那是妈妈的期待妈妈的期待，/妈妈的期待是惊喜又是忧伤……"

前不久，他妈妈去天津，给他的姥姥过八十岁的生日，回来后说起姥姥老了，耳朵已经背了，听不清别人讲话。小铁立刻埋怨妈妈："那为什么不给姥姥买一副助听器？"妈妈解释："大姨二姨他们商量了是想早买……"他打断了妈妈的话，非常生气地说："那为什么还不买呢？"

那个星期天，他约上他的女朋友，陪他一起先买了一个助听器，两个人搭乘早班的火车赶到天津，将这副助听器给姥姥戴在耳朵上。然后，他们赶回来上晚上的课。

小时候对家人的那种浓郁的感情并没有随风飘逝。

那种感情不是画在脸上的眼眉，哪怕再漂亮，只要用水一洗，就会褪色乃至消失；而是刻进树木年轮中的木纹，只会随岁月一圈圈地加深、扩大。我在心里悄悄对自己说：真的，他是个好孩子。

在芝加哥河畔（25岁，美国芝加哥）

动物园回忆

很难想象一座像样的城市没有一个动物园会是一种什么样的情景。大概没有比孩子对动物园更具有感情的了,动物园是孩子在幼小时最初与自然、与想象、与艺术联系的最佳之地了。会有哪一个城市的孩子没有去过动物园吗?他们到那里去和小动物一起玩耍,去照着动物的样子写生,去和那些与城市格格不入却又分明生活在城市里的动物交流,并想象着动物真正生活在与城市完全不同的另一个世界的情景……

可以说,动物园是孩子童年时的一个极乐世界。孩子除了能在画本里、影视中和想象里找到他们的童话世界之外,还能在动物园里找到,而且这个童话世界远比画本、影视和想象的更要立体真实和可触可摸,充满真正的鹿鸣虎啸和鸟语花香。

我已经忘记了是小铁几岁时带他第一次到动物园去的了,但我知道小时候带他去的次数最多的地方无疑是动物园。这从他那时的日记和作文中,就可以清楚地看出来,他不知多少次记下了动物园带给他的兴奋雀跃、大呼小叫和无限乐趣。动物园里发生了什么有趣或新奇的事情，什么时候来了新动物，他是最清楚不过的了，他会对着新来的马来貘、蜘蛛猴而兴奋得雀跃不已，也会对着树袋熊一看看半天，看看它的袋子到底在身上的哪块地方……

真的很难以想象，一座城市没有一座动物园，对于孩子是怎样的一种损失！狮虎山里的狮子和老虎，熊猫馆里的熊猫，长颈鹿馆里的长颈鹿，爬行馆里的蟒和蛇，鸣禽馆里那些许多叫不出名字来的小鸟……不仅会给孩子带来欢乐，更重要的是能够拉近孩子同大自然的关系。说动物园是孩子独一无二无可取代的老师，应该是没错的。

记得清晰的有一次，是小铁还没有上学的时候，我和他的妈妈一起带他到动物园去玩。那时，动物园新开了一个小动物园，一圈简单的篱笆围着，篱笆里有小鹿、小羊、兔子、松鼠之类温顺的小动物，最大的也就属骆驼了。小孩子们可以到篱笆外面去拔草喂这些动物。虽然这是动物园想起的赚钱的一个项目，因为要进这个小动物园是要买门票的，但也实在是一个很受孩子欢迎的好创意，可以让孩子有机会和动物亲近，加强孩子和动物之间的交流，让孩子从小培养一种与大自然融和的感情，也让孩子的爱心释放在比他还要弱小的动物身上。

小铁一直对动物充满感情，在我家的阳台上，他曾经养满了他能够找到的兔子、乌龟、松鼠、蜗牛好多小动物。只是我从小对这些玩意不感兴趣，出于对我的尊重（当然也有点儿惧怕），他才不得不和这些他中意的小动物依依不舍地分手。

现在在动物园中一下子有了这些可以让他尽情喂食、抚摸、玩耍的动物，他当然乐不可支。没等我和他妈妈吩咐，就一人跑到篱笆外面，一口气拔了一大把草回来，一会儿喂喂小山羊，一会儿喂喂小白兔……伸出攥着青草的小手，凑近小动物的嘴前的样子真是逗人，开始心里还有点儿怕，小手还有点儿颤颤巍巍，生怕被动物咬着，后来见小动物吐出小舌头来温柔地舔他的手心，高兴得让他不住回头冲我和他的妈妈笑个不停，叫喊着让我们快看。

手中的草不一会儿就喂光了，他跑到我们的身边。他看见一个孩子的妈妈从篱笆外面替孩子拔了好多的草，摊放在篱笆外的地上，隔着篱笆，一棵草一棵草递给她的孩子去喂小动物。那个小孩比他还要小，可爱极了，歪歪扭扭蹒跚地从妈妈的手中拿过一棵草跑到小动物前喂完之后，再歪歪扭扭地跑回到妈妈的身边，隔着篱笆从妈妈的手里拿草，那样子，很是逗人。

这时，另一个妈妈领着一个小男孩来到小动物园，小男孩一眼就看见有那么多孩子用草在喂小动物，又一眼看见篱笆边摊在地上这些拔好的青草，跑过来弯腰拿起几棵草，刚要也去喂小动物，没想到立刻遭到那个妈妈的一声大喝，然后是不由分说地从小男孩手中一把夺过青草。小男孩显然不明白究竟是怎么一回事，不都是在用草喂小动物吗？我捡起几棵草有什么错吗？还是男孩的母亲立刻明白，拉着小男孩的手无声地走了。

这一幕清清楚楚地映现在我们和小铁的眼里。小铁悄悄地对我们说："这个妈妈怎么这么厉害呀？不就是几根草嘛！"

我们什么话也说不出来。我不知道那个妈妈的孩子看见自己的妈妈这样粗暴地从人家孩子的手里夺过草时会怎么想，我也不知道这个被如此生硬地夺过手中小草的孩子又会怎么想。我没有想到在这个新开张的小动物园里，人的自私会这样自然而然地显露，真还不如这些小动物可爱。

我想起高尔基曾经讲过的话："母亲爱孩子是很容易的，因为连母鸡都会爱自己的鸡雏。"其实，爱的含义是不一样的，如何更好地懂得怎样爱孩子，并不是每一个当妈妈的都能知道并做到的。

小铁再没兴致去拔草喂小动物了。没过多一会儿，我们就离开动物园回家了。我们带小铁到动物园不知多少次，从来带给小铁的都是欢快，那是唯一一次掠过一丝阴影的时候。不过，很快就过去了。毕竟是几棵草，毕竟动物园里有那么多可爱的动物，毕竟每一次能给小铁带来新的感觉和新的欢乐。

我已经忘记是什么时候开始不再带小铁到动物园去玩了，他自己也不去动物园了，大概是他上了中学之后。他渐渐长大了，有了新的去处，那些可爱的动物让给了比他还小或曾经和他一样小的孩子们了。动物园只留在童年的记忆里，离他越来越遥远了。

说来有意思，高考结束，是他中学阶段最后一个暑假，他忽然心血来潮约上一个同学去动物园玩。我不知道他为什么忽

然又想起了动物园,只是看到那一天他在日记中这样写道——

  动物园里的动物都已麻木,眼睛里透不出神来,游人敲击着玻璃窗,做出各种愚蠢的动作,非但未引起动物丝毫的兴奋、恐惧或动或跳,倒弄得自己没趣,摆摆手走了。

春节回家（25岁，北京）

儿子的作业

我是相信"子不教，父之过"这一古训的。凡是儿子身上的性格，不管好坏，都会在父亲的身上找到影子。

小铁高中毕业之后，母校曾经请他回去和比他小的同学座谈，当同学问他父亲对他有什么影响的时候，他只说了这样的一件事：高考之前学习很紧张，每天从学校回家都觉得很累，但每天傍晚推开家门的时候，都能看见父亲趴在电脑桌前写东西，我想我也就得刻苦学习了。

像每个孩子都希望听到表扬一样，我也有着这样同等的虚荣心。儿子从来没有当面表扬过我，得到这样侧面的表扬，我当然很高兴。

上大学之后，小铁每次回家都要带回一些新书来，有些是他从学校图书馆借的，有些是他从学校附近的书店买的，有些是学校处理的。从满满腾腾的书包里将书倒了一地，再从中翻出几本让我看，下次他再回家时要听我谈读后感。这是他布置给我的作业。他以每次回家雷打不动地向我布置这样填鸭式的作业为乐。

如果这些书我没有看完,他不会说什么;如果我根本没有看,他会很不高兴;如果我既没有看而他又看到我正在看报纸或花花绿绿的刊物或看那些无聊的电视,他会更加不高兴,而且立刻就会不给我留情面地说我:"爸,我跟你说了多少次,你的时间就耽误在这上面怎么着?你的档次越来越降低了,就不能看看有用的书?我给你带回来的书呢?你都看了吗?"

想想,这话是那样的似曾相识。

小时候,我是那样不能容忍他翻看报纸和杂志,尤其是不能容忍他不完成作业而翻看那些乱七八糟的东西。我会对他说:"小铁,我跟你说了多少次,你的时间就耽误在这上面怎么着?……"

如出一辙。

这一次,他又问我:"《叶芹草》你看了吗?"

我没看。好多事需要做,都是花儿朵儿的重要,哪里顾得上一根叶芹草?

他的脸立刻沉了下来,很不高兴:"还没看?你的时间比我要多呀!"

就怕他说这话,让我有些无地自容。再忙也是比他紧张的学习要好些,起码晚上是轻松的,不像他晚上也要早早去自习室占座位,一直坐到熄灯时分。

这一次,我得表现得好些,就先撒了一点儿小谎:"我已经看了一点啦。"然后以攻为守,"下星期你回来之前我要写

一篇文章，谈谈我的读后感，到时你看看怎么样。"

他高兴了，就像小时候我看到他的作业写完了写得不错，得了老师在作业本上印的一面小红旗，我高兴得露出了满意的笑容一样。

这一个星期，我认真地读完了《叶芹草》，认真地写了一篇《叶芹草》的读后感。这是一篇普里什文的散文名篇，小铁说也可以把它当成一部中篇小说来看，让我这样看能够看出另一种味道。他就像我在他小时候总是自以为是地在他写作业之前提示或启发他一样，在他临离开家前这样对我说。他接着又补充说："一般都认为这是一篇散文，不把它看成一篇小说，因为在一个认为虚构属于小说、散文源于真实的情况下，你可看看普里什文虚构单纯、想象单纯的能力。"

我开玩笑说他："你这番话说得太深奥了，我得好好想想！"

他笑了，心满意足地离开了家。

星期天到了。就像小时候他在我回家前写完作业一样，我赶在他到家之前写完了读后感。他看完了我的文章，我不知道得到的是表扬还是批评。无论表扬还是批评，都是常事，他会毫无保留地对我倾泻出来的。

但他一时没说话，大概在想到底该对我说什么好。

我想起他上小学的时候，有一次他的数学作业题目做错了，字写得也很乱，我对他大发脾气，当着他的面一下子把那页数学作业从本上撕了下来，让他重做。在作业面前，我和他

儿子的作业

的要求一样严格。

他把我的读后感递给我，说："下星期我也写一篇《叶芹草》的读后感。"

和我打擂？

下星期天，他写完了《叶芹草》的读后感。他递给我，让我看看写得怎么样，但还没容我说话，他先说："没写好，感觉没找准……"

我不知道他说的这是实话，还是要先把我的嘴堵上？或是对我委婉的批评？谁都怕批评，谁都希望得到表扬。

那几个星期，婀娜而清香的叶芹草一直摇曳在我和小铁的面前。叶芹草，是属于普里什文的叶芹草，也是属于我和小铁的叶芹草。

荞麦皮枕头

我家枕的一直是荞麦皮做的枕头,已经很有些年头了。那还是父母在世的时候就开始用的,是他们从农村老家拿回来的荞麦皮,用清水洗净,晾干,再缝进枕头套里面。我从来没有见过田地里种的荞麦,据说它开着浅粉红色的小花,很好看。我见到母亲缝进枕头套里的荞麦皮却是黑乎乎的,一点也想象不出它曾经有过的花样年华。

不过,荞麦皮枕头软硬适度,冬暖夏凉,特别是枕在上面不会"落枕"。母亲夸它的功能的时候,还会特别加上一条,说枕着它睡觉不会做噩梦。我就是这样一直枕着它长大,枕到结婚。结婚那年,做了新被子新褥子,总不能再枕旧枕头了吧?我买了一对棉枕头,却是谁枕都不舒服,索性放在一边,还是枕原来的荞麦皮枕头。就这样枕着,一天几乎有一半的时间和它相亲相近,枕巾和枕头罩都不知换了多少,不变心的是里面的荞麦皮,几乎每年母亲都要用清水洗干净它,再在阳光下把它晒干,然后缝进枕头套里。枕在新洗的荞麦皮枕头上面，确实很舒服，有种暖洋洋阳光的气息和荞麦皮特殊的香味。

儿子落生的时候，母亲把家里的荞麦皮枕头都拆了，把里面的荞麦皮都倒在洗衣盆里，彻底清洗晾干，再装进枕头套之前，特意留出了一部分荞麦皮，给儿子做了一个枕头。那枕头不大，是用一块小碎花布做的枕套，袖珍玩具似的，伴随着儿子整个的童年。有意思的是，儿子从小就不愿意用枕巾，睡觉的时候，总是把铺好在枕头上面的枕巾拽走，直接枕在荞麦皮枕头上，他睡得踏实，荞麦皮枕头似乎和他更有亲和力。只好随他，他的那个枕头套总是很快就脏兮兮的了。

儿子十岁那年，我的母亲去世了。儿子枕的便是母亲的枕头。考入大学，要住校，带去的也是这个枕头，这个枕头陪伴他从小学四年级开始一直到高中毕业，又和他一起走进大学。去年的夏天，四年大学毕业，儿子带回家一箱子书，一堆脏衣服，被子和褥子都扔在了学校，却没有忘记把这个枕头带回来。这个枕头蜷缩在他的背包里，油渍麻花的，像一根油条。

不到两个月后，儿子要到美国读研，要带的东西很多，两个三十公斤重的大箱子都挤得满满的。我给他买了一个十二孔棉的枕头，这是新材料做的枕头，蓬松柔软不说，关键可以压缩成一小条，不仅不占地方，而且很轻，不占分量。儿子却对这新枕头不屑一顾，坚持带他那个沉甸甸的荞麦皮枕头。他说他晚上本来就睡眠不好，只有睡这个枕头能够睡着，睡别的枕头就是怎么也睡不着。只好把他那个脏油条似的枕头里的荞麦

皮倒出来，重新洗净晾干，装进他妈妈帮他缝的新枕套里。虽然，那个枕头占据了他箱子里一个很大的空间，他心里很踏实地带着它离开了家。

后来，过了很长的一段时间，儿子才告诉我们：到达美国他的学校已经是深夜，那一夜，枕在这个荞麦皮枕头上，怎么也睡不着。一下子，天远地远，只有它，让他感到家还在自己的身边。

放暑假总要回北京一趟

(26岁,北京)

蒙德里安玻璃杯

在中国,知道凡·高的人很多,知道蒙德里安的人少。几年前,我就属于后者,对蒙德里安一无所知。如今,不仅在中国,凡·高已成为时髦的符号,他的杰作《向日葵》,克隆得到处都是,被炒成"傻子瓜子"或"正林瓜子"一般,消费在街头,装点于客厅。其实,蒙德里安和凡·高是老乡,都是荷兰人。但那时,提起荷兰,我只知道凡·高,再有就是风车和郁金香。

那是好几年前,儿子读大学的时候,一个星期天,他拿回来几幅印刷品的油画,画面上全是直线构成几何图案的色块,那些完全是由水平和垂直线条构成的图案,红、黑、黄、蓝和灰五种颜色分别涂抹在由线条组合而成的大小不一的矩形中,有些像是马赛克的感觉,也有些像是拼贴画的感觉。这样的油画,似乎谁都可以画,只要有一把三角板和一个调色盘就行了,并不需要任何的技巧和手法。

那时候,我不知道这就是蒙德里安的作品。无技巧,恰恰是最大的技巧，所谓大味必淡。那种简单而规矩的线条，明快而干净的色块，呈现出来的高度单纯化和抽象化的风格，完全是和他的老乡凡·高不一样的艺术。法国学者贡巴尼翁说他是"以形式和颜色的纯净达到理想"。看他的画，一种尘埃落定的宁静舒缓的节奏，沉淀在心头，有一种明月松间照、清泉石上流的感觉。

是儿子告诉我，他就是蒙德里安，和凡·高一样的荷兰伟大的画家。他是特意拿回来给我看的，在他的学校里，常常可以接触到一些新鲜的东西，我明白他的意思，不仅让好东西和我一起分享，也希望我不要落伍，只知道凡·高和那臭了街的向日葵。

以后，我和儿子一起在书店里买到了河北教育出版社出版的蒙德里安的画册。蒙德里安，像是我们家里一位新朋友，渐渐成为了老朋友。

四年前，儿子到美国留学，寒假里，他来了一封信，特别高兴地告诉我，他去芝加哥美术馆看到了蒙德里安的真画作了。他知道，蒙德里安是我们共同的喜爱，他乡遇故知的那种意外感觉，总愿意告诉我，就像他向我第一次拿回家蒙德里安的印刷品油画一样，仿佛蒙德里安真的是我们家什么熟人或亲戚。

去年暑假，儿子回家探亲，飞回北京已经是夜晚，回到家，第一件事，是迫不及待地打开行李箱。一层层细细包裹的衣服里面，像是剥开一层层卷心菜的菜叶，露出里面的菜心，

是一只宽口玻璃杯。那么远的路途奔波，还要中途在东京转机，带回一只玻璃杯，磕磕碰碰的，不怕碎了吗？我刚要责怪儿子，玻璃杯已经如一只漂亮的小鸟，小心翼翼地在儿子的手心里，端在我的眼前。我看清了，原来是蒙德里安，玻璃杯的四周是蒙德里安的那再熟悉不过的图案。

那是他前些日子到纽约美术馆特意买的，带回学校，又特意带给我的。由水平和垂直线条以及红、黑、黄、蓝和灰五种颜色构成的那图案，曾经在我们家里，是那样的亲切、亲近，交织着过去的那一段难忘的日子，那一段日子是儿子读大学的日子，是每个星期天回到家里和我们在一起的日子。蒙德里安，用他那独特的线条和色彩充实着那些日子，让那些日子有了骨架的支撑和色彩的滋润。玻璃杯上的图案，就是蒙德里安一幅题名为《红、黑、黄、蓝、灰构成》作品的一部分，那是蒙德里安1920年的作品，在画册上，我们早已和它相遇过。

暑假过后，儿子又回美国上学去了。这只蒙德里安玻璃杯一直在家里的茶盘里。蒙德里安便一直在我的身边，儿子便也一直在我的身边。

今年春天，我去美国看望儿子，利用春假，儿子带我去纽约，在大都会美术馆里，知道一定能够看到蒙德里安的作品，却没有想到有满满一间展室，陈列的都是蒙德里安的作品。看到的是蒙德里安的真迹，再不是在画册上，仿佛蒙德里安就在面前，真的是老朋友一般似的，让我涌出一种意外的激动。而在美术馆的商店里，摆着上下好几摞玻璃杯，上面都是蒙德里安那独特的图案。儿子买给我的那个玻璃杯,就是从这个柜台前带到北京,送到我的手里。遥远的距离就是这样在一瞬间被跨越,蒙德里安带我们一起漂洋过海,我们也带蒙德里安一起回家。

搬家记

日子过得真快，一转眼，小铁去美国已经10年了。在这10年时间里，他搬了7次家。

他的第一个家是还没有去美国的时候，在北京在网上预定的，说好一人一间房间，房租一人一半。室友是他北大的校友，虽然从未谋面，却应该算作他的师哥。师哥在麦迪逊机场接的他，帮助他把行李搬到家，是位于麦迪逊市区靠近体育场的旁边，离他就读的大学很近。到了那里的时候已经是半夜，他的住处却是客厅，并不是一个独立的房间，师哥自己住的一个房间。到美国的第一夜，小铁失眠了，心里很不舒服，觉得有些受骗的感觉。在经济压力的面前，都是穷留学生，但已经顾不上什么校友，面子是赶不上美元实用的。

这件事，他一直没有对我讲。一直到那年我第一次去美国看他，他特意带我看这间房子，才对我说起往事。这是个坐落在小山坡上木制的二层小楼，在我们这里要被尊称独栋别墅。但是，这一带都是这样的房子，也都大多租给了在附近读书的大学生。小铁就住在了二层，正是黄昏，夕阳明亮地辉映在他曾经睡过的客厅的窗口。望着这扇窗口，我想起他来到这里第一次做饭，是煮面条，他往锅里放的水不多，却把整整一包面条都扔进锅里，怎么也无法煮熟。那天，他打电话给家里，问面条应该怎么煮。一个孩子，只有走出家门，离开父母，才会真正长大。总和父母在一起困着，是不会长大的。

他告诉我住进这里没几天，他向室友提出，他愿意多付一些钱，从客厅里搬进了里面的房间。很快，他就搬进另一处住所。那该算他第二次搬家。是学校的公寓，环境幽静，房子也宽敞了许多，每个学生有自己独立的房间，房间前是宽敞的草坪，可以在那里打球和烧烤，草坪紧靠着麦迪逊漂亮的湖。只是这里比他原来的住所远了许多，学校在湖的对岸，学校每天有班车运送他们往来。

那年看小铁的时候，我也来这里看过，湖畔起伏的坡地上，星罗棋布地散落着二层小楼，掩映在枫树和橡树之间。环境和房间都无可挑剔，就是买东西不大方便，需要下山到几公里以外的超市去。那时，小铁没有车，只好搭一位韩国同学的一辆"现代"一起去超市，采购一次，对付好长时间的吃用。老麻烦同学，他心里有些过意不去。第一年春节回家探亲，他对我说起这事，想买一辆二手车。我问他需要多少钱？他说美国的二手车很便宜，一般的车，车况比较好的跑的年头不长的，五千美元左右，差一点的只要一两千美元。他返校后，我给他汇寄了五千美元，他买了一辆丰田佳美，是辆跑了三年的

旧车，但车不错，一直开到了现在。

两年后，他开着这辆车从麦迪逊来到芝加哥。他考入了芝加哥大学读博，这是他第三次搬家。还是事先在网上预订的房子，不过，他多少有了经验，找的是学校管理的学生公寓。公寓是位于53街边的一个U字形的三层楼，三个大门，每层楼里有各带厨房和卫生间的6个房间，每个房间二三十平方米不等，分别住着6个学生。小铁在宜家买了一个床垫，下面放几块木板，权且住了下来。虽然木板咯得他浑身难受，却还可以忍受。他住在二楼临街的一个房间，街对面有一个小广场，是个商业中心。他的楼下是一家咖啡馆，每天有咖啡的香味飘进窗来，也有震耳欲聋的音乐闯进窗来，那都是黑人停靠在街边的汽车的音响播放的肆无忌惮的摇滚乐。黑人开车愿意敞开车窗，让摇滚乐尽情摇荡。小铁基本白天不在家，即使晚上也在学校的图书馆里。但是，有时半夜里也会奔驰过黑人开的车，依然有这样的音乐冲天回荡。这让爱好摇滚乐的他都有些受不了。他酝酿着再次搬家。

这次他找的还是学校的公寓，隔两条街的51街。因为53街有超市，是周围的小中心，所以比较热闹，51街没这么多店铺，相对清静一些。这是一处一室一厅的房子，连接客厅和卧室之间还有一条走廊，几乎比原来的房子大出将近一倍，每月房租却只多一百美元。关键是不临街。他可以独享一下清静了。最有意思的是，他刚刚搬到这里来没几天，下楼看见一套八成新的三人沙发扔在街上，他捡了回来，正好放在客厅里，

搬家记

来个同学借宿可以暂时在那里栖身。

总算安定下来，他对我说，再也不搬家了，太累了，所有的家具都是那个韩国同学和他的女友一起帮助他搬。最沉的是书，可学生哪能没有书的呢？一箱子一箱子的书，就这样搬来搬去，越搬越多，越搬越沉。搬家让他感受到生活沉重和孤独的一面，如果是北京，可以有那么多的亲人帮忙，在异国他乡，只有靠自己。他说他就像小时候看过的一部日本电影《狐狸的故事》里被老狐狸扔到野外的小狐狸，必须咬牙忍受并顶住面临的一切。

比孤独和沉重更厉害的是漂泊的感觉，总觉得在一次搬家中如同迁徙的鸟一样，没有自己的落栖之枝。在这样漂泊不定的生活中，他的心情和心理常常会出现一些焦躁和焦虑的波动。我发现这一点，我并没有意识到这是一个问题。

我说这是你必须付出的代价。比起你的前辈出国留学的人，你的条件好多了，如果和我年轻时在北大荒艰苦插队相比，就更是天壤之别。可是，这样的说教是难以说服并打动他的，比起他的前辈和我们这一代来，青春期成长的时代背景和心理背景，都是那样的不同，这个不同，主要体现在他和他的同学是属于独生子女的特殊一代。

独生子女一代已经长大了，而真正成为了新的一代。他们再不是孩子那样充满天真和可爱，那样笔管条直地听话了。这样的一点事实，让我有些触目惊心，如何面对、沟通、帮助这些在我国千年历史中独一无二的一代中的孩子，让我有些准备

不足，甚至有些力不从心。

　　我知道，作为国策，独生子女最早始于上个世纪的七十年代末，其中最大年龄者，恰恰是小铁这样大的孩子。他们很快到了而立之年，三十年过去了，新的一代随日子一起长大，成为了不可回避而必须正视的现实。独生子女一代，改变了我国的人口结构，由此也使得社会的构架、心理和性格以及流通的血脉同时产生了潜移默化的变动。更为重要的是，独生子女一代是和社会变革的新时代几乎同步伴生的，他们和他们的父母一代成长的背景，是那么的不同，在社会和时代动荡、激烈碰撞的重要转折时刻，他们如种子播撒在了中国新翻耕的土壤中。命中注定，独生子女一代的成长，在得到得天独厚的优越生活和教育条件的同时，其自身的心理也容易产生新的种种问题，是他们也是他们的父母乃至全社会无法预料的、缺少准备的，却又是必须面对的。

　　这样，就不仅需要作为家长的我们和孩子，也需要新的时代和全社会的调试、适应和引导，偏偏商业社会的到来使得原有的价值系统颠覆，独生子女的上一代正处于摸着石头过河的迷茫和探索之中，代与代之间的隔阂与矛盾便由此而越发隔膜和加深。由于上一代对独生子女的望子成龙期望值超重，也由于独生子女自身无根感的迷茫与失重，两代之间，都会出现种种或深或浅的矛盾冲突与分裂。面对独生子女所出现的整体一代的心理与性格问题，作为家长确实缺乏足够的研究与应对措施。所以，人们曾说这是"孩子的青春期遇上了父母的更年期"，是"老革命遇到了新问题"。应该说，代际矛盾是在每个时代都普遍存在的，但面对中国社会崭新的独生子女一代，却是开天辟地的头一次，其矛盾的深刻而独特，可以说是世界独具。如何化解这种矛盾，解决两代人彼此的心理问题，沟通两代人之间的关系与情感，已经成为了刻不容缓的课题。

几次在美国看望小铁的时候，我常常和他进行这样的交流，有时是争执。有时，我会反思自己，也许我并不真正理解孩子在异国他乡求学的苦处，他有奖学金，经济上并没有困难，但是更为重要的是离开家那么遥远的精神上的痛苦和心理上的苦闷，我无法设身处地想象，也缺少足够的理解。作为家长，也许更多的为他出国留学并在一所不错的大学里读书而骄傲，而多出一些虚荣心。

五年之后，小铁开始第五次搬家。因为学习和工作的关系，他要在普林斯顿住一段时间。事先，利用假期，他先从芝加哥飞到普林斯顿，在靠近普林斯顿大学的附近看了一圈房子，最后预定下一处，是一幢独栋的二层小楼，每层住有四户，每户一室一厅一卫。他选择的东南角，卧室窗户面南，客厅窗户面东，应该是最好的位置了，可以尽情享受阳光。还有一个宽敞的阳台，阳台前是开阔的草坪和雪松，再前面是一条清澈的小河。环境和居住的条件，比在芝加哥强多了。我对他说你要知足常乐！

寒假，他开车从芝加哥出发，向普林斯顿进行长途跋涉，等于从美国的中部向东海岸横穿半个美国。车上塞满了行李和

书籍。而此时普林斯顿租的房间里还空空如也，什么东西也没有呢。临出发前打电话的时候，我问他连张床都没有，到了那儿睡什么地方。他说带了个充气的气垫床。这个充气床垫是他在美国旅行时常带的东西，说起它，我想起有一次他去纽约玩住在长岛同学家，带去了这个床垫，却忘了带充气口的塞子，没法子用了。我嘱咐他别再忘了那个塞子。

到达匹兹堡，他住了两天，在那里参观了匹兹堡大学和美术馆。从匹兹堡到普林斯顿大约有6个小时的车程。早晨，离开匹兹堡前，他在网上查到普林斯顿正好有个人要卖一张床，便立刻联系好，到达普林斯顿先去看床。到达普林斯顿是黄昏，见到的是一位在普林斯顿一家公司工作的非洲女子，公司要派她回非洲分公司工作，床很不错，当场买下，非洲人把她的所有餐具和灯具一起送给了小铁。睡觉的问题，那么容易就解决了。带来的充气床垫没有了用场。发愁的是这张大床可怎么运回家，一个瘦弱的非洲女子，手无缚鸡之力，显然帮不了他的忙。

非常巧，那天是当地的搬家日，很多人家都在卖东西，因为周围居住的大多是在附近公司工作的人员和大学生，都来自世界各地，流动性很大，卖各种家用品的很多，小铁很方便就从一个日本人那里买了一台电视机和DVD机，又从一个印度人那里买了一张真皮沙发和桌子。包括床在内这些所有东西一共花了一千多美元，居家过日子的日常用品，一天之内都准备齐全了。我对他说比在国内都便宜，还方便了。

下面他要想办法怎么把这些家伙搬回家。在镇中心吃晚饭的时候，顺便打听到这里有一家汽车租赁公司，专门可以租大型汽车，按所跑的公里收费。他找到这家租赁公司，只是这种没鼻子的大型汽车他从来没开过，愣是坐上去，看了看仪表盘，一咬牙豁出去了，便也把车开走，把这些家具都运回家。如果在家里，一切都需要家里帮忙了，但是，在美国，现实生活磨炼了他，他必须面对。他知道，不会有人帮助他。

晚上运送家具的时候，普林斯顿下起了雨，说心里话，我挺担心的，毕竟他头一次开着那么个大家伙，路滑天黑的，生怕出什么意外。不过，这种担心起不到一点作用，相反只会增加他的负担，不如把担心变为鼓励，让他鼓足勇气去应对一切意想不到的困难。对于独生子女，家长容易事无巨细地担心，和事必躬亲地越俎代庖，有时不是爱孩子，相反容易让孩子弱不禁风，缺乏了生活和生存的能力。我很高兴小铁有能力独自去应对这一切，想象着雨刷在车窗前挥洒，车灯穿透雨雾，小铁开着笨重的大车行驶在普林斯顿的林荫道的时候，心里感到孩子真的长大了。

今年的春天，我再次去美国看望小铁，有一天，他特意开车带我看当年搬家时租车的那家汽车租赁公司。它离普林斯顿的中心不远，门口停放着几辆大货车，不知哪辆曾经是小铁租过的车。

日子过得飞快，他在普林斯顿度过了整整五年的时光。在这五年中，他又搬过一次家，不过，不远，是一套两居室，有

宽敞的客厅，还有一个阁楼。他住得宽敞多了，因为他已经新添了孩子。

　　我离开美国不久，今年刚入冬，小铁第7次搬家。他在印第安纳大学教书，全家要搬到布鲁明顿大学城。这一次，联系好了搬家公司，定好了日期，把家里东西包括车，统统都交给了搬家公司负责，一切都比以前几次搬家简单了许多。谁想到，这时候，赶上了纽约和新泽西州百年不遇的"桑迪"飓风，一下子遭遇停电，所有的店铺关门，搬家公司也联系不上。眼瞅着搬家的日子到了，眼前却是一抹黑，让人忧心忡忡。没想到，就在搬家的日子的前一天，电来了，搬家公司联系上了，天也晴了。一切如约进行，有惊无险，和风暴擦肩而过。

日子留下的痕迹
——代后记

最后看完了这本书的校样，编辑同志说要加一些照片，便又开始翻箱倒柜找照片。过去了的日子就像藏在那些照片里面，一下子就都抖搂了出来似的，蹦着，跳着，牵着往昔的气味、声音和心情，一起纷纷涌来。

忽然发现有三张照片是在同一个地方照的。那个地方就像一个标志一样，醒目地闪亮在过去的岁月里。

是在一个铜制的和平鸽的塑像前。

那时，我们全家住在和平里，和平鸽的塑像就立在和平里街道的中心位置上，成为那一带的象征。塑像雕刻和制作得都很精心，简洁的几何线条的图形，使得和平鸽的翅膀和头部都非常爽朗，又富有现代感。北京街头的好多雕像造得都粗糙得惨不忍睹，这只和平鸽却是难得的凤毛麟角之作。我们刚搬到这里来，就发现了它，立刻让我们的眼睛一亮。

那一年，小铁四岁。他也很喜欢这只和平鸽。

第一张照片就是在那一年的夏天拍照的，我让他和他妈妈分别站在和平鸽的两旁，和平鸽和他们都是那样的生气勃勃。他们的后面是一家新华书店，前面是一家叫做稻香村的食品店，右面小铁那一侧是个小花园，左面他妈妈那一侧不远就是一条农贸市场的长街，卖各种蔬菜水果和鸡鸭鱼肉，非常热闹，穿过市场便是现在车水马龙的三环路，那时还没有完全修好，过了三环路，就是我们的家。那时，我们出门，常常是我骑着自行车带着小铁和他妈妈，从家里出来，穿过农贸市场到和平鸽前的公共汽车站，他们娘俩坐汽车，我骑车，然后到要去的地方会师。如果有人要到我家来，我就会告诉他们找到和平鸽，和平鸽前面不远就是我们的家……

　　现在想起来，一切还是那样清晰，仿佛是昨天发生的事情一样。那时，我刚刚大学毕业两年，小铁的妈妈刚刚从天津来到北京。那时，我的母亲还健在。生活刚刚开始，好日子刚刚开始。为了让小铁和妈妈从天津来到北京有自己的一套楼房住，我忍痛离开了刚刚留校教书的大学老师职位，换了一份新的工作。

　　说来有意思，那是我第一次用彩色胶卷照相。小铁和妈妈站在和平鸽前的这第一张照片成为我们新生活的象征，让日子变得有声有色起来。

　　第二张照片是小铁四年级转学后的那一年的初冬。我们要搬家了，要离开这里了。这里的一切融入我们的生命之中，让我们格外留恋，尤其是小铁，他本来就不愿意转学，不愿意搬家，这里的土城公园，这里的和平鸽，这里的新华书店和稻香村……都让他觉得比别处要好得多。那也得走呀，就照张相，留个纪念吧。

还是选在和平鸽前。和平鸽没有长，小铁的个子已经长高了许多。第一张照片，他还没有和平鸽塑像的底座高，这时，他高过底座了。他手里的书是刚从旁边的新华书店里买的，我的书包里还有从稻香村新买的蛋糕。

第三张照片是小铁上了大学后的那一年秋天，忽然心血来潮想要回和平里老家去看看。也是，一切的生活，一切的学习，一切的爱好，一切的交流，都是从这里出发的：包括家里买的第一台冰箱、第一台电视、第一个书柜、第一卷彩色胶卷……也是在这里开始的。一说回去看看，大家的心头浓浓的怀旧情绪都弥漫开来。我发现小铁居然也是个爱怀旧的孩子。

便又在和平鸽前照了张相。

妈妈有些老了，小铁却长高了许多。

新华书店还在，稻香村还在，小花园还在。只是书店里的书多了言情和复习辅导参考的书，稻香村变成了自选，小花园人多也脏多了。

但这一切并不妨碍我们的拍照。小铁和妈妈都笑得很开心。

而我知道，十五个年头已经过去了，一去不返。

日子，看不见，摸不着，但一天一天的日子确实是存在的，是在不停地流逝的。如果日子也能够在逝去的时候留下痕迹的话，那么，它们的痕迹留在了照片上。和平鸽如果有生命的话，它会感受到这些日子的温热，看得到这些日子的色彩是怎样的变浓变淡。

十五年，对于我们大人来说，也许不算什么。这十五年，我从三十六岁到五十一岁，只是年龄的增加而已。对于一个孩子来说，却是至关重要的十五年。这十五年，小铁从四岁的小孩子长成十九岁的大小伙子。这十五年是一个孩子成长最关键的日子，所有的性格、所有的基础、所有的志向、所有的梦想……都是在这十五年中渐渐地羽毛丰满起来，和身体一起渐渐地健壮起来。应该感谢这里，是这里帮助我们度过了最初的艰难的生活，帮助小铁对自然对学习对友情对生活掀开了最初阶段良好的开端，让日子一天天变得有意义有意思起来，值得我们共同去回忆。

当然，也应该感谢照片，它们让这些日子变得有了清晰和色彩明亮的痕迹，让我们看得见，摸得着；它们让生命有了回声，回响在彼此的心里和文字里，那样清澈温馨和善感。

还有两张照片，一张是1989年全国第二届图书展览会，一张是1999年第七届世界图书博览会，小铁站在北

京国际展览中心的同一个位置上。这中间的十年，每隔两年举办一次的图书展览，我带小铁都去参观过。对于一个热爱书籍的人来说，怎么会放过这样送到家门口的好事呢？看照片中小铁的样子，一个显得那样小，瘦得跟豆芽菜似的；一个长高长大了，胸部的肌肉也鼓了出来。十年前去的那一次是中午，明晃晃的阳光照得他的眼睛都有些睁不开。十年后去的那一次是黄昏，夕阳把他的影子拉得很长。十年的光景，两张照片，迅速地拉开并连接起了十年的光景。

这十年，小铁从十岁到十九岁，照片就像罗大佑在歌里唱的那样："流水它带走光阴的故事，改变了一个人。"告诉我一个孩子就是这样长大的，也同时提醒我：作为一个孩子已经长大，作为一个家长责任已经基本完成，现在我所要做的再不是对孩子的耳提面命和事必躬亲，而是扯断风筝的线，让孩子变成一只鸟去飞翔。

他可以去独自飞翔了。我默默地为他祝福。

2001年7月21日于北京雨中